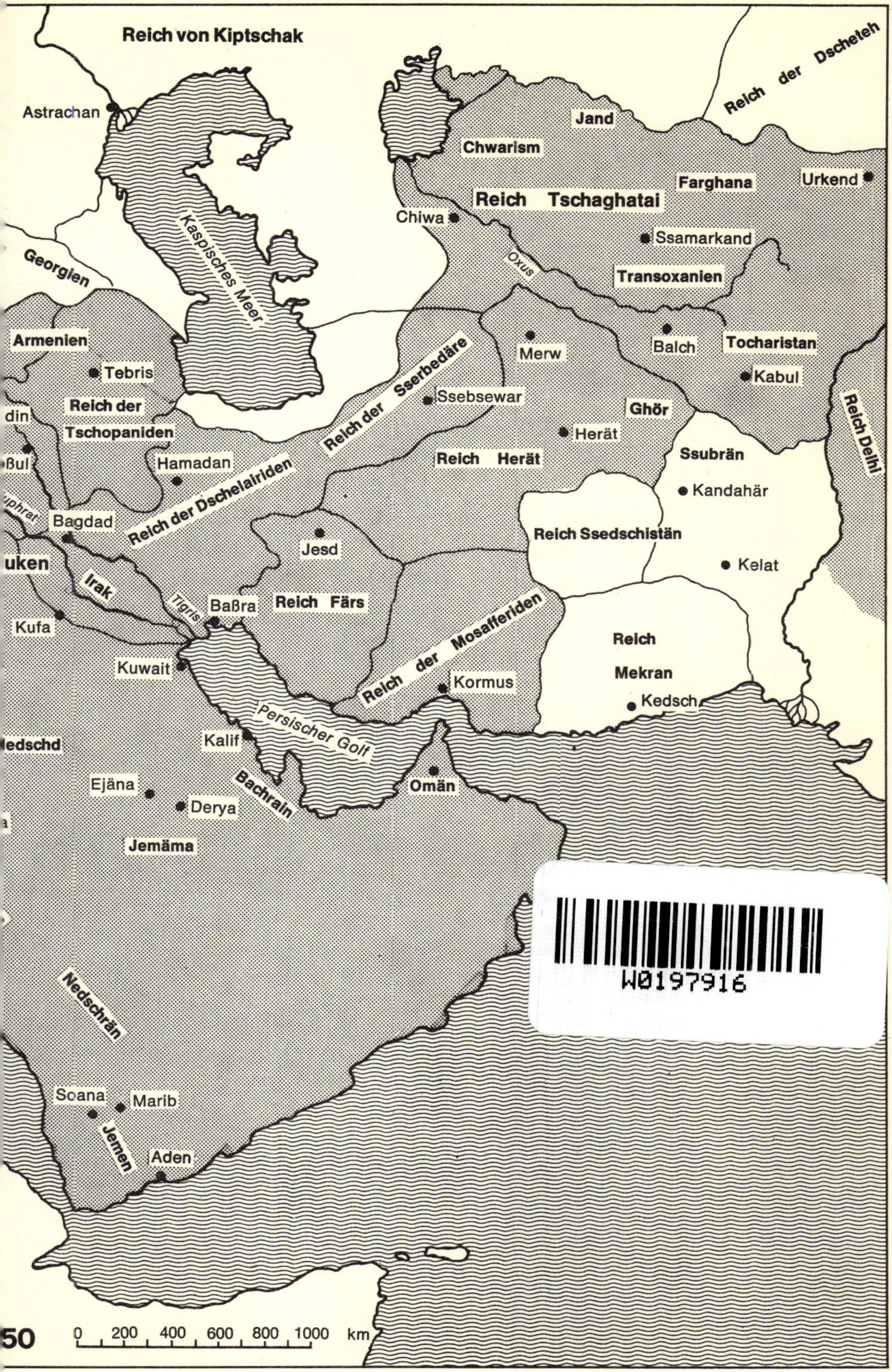

Reich von Kiptschak
Astrachan
Reich der Dscheteh
Jand
Chwarism
Farghana
Urkend
Reich Tschaghatai
Chiwa
Ssamarkand
Oxus
Transoxanien
Kaspisches Meer
Georgien
Armenien
Tebris
Reich der
Tschopaniden
Merw
Balch
Tocharistan
Kabul
Reich der Sserbedäre
Ssebsewar
Ghör
Herät
Reich Herät
Ssubrän
Kandahär
Reich Delhi
Hamadan
Reich der Dschelairiden
Bagdad
Jesd
Reich Ssedschistän
Kelat
Irak
Tigris
Baßra
Reich Färs
Kufa
Kuwait
Reich der Mosafferiden
Reich
Mekran
Kormus
Kedsch
Persischer Golf
Kalif
Bachrain
Omän
Ejäna
Derya
Jemäma
Nedschrän
Soana
Marib
Jemen
Aden
0 200 400 600 800 1000 km

Für Fina, Daniela und Robert

Gerd Frank

DIE HERRSCHER DER OSMANEN

Aufstieg und Untergang eines Weltreiches

Econon Verlag
Wien · Düsseldorf

Bildnachweis:
Alle Fotos entstammen
dem Archiv des Autors

Einmalige Sonderausgabe 1980

Gesetzt aus der 10 Punkt Times
Satz: computersatz bonn gmbh, Bonn
Papier: Papier- und Folienfabrik Schleipen GmbH, Bad Dürkheim
Druck und Bindearbeiten: May & Co, Darmstadt
Printed in Germany
ISBN 3 430 12927 3

Inhalt

I. Vorwort

Dieses Buch soll keine »Geschichte des Osmanischen Reiches« sein, das wäre bei dem zur Verfügung stehenden – begrenzten – Umfange ein hoffnungsloses Unterfangen. Auch liegen bereits mehrere Gesamtdarstellungen in den Werken von Joseph Freiherr von Hammer-Purgstall (10 Bände, Pest 1835/37), Johann Wilhelm Zinkeisen (7 Bände, Gotha 1840/63) und N. Jorga (5 Bände, Gotha 1908/15) vor, auf die ich zum besseren Verständnis der historischen Vorgänge und zur Klärung möglicher Fragen grundsätzlich verweisen möchte. Sehr wichtige Einzelheiten sind auch der »Enzyklopädie des Islam« (Deutsche Ausgabe, Leipzig 1936, 5 Bände) zu entnehmen, einem wirklich ausgezeichneten Nachschlagewerk, das dieser Zusammenstellung vorzügliche Dienste geleistet hat. Zudem habe ich mich um ein möglichst umfassendes Literaturverzeichnis bemüht, um interessierten Lesern zeitraubendes Suchen nach Material zu ersparen (vgl. Anhang).

Ich beabsichtige, mit diesem Buch einen knappen historischen Überblick über die Dynastie der Osmanen zu bieten. Der Sultane also, jener oftmals grausamen Despoten, die fast eintausend Jahre lang die Geschichte der europäischen Staaten entscheidend mitbestimmten und über deren *Privatleben* wir an sich wenig wissen. Die Quellen sind längst noch nicht alle erschlossen, auch von einer endgültigen kritischen Verarbeitung kann keine Rede sein. Dennoch scheint sich das Bild langsam abzurunden.

Auf den ersten Blick erinnern sie an die Märchen aus »Tausendundeiner Nacht«, und doch haben die Sultane allenfalls nur die Namen mit jenen exotischen Gestalten gemein.

Von den insgesamt 36 Sultanen ragen besonders heraus: Osman, der sagenhafte Begründer der Dynastie, Bayazid I. und Mehmed II., die großen Eroberer, und Sulaiman I., der Gesetzgeber.

Aber auch unbedeutende und minderwertige Gestalten waren darunter wie Selim II., dem man schon zu Lebzeiten den Beinamen »Trunkenbold« gegeben hatte; der geisteskranke Mustafa I.; der Schwächling Ibrahim und der nervenkranke Murad V. Sie alle sollen hier dem Leser vorgestellt werden.

Zum Schluß möchte ich mich ganz besonders bei den Münchner Bibliotheken bedanken (Bayerische Staatsbibliothek – Orientabteilung – und Seminarbibliothek des Instituts für Turkologie), die mich bei der Beschaffung notwendiger Literatur stets in liebenswürdiger Weise unterstützt haben, sowie meiner Frau, die bei vielen Schreibarbeiten verständnisvoll geholfen hat.

München, Juni 1977 Gerd Frank

II. Anfänge der Türken und Entwicklung des Osmanischen Reiches

Vom Ural bis zum Balkaschsee in Kasachstan, vom Kaspischen Meer bis zu dem Gebirgskomplex, dessen Gipfel die chinesische Grenze bezeichnen, von den letzten sibirischen Abhängen bis hinab zur bucharischen und afghanischen Gebirgskette erstreckte sich einst ein ungeheuer weites Land von Steppen, Sandwüsten und spärlichen Oasen. Kirgisenschwärme irrten dort als Schafhirten, als Jäger in der Sandwüste umher, als ewige Krieger und unruhige Räuber, die Familienrache vollzogen oder die reichen Lager des stammgleichen Feindes überfielen.

Die umliegenden Gebiete wurden von den kriegslustigen Usbeken und den Karakalpaken bewohnt.[1] Dazwischen führten die Turkmenen mit roten Hemden, sonderbaren hochspitzigen Pelzmützen und Stiefeln mit vorn in die Höhe gebogenen Schnäbeln dasselbe Leben wie ihre mongolisch gefärbten Brüder, die Kirgisen, die auch den Kisilkum,[2] eine Wüste von der Größe Großbritanniens und Irlands, bewohnten.

Der verhältnismäßig kleine südwestliche mit blühenden Städten stark besäte Winkel trug den Namen Turkestan, der iranischen Ursprungs ist. Aber zwischen dieser eigentlichen und engeren Heimat der türkischen Horden und zwischen den anderen weit ausgedehnten Gebieten gab es keinen wesentlichen Unterschied.

Ogus-Khan, ein Zeitgenosse des in den Koran übernommenen Abraham, unterwarf sich nun dieses ganze Gebiet. Die Eroberung geschah aber nur langsam und hatte keinen dauernden Bestand. Nach der Legende[3] brachten ihm seine sechs Söhne einmal ungewöhnliche Beute von ihren Jagdfahrten heim: einen Bogen und drei Pfeile. Der Vater verteilte diese Beutestücke unter sie: drei Söhne bekamen jeder einen Pfeil, den anderen wurde je ein Drittel des zerbrochenen Bogens zugeteilt. Im letzten Augenblick seines Lebens ließ der alte Ogus das ganze seiner Botmäßigkeit unterstehende Land nach

1 Das sind die »Träger der schwarzen Hüte«.
2 D. h. »der gelbe Sand«.
3 Hammer-Purgstall, Pester Ausgabe I, S. 35 ff.

diesem Vorspiele verteilen. Der Boden, die Städte, die Herden, die Pferde, die Juwelen wurden in sechs Teile geschieden, und jeder ogusische Nachfolger bekam ein Sechstel des Volkes. Sie sollen die Stammväter der Ogusen, der Seldschuken und der Osmanen geworden sein.

In Wirklichkeit entspricht der erste Zeitraum der türkischen Geschichte keineswegs dieser naiven Erzählung. Sie beginnt durchaus nicht mit dem einheitlichen Stamme, der sich infolge der Maßregeln eines weisen, liebevollen, um sein Erbe besorgten Vaters verzweigt, um niemals wieder zusammenzuwachsen. Sondern die umherirrenden Horden, durch Gewinnsucht, Ehrgefühl, Rachebedürfnis oder fremde Politik angestachelt, kämpfen untereinander um die Herrschaft, lösen sich in der leitenden Rolle ab, flüchten sich im Fall einer Niederlage in die Steppe oder in unendliche Weiten, verfolgen und vernichten sich. Solche innerlichen Kämpfe mit allerlei Raubzügen gegen alle Nachbarn, die Korn und Gold besitzen, gegen Iraner, Chinesen und Mongolen, bilden die tatenreiche, sehr bewegte und malerische, aber eintönige Geschichte des vereinten Türkentums, der nördlichen und südlichen, östlichen und westlichen Nomaden. Auch sie ist zum größten Teil vergessen. Die Türken haben eigentlich keine ältere Geschichtsschreibung. Die früheste bisher aufgefundene Inschrift in ihrer Sprache stammt aus dem Jahre 732. Erst 1069 wird das älteste bedeutende Denkmal der türkischen Sprache in ihrer reinsten östlichen Form, im Uigurischen, geschrieben: das von Vambéry entdeckte Kudatku-bilik, »die glückliche Wissenschaft«, ein moralisch-poetisches Werk, das von einem in Kaschgar lebenden Türken verfaßt worden ist.[4]

In den entfernten Jahrhunderten des turanischen Lebens vor dem Islam wurde die tibetanische Peghuschrift bald durch die arabische ersetzt und zu Aufzeichnungen benutzt, die uns nicht erhalten geblieben sind.

4 Cahun in Lavisse-Rambauds »Weltgeschichte« II, S. 899–890. Vambéry hat dem »Kudatku-bilik« eine spezielle Studie gewidmet.

Seldschuk, einer der ogusischen Stammesführer, wurde schließlich zum Begründer der Seldschuken-Dynastie, unter deren Herrschaft zuerst ganz Vorderasien und sodann die Hauptstadt der Kalifen, Bagdad, erobert wurde. Nach dem Sieg des seldschukischen Stammes der Türken über die Byzantiner bei Mantzikert im Jahre 1071[5] war auch der Weg nach Kleinasien bis in die Nähe der oströmischen Kaiserstadt Byzanz frei.

Hauptstadt des Reiches der Rum-Seldschuken in Anatolien wurde Konya, dem die Stadt Kayseri zur Seite trat. Konya[6] erhob sich rasch zur Kulturmetropole des Islams mit prächtigen Bauten und Palästen, umgeben von mächtigen Mauern, die dann dem Ansturm der westlichen Kreuzfahrer nur teilweise standhalten sollten. (Am 13. April 1204 erstürmte nämlich das Heer des Vierten Kreuzzugs die Stadt und plünderte sie, wobei ungezählte Kunstschätze abgeschleppt wurden oder verlorengingen.)

Die Blütezeit des Seldschuken-Reiches fiel in die erste Hälfte des 13. Jahrhunderts, der byzantinische Kultureinfluß war dabei nicht zu übersehen. Am Hofe von Konya entstand der erste Derwischorden, der im Osmanischen Reich eine bedeutsame religiöse und politische Rolle spielte – der Orden der Mewlewi. Ihm folgten aufgrund der Kämpfe gegen die Kreuzfahrer auch militärisch ausgerichtete Derwischorden, vor allem der Orden der Bektaschi, durch den dann im 14. Jahrhundert die Kampftruppe der Janitscharen[7] aus zum Islam bekehrten christlichen und schon im Knabenalter ausgelesenen Untertanen oder Kriegsgefangenen als militärische Elitetruppe gebildet wurde.

Als die Rum-Türken in Anatolien mehrere selbständige Kleinstaaten bildeten und um die Mitte des 13. Jahrhunderts eine große mongolische Invasion erfolgte, sank mit der Macht von Konya auch die der Seldschuken. Eine neue Dynastie, die

5 Dabei wurde der byzantinische Kaiser Romanus Diogenes gefangengenommen.

6 Das alte Ikonion.

7 Türk. yeniçeri »neue Truppe«! Infanteristische Kerntruppe des Osmanischen Reiches.

der benachbarten Karamanen, entstand. Stammesverwandte Türken errichteten eine neue Herrschaft in Kleinasien, die sich die Schwäche der Vorgänger und auch der Karamanen zunutze machten. Ihr Anführer hieß Ertogrul, nach dessen ältestem Sohn, Osman, sich hinfort der ganze Stamm benannte, so daß für die neuen kleinasiatischen Türken nun die Bezeichnung Osmanen aufkam.

Die Ursache für das Entstehen und für die spätere bedeutsame Rolle des Osmanischen Reiches ist vermutlich innerhalb der allgemeinen weltpolitischen Ereignisse des späten Mittelalters zu suchen. Die schnellen Eroberungszüge der Osmanen im 14. und 15. Jahrhundert waren keine elementaren Einfälle wilder Barbarenhorden, sondern die Verwirklichung eines Planes, der wohl den großen Eroberern, wie Bayazid I., Mehmed II. und Sulaiman I., bereits vor Augen gestanden hat.

Zur selben Zeit verbreitete die Eroberung den Typus der osmanischen Kultur, der seine definitive Gestalt im 16. Jahrhundert annahm. Im Laufe der Zeit kam diese Kultur in immer stärkeren Gegensatz zu den östlichen mohammedanischen Nachbarn; sie gab dem religiösen Gegensatz zwischen Sunniten und Schiiten[8] eine neue politische Bedeutung, während die alten Beziehungen zu Türkisch-Transoxanien allmählich abrissen. Zugleich wurde der Riß, welcher später die osmanische von der westeuropäischen Kultur trennte, im 15. Jahrhundert aber noch nicht offensichtlich war, beständig größer, da die Türkei den Übergang vom Mittelalter zur Neuzeit nicht mitmachte. Um so fester war die osmanische Kultur in den vielen Ländern verwurzelt, die der Herrschaft der Sultane unterworfen waren, und diese osmanische Tradition

8 Im religiösen Leben herrschten bei den Osmanen wie bei den anderen Türkstämmen noch schiitische Tendenzen vor, die von dem einflußreichen Derwischtum getragen wurden. Die Gesetzgebung des Reiches sollte theoretisch allein auf dem göttlichen Recht, wie es im Koran und in der vom Propheten in mündlichen Aussprüchen gewiesenen Sunna festgelegt war, beruhen. Diese Sunna lehnten auch die Schiiten keineswegs ab, doch erkannten *sie nur* die Vorbeter in der Moschee (Imane) als Träger der Überlieferung vom Propheten an.

wurde am stärksten fühlbar zu der Zeit, als die osmanische politische Macht immer schwächer wurde.

In einer religiösen Sphäre entstanden und noch weit entfernt vom Islam, nahm das Osmanische Reich zunächst eine Wendung zur Orthodoxie, da das christliche Element in den Gebieten unter byzantinischer Herrschaft noch stark vertreten war. Aber der Anspruch auf das islamische Kalifat und auf die Hegemonie in der mohammedanischen Welt sowie die panislamische Politik Abdul Hamids II. gehören nicht zu den primären Zügen des Osmanischen Reiches; sie waren mehr ein Teil seiner Außenpolitik, besonders gegenüber den christlichen Mächten.

Der Einfluß der abendländischen Kultur begann im 18. Jahrhundert zur Zeit, als das Osmanische Reich seinen eigenen Kulturtypus erworben hatte und seine politische Unterlegenheit Europa gegenüber offensichtlich wurde. Frankreich war das erste europäische Land, das die Türkei mit einigen militärischen Neuerungen versorgte. Die Einführung abendländischer Reformen und Einrichtungen hat jedoch niemals revolutionären Charakter angenommen; sie bestand hauptsächlich in Verwaltungsmaßnahmen, und ihr Programm wurde nach und nach während der Tanzimatepoche durchgeführt (in der Zeit von 1808 bis 1839 unter Mahmud II.; vergleiche hierzu Kapitel »Der Sohn der Französin«, S. 250 ff.).

Ein mehr indirektes Ergebnis der abendländischen Ideen war der türkische Nationalismus. Der Erste Weltkrieg ermöglichte es der Türkei, dies neue Ideal in unerwarteter Weise zu verwirklichen. Die moderne Türkei wurde ein Staat mit einem kleineren Territorium als das Osmanische Reich, aber sie hat ein gut Teil alter Tradition des ehemaligen Osmanischen Reiches.

Durch die Reformen Mustafa Kemal Paschas[9] fand sie schließlich zu einem Neuanfang.

9 Er hatte den Beinamen »Atatürk«, d. h. »Vater der Türken«.

III. Der Name Sultan und seine Verwendung

Schon im Koran erscheint das Wort »Sultan«, wo es meist etwas Moralisches oder Magisches bezeichnet, das durch Beweise oder Wundertaten beglaubigt und so in die Sphäre des Religiösen erhoben wird. Die Propheten haben diesen Sultan von Gott empfangen, und die Götzendiener werden oft aufgefordert, einen Sultan zur Bestätigung ihres Glaubens vorzubringen. An sechs Stellen des Heiligen Buches des Islams hat das Wort die Bedeutung von Gewalt, und stets handelt es sich dabei um die geistliche Gewalt, die Iblis[1] über die Menschen ausübt.[2] Als Titel taucht das Wort »Sultan« erstmals im 11. Jahrhundert auf, wobei es einen mächtigen Fürsten oder unabhängigen Herrscher über ein bestimmtes Gebiet bezeichnet. Die Verwendung als Beiname der mystischen Scheiks ist als Brauch vor dem 13. Jahrhundert nicht nachzuweisen und hat sich vor allem in Kleinasien und in den durch die osmanische Zivilisation beeinflußten Ländern verbreitet.

Es ist sehr wahrscheinlich, daß es die Seldschuken waren, bei denen »Sultan« zum wirklichen Herrschertitel geworden ist. Der Usurpator[3] Tugril Bei war nämlich der erste, dessen Münzen den Beinamen oder vielmehr den Titel Sultan aufwiesen.[4]

Im 13. und 14. Jahrhundert waren es die Mamelucken-Sultane Ägyptens, die diesem Titel den höchsten Glanz gaben; im 15. Jahrhundert beginnt die lange Reihe der osmanischen Sultane. Vom Ursprung des Titels an kann man feststellen, daß fast alle großen Herrscher, die ihn trugen, Sunniten[5] waren. Es

1 Der Eigenname des Teufels. Andere Teufelsnamen sind »al-Shaitan« (Schejtan) für »Satan« und »Aduww Allah« für »Feind Gottes«.

2 Sure XIV, 26; XV, 42; XVI, 101/02; XVII, 67; XXXIV, 20.

3 Ein unter Bruch der Rechtsordnung an die Macht gelangter Herrscher.

4 In der Verbindung »al-Sultan al Muazzam« (Stanley Lane Poole. Catalogue of Oriental Coins. II, S. 28).

5 Der Kreis der Gläubigen, die sich als erste um den Propheten Mohammed scharten, bestand zunächst nur aus seiner Frau Chadidscha, aus seinem Sklaven Saiid, aus den beiden Mekkanern Osman und Abu Bekr und aus seinem jungen Vetter Ali, der zu den unglücklichsten Helden des Islams gehört. Als Mohammed ohne letztwillige Verfügung starb, wurde er nämlich trotz seiner Verdienste um die Ausbreitung der Lehre übergangen, und man wählte Abu Bekr, den Schwiegervater des Propheten, zum Kalifen

ist wohl kein Zufall, daß diese Entwicklung mit der religiösen Erneuerung des Islams in der Zeit der Kreuzzüge parallel verläuft; die großen Sultane wurden zugleich die Verteidiger des sunnitischen Islams – und ebenso nahmen die mongolischen Herrscher bei ihrem Übertritt zum sunnitischen Islam den gleichen Titel an. Diese sunnitische Bedeutung des Titels hat sich ganz besonders unter dem Sultanat der Osmanen ausgeprägt. Vermutlich haben bereits einige Münzen von Orkhan den Sultanstitel getragen, obwohl die ersten osmanischen Fürsten im allgemeinen als Emir[6] betrachtet wurden. Bayazid I. soll als erster vom Kalifen in Kairo das Recht erhalten haben, sich Sultan zu nennen.[7] Nach dem Fall von Konstantinopel im Jahre 1453 nahm Mehmed II. diesen Titel an,[8] aber selbst im osmanischen Reiche ist der Titel als Herrschertitel niemals so volkstümlich gewesen wie etwa der des Khunkiar (= Sieger) oder Padischah.[9] Im offiziellen Protokoll nimmt er jedoch einen bedeutenden Platz ein.[10] Die osmanischen Herrscher waren nach der Ausrottung des Mameluckensultanats durch die Eroberung Selims I. zweifellos die größten Sultane des Islams geworden. Da sich die Safawiden Persiens Schah (König) nannten, entsprach von da an die Gegenüberstellung Sultan : Schah dem Gegensatz zwischen Sunniten und Schii-

(Stellvertreter). Ihn ersetzte 634 ein zweiter Schwiegervater des Propheten namens Omar, dem wieder Osman, ein Schwiegersohn Mohammeds, folgte. Dieser wurde im Jahr 656 von einem Sohn Abu Bekrs erdolcht. Man beschuldigte Ali der Anstiftung dieses Mordes, und als er von seiner Partei zum Kalifen gewählt wurde, verweigerten ihm viele die Huldigung. Er kämpfte vier Jahre lang um das Kalifat und wurde im Jahr 660 von Abd er-Rahman erstochen. Ali liegt in Kufa begraben.

Daher leitet sich die Spaltung ab, die die Mohammedaner in Sunniten und Schiiten teilt. Sie bezieht sich im wesentlichen auf die Nachfolge im Kalifat. Die Anhänger der Schia behaupten, daß nicht Abu Bekr, Omar und Osman, sondern nur Ali allein das Recht gehabt hätte, der erste Kalif zu sein.

6 Arabisch: Amir, d. h. »Gebieter, Fürst«. Gemeint ist ein unabhängiger Stammesführer.

7 Hammer-Purgstall. Geschichte des Osmanischen Reiches. I, S. 235.

8 Er nannte sich »Sultan al-Barrain wa 'l-Bahrain«.

9 Persisch, wörtlich »Fuß des Königs«.

10 Z. B. vor den Namen der Herrscher in der Formel »al-Sultan ibn al-Sultan«.

ten. Offiziell nannten sich aber auch die Safawiden Sultan, z. B. auf ihren Münzen.

Sultan ist in der Türkei stets ein hoher Titel geblieben. Außer den Herrschern selbst waren es die Prinzen, die ihn trugen – und eine der Ursachen, weswegen der Großwesir und Günstling Sulaimans I., Ibrahim Pascha, in Ungnade fiel, soll der Umstand gewesen sein, daß er sich selbst den Titel »Serasker Sultan« beilegte. In der Zeit Abdul Hamids II. war es den kleinen Fürsten – die in ihrem Land Sultan genannt wurden – nicht gestattet, diesen Titel zu führen, wenn sie Konstantinopel besuchten.[11]

Der Titel Sultan steht im Türkischen immer vor dem Namen des Herrschers oder des Prinzen, was auf seinen fremden Ursprung hinweist (Wort und Bedeutung sind zweifellos aus dem Syrischen entlehnt, wo Shultana die Gewalt und, wenn auch selten, sogar den Inhaber der Gewalt bezeichnet).[12] Dagegen bezeichnet das Wort »Sultan« in Persien Offiziere und Statthalter.

In Ägypten ist der Titel seit den letzten Mamelucken verschwunden, nur während der kurzen Periode der Regierungszeit des Sultans Hussain (1914–1922) und zu Beginn der Regierung des Königs Fuad I. tauchte er wieder auf.

Die Zahl der Dynastien, deren Herrscher den Sultanstitel trugen und noch tragen, ist sehr groß. Nur in Nordafrika erscheint er verhältnismäßig spät. In Marokko kam er erst um die Mitte des 17. Jahrhunderts auf, als ihn die Dynastie der Shurafa Sadiya und Filaliya annahm.

11 Wie z. B. in Hadramaut.
12 Payne-Smith. Thesaurus Syriacus. Col. 4179; Nöldeke. Beiträge zur semitischen Sprachwissenschaft. Straßburg, 1910 (S. 39).

IV. Die Gründung des Osmanischen Reiches

1. Periode (1299–1412)

Die Epoche umfaßt die Gründung des Staates und seine erste Ausdehnung bis zur zeitweiligen Auflösung durch den Einfall der mongolischen Horden Timurs.

Die Regierungszeit Osmans und Orkhans kann nicht zweifelsfrei belegt werden. Bayazids Regierungszeit endete mit seiner Gefangennahme in der Schlacht bei Angora (Ankara), nämlich am 20. 7. 1402.

Ihr folgte eine Periode von elf Jahren, während der sich seine Söhne Isa, Mehmed, Sulaiman und Musa gegenseitig die Krone streitig machten. Sie endete mit Mehmeds Sieg über Musa bei Sofia im Juli 1413.

Sultan Osman Ghazi

(Der Siegreiche)

Beinamen: Kara Osman = der schwarze Osman – und Osmandschik = der kleine Osman.

Osman Ghazi besteigt den Thron

Die Vorfahren Osmans hatten nicht unter seldschukischen Fahnen gedient. Es waren Turkmenen, wilde nomadische Türken aus dem Fernen Osten, Glieder des ogusischen Stammes. Den alten Sulaiman, einen Hauptmann über etliche hundert Zeltbewohner, hatte der mongolische Einfall aus seinem turkestanischen Boden in der Nähe der Wüste entwurzelt und ihn am oberen Euphrat zurückgelassen. Viele solcher verlorenen türkischen Anpflanzungen verdorrten wieder, diese aber gedieh, und aus ihr entstand ein üppiger und hartnäckiger Stamm von Räubern, Kriegern und Hirten, aber auch Gesetzgebern und Staatsgründern.[1]

Ertogrul,[2] einer seiner vier Söhne, war vermutlich einer der fremden turkmenischen Heerführer des großen Alaeddin, ein Turkmenenhäuptling, für jeden Machthaber gefährlich und wertvoll. Als er starb, war Kara Osman, der Schwarze Osman, der älteste seiner drei Söhne und zum Nachfolger bestimmt, etwa fünfundvierzig Jahre alt.

Der schlanke, hochgewachsene Mann hatte lange Arme und war sehr kräftig gebaut. Er war bocksnasig, hatte schwarze Haare, dunkle Augenbrauen, Bart und war von schwärzlicher Gesichtsfarbe. Im Orient wird das Wort »schwarz« (Kara) als Ehrentitel der Schönheit verwendet, und er mochte, einem angehenden Söldnerhauptmann als Beiname zuerkannt, sogar glückliche Vorbedeutung haben.

Osmans Kleidung war einfach. Wie die ersten Krieger des Islams wand auch er um eine rote, oben getupfte Haube den

1 Jorga. GOR. I, S. 149 ff.
2 Der Name bedeutet »Der gerade Mann«.

weißen Bund, mit vorne hoch emporragendem Wulst, den Kaftan[3] weit mit einem Kragen, dessen Farbe verschieden von der des Kaftans des Unterfutters war, mit lang herabhängenden Ärmeln.

Die Namen kommen vom Himmel – sagt der Koran, und deshalb prüft sie der Moslem als gute oder böse Vorbedeutung. Osman heißt im Arabischen »der Beinbrecher«, und diese Bedeutung ist mit zwei anderen Ideebeziehungen von Herrschergröße und Siegesmacht eng verknüpft. Einmal heißt der Königsgeier, im Orient das Symbol der Herrschaft und Königsmacht, von den alten Ägyptern an vorzugsweise der »Beinbrecher« unter den Vögeln, weil er, lebendige Beute verschmähend, sich nur von den Gebeinen der Erschlagenen nährt, zum anderen hießen auch die drei Söhne Ogus-Khans, von deren erstem, Gök-Khan,[4] Osmans Stammbaum abgeleitet wird, die »Brecher«, weil sie einen gefundenen Bogen in drei Stücke zerbrachen. So wie sie den Bogen zerbrachen, brachen ihre Nachkommen Burgen und Festungen, und die Herrschergröße und Siegesmacht des Königsgeiers Humai lebte in dem späteren Herrscherhause Osmans fort.

Morgenländische Quellen erwähnen den frommen Derwisch Abdul Kumral, der im Passe von Ermeni gesehen haben will, wie ein Königsgeier mit seinen Flügeln das Haupt des jungen Osman überschattete, was er als glückliche Vorbedeutung osmanischer Herrschaft auslegte. Die Flügel würden bald zwei Meere und zwei Erdteile – das Weiße und das Schwarze Meer, Asien und Europa – decken. Osman soll sich für die Prophezeiung erkenntlich gezeigt haben: Er schenkte dem Derwisch einen seiner besten Säbel, eine Trinkschale und ein geschriebenes Versprechen künftigen Klosterbaus. Abdul Kumral gebrauchte den Säbel an Osmans Seite so lange in dessen Eroberungszügen, bis dieser am Ort ihrer ersten Begegnung ein Kloster baute, in welchem fortan Säbel und Trink-

3 Arabisch. Langes, vorne offenes Obergewand.
4 Khan des Himmels.

schale aufbewahrt wurden. Seine Nachfolger ließen sich durch das Beispiel verleiten, es ihm durch reiche Stiftung zahlreicher Klöster gleichzutun.

Tapfer, verwegen, von bäuerlicher Schläue und mit beachtlichem Organisationstalent ausgestattet, verstand es Osman ausgezeichnet, die bescheidene Hinterlassenschaft seines Vaters zu vergrößern und sich die Gunst des Seldschuken-Sultans Alaeddin (Aladdin, Ala al-Din, Ala ed-Din) Kaikobad II. zu erhalten. Unter seinen Fahnen, am Hofe zu Konya, erlangte er rasch Berühmtheit unter dem Namen Osmandschik.[5]

Treue Dienste bei Kriegszügen gegen die benachbarten Griechen oder immer wieder einfallende Tatarenhorden brachten ihm schon bald Fahne, Pauke und Roßschweif ein. Überbringer dieser Ehrenzeichen fürstlicher Würde war Ak-Timur,[6] der Neffe Osmans. Dieser ging ihm einige Schritte entgegen, und während die Heeresmusik der Pauken und Trompeten erscholl, blieb er mit über die Brust kreuzweise gelegten Händen ehrfurchtsvoll stehen. Diesen Brauch behielten seine nächsten Thronfolger zu den fünf täglichen Gebetszeiten zunächst bei; erst Mehmed II. kam wieder davon ab.

Alaeddin gestand ihm auch das Recht der Münzprägung zu und bewilligte ihm eigene Gerichtsbarkeit. Sofort ging Osman daran, die Kirche seiner Residenz in eine Moschee zu verwandeln und an derselben einen Imam[7] und Khatib[8] – aber auch einen Kadi[9] zu bestellen, der für die Schlichtung der Händel und Geschäfte am allwöchentlichen Markt[10] zuständig war.

Seit dem Anfang seiner Laufbahn war Osman von einer Schar Getreuer umgeben. Dies waren teilweise seine eigenen Brüder und deren Söhne, teilweise Bundesgenossen, wie der Scheik Edebali, dessen Tochter – die schöne Malchatun[11] –

5 Der »kleine Osman«.
6 Der »weiße Timur«.
7 Vorbeter.
8 Kanzelredner.
9 Richter.
10 Er war auf Freitag festgesetzt.
11 Das ist »Schatzfrau«. Bei einigen Geschichtsschreibern führt sie auch den Namen Kamerije, d. i. »Schönheitsmond«.

seine Frau wurde und ihm die Söhne Orkhan und Alaeddin schenkte. Bester Freund und Waffengefährte aber war Köse Michal, der damals noch nicht zum Islam bekehrte byzantinische Lehensherr von Khirmendschik. Auf seinen Rat und in seiner Gesellschaft ließ sich Osman mehrmals zu Raubzügen überreden.

Sieben Jahre ungestörter Ruhe mehrten seinen Wohlstand und seinen Ruhm. So konnte es nicht ausbleiben, daß sich bei den benachbarten Schloßherren Neid zu regen begann. Selbst sein bisheriger Schatzbewahrer, der Herr von Biledschik,[12] fing an, eifersüchtig zu werden. Bei dem Fest der Vermählung der Tochter Köse Michals mit dem Sohne von Kalanos hatte sich jener viel Mühe gegeben, die zu Gast geladenen Schloßherren mit Osman in Freundschaft zu verbünden. Statt dessen suchten ihn die Gäste zu überreden, mit ihnen gemeinsame Sache zu machen und ihnen Osman in die Hände zu liefern. Das nahe Hochzeitsfest des Herrn von Biledschik mit der Tochter von Jarhissar sollte die Gelegenheit dazu bieten.

Michal ging zum Schein darauf ein, unterrichtete aber den Freund von dem verderblichen Anschlag. Darauf nahm Osman die Einladung mit gespielter Heiterkeit an. Er sandte eine Herde Schafe als Hochzeitsgabe und ersuchte um die ihm bisher jährlich gestattete Freiheit, seine besten Güter durch Frauen ins Schloß in Verwahrung bringen zu dürfen. Unmittelbar von der Hochzeit aus wollte er dann in die Berge ziehen. Der Schloßherr freute sich sehr über die offensichtlich gelungene List, die Einlieferung der Schätze Osmans wurde auf den Vorabend der Hochzeit gesetzt.

Osman verkleidete daraufhin neununddreißig seiner tapfersten Waffengefährten als alte Frauen, mit denen er, der vierzigste, die Pferdeladungen von angeblichen Schätzen, die nichts als Waffen beinhalteten, ungehindert ins Schloß führte. So gelang es ihm leicht, dasselbe in die Hand zu bekommen, als der größte Teil der Bewohner und der Besatzung zur Hoch-

12 Auch Belokama.

zeit ausgezogen waren. Nach diesem Triumph lauerte er in einer Schlucht dem Bräutigam auf, welcher nichtsahnend und in der Hoffnung, erst der Schätze und bald Osmans selbst habhaft zu werden, nach Hause zog. Der unvermutete Überfall raubte dem Mann die Braut und kostete ihn das Leben.

Osman, im Besitz der schönen Griechin Lotosblume,[13] die er seinem zwölfjährigen Sohne Orkhan zur Gemahlin bestimmte, zog in Eile gegen die nächstliegenden Schlösser, die rasch in seine Hände fielen. So wurde im letzten Jahre des siebten Jahrhunderts der Hedschra[14] die Macht Osmans als Herrscher nunmehr fest gegründet. Zugleich zerfiel das Seldschukenreich endgültig.

Bei seinem Regierungsantritt verteilte Osman, der sich nunmehr Ghazi, der Siegreiche,[15] nannte, die Verwaltung unter seine Getreuen. In der Folgezeit trugen seine Leute ihre siegreichen Waffen westlich nach Brussa[16] und nördlich nach Nicäa,[17] was zu beachtlichem Landzuwachs führte.

Auf einem dieser Eroberungszüge kam es zu einem erregten Wortwechsel zwischen Osman und dessen etwa 90jährigem Onkel Dindar,[18] der es wagte, den militärischen Plänen Osmans zu widersprechen. Jähzornig und heißblütig tötete Osman den Greis durch einen Pfeilschuß. Der grauenvolle Beginn osmanischer Herrschaft sollte eine lange Reihe von Morden an Blutsverwandten anführen...

Andererseits aber verfehlt man auch nicht, ihn als milden und gerechten Herrn hinzustellen. Er nimmt Christen in Schutz, seinen Subaschis (das sind Polizeileutnants) wird anbefohlen, die Bevölkerung ohne Unterschied der Religion zu schonen; neben der von seinen Kadis geübten Gerichtsbarkeit

13 Nenuphar auf griechisch, Nilufer auf türkisch genannt.
14 Das Jahr 699 (oder 1299 nach christlicher Zeitrechnung). Hedschra ist ein arabisches Wort und bedeutet Loslösung. Gemeint ist die Auswanderung Mohammeds im Herbst 622 nach Christi von Mekka nach Medina. Mit ihr beginnt die islamische Zeitrechnung.
15 Türkisch: Alp.
16 Heute Bursa.
17 Heute Iznik, früher auch Nikaia.
18 Andere Schreibweisen: Dündar oder Dunder.

wird die der christlichen Priester wohlwollend geduldet; nirgends sind die Machtsteuern so niedrig wie in seinem Gebiete, das den Kaufleuten aus jedem Stamme vollkommene Sicherheit gewährt: ist doch eine der ersten Episoden aus dem Leben Osmans die Züchtigung von Räubern, die den Verkehr stören.

Siebzigjährig, nach fast fünfundzwanzig erfolgreichen Jahren Regierung, fühlte Osman – den ein schweres Gichtleiden plagte – sein Ende nahen. In Sögud, auf dem Sterbebett, schickte er nach seinem Sohne Orkhan und übertrug ihm die Macht. Er mahnte ihn, die Lehren des Islams aufrechtzuerhalten, mit Milde und Gerechtigkeit zu regieren, und bat ihn, seine Leiche in Brussa (Bursa) bestatten zu lassen. Osman hinterließ nichts als einen Löffel, ein Salzfaß, einen verbrämten Rock und einen neuen Kopfbund von Leinwand, Fahnen aus rotem Dünntuch, einen Stall trefflicher Pferde, mehrere Züge von Rindern zur Bestellung der Felder und einige Herden ausgewählter Schafe...

Zwei Imame, der Bruder Edebalis und Kara Khalil Tschendereli zu Brussa, erfüllten seinen letzten Wunsch. Osman wurde im »silbernen Gewölbe«, der alten Kathedrale des Schlosses, beerdigt. Sein Name wurde fortan beim Freitagsgebete, bei der Khutba (auch: Kutbeh), an Stelle des Kalifen und des seldschukischen Sultans genannt, und seine Goldmünzen wurden allerorts gern angenommen.

Bis zu Beginn des 19. Jahrhunderts wies man in Brussa den dahin wallfahrtenden Besuchern einen hölzernen Rosenkranz mit ungeheuren Korallen als denjenigen Osmans vor und eine riesige Trommel als dieselbe, womit er vom Sultan Alaeddin als Herr von Karadscha belehnt worden sein soll. Beide Denkmale historischer Sage wurden ein Raub der letzten großen Feuersbrunst, welche Schloß und Stadt alsbald verheerten.

Statt des Silberglanzes, den der alte Dom der Kirche auf die Grabmale zurückspiegelte, sticht das grelle Weiß des Kalks in die Augen, womit das zerfallene Grabmal des Ahnherrn der Osmanen übertüncht ist.

Fahnen und Säbel, womit Osman belehnt worden war, sind

noch heute im Topkapi-Museum zu Istanbul zu besichtigen; der letzte zweispitzig, aber nicht zweischneidig, sondern mit gewirbeltem Rücken wie Sulfakar,[19] der berühmte Säbel des Kalifen Omar, der damit einen an der Göttlichkeit des Korans zweifelnden Ungläubigen mitten auseinanderhieb und dafür vom Propheten den Ehrennamen des »Entscheidenden« erhielt. Das Bild dieses zweigespitzten Säbels, dessen eine Spitze den Osten, die andere den Westen bedroht, führten in der Folge die Statthalter des Reichs auf ihren Siegeln und der erste Kapudan-Pascha[20] der osmanischen Flotte als Flagge des von ihm bestiegenen Kriegsschiffes.

19 Der Name bedeutet »Der Wirbelbegabte«.
20 Admiral.

Sultan Orkhan

Erste Beziehungen zu Byzanz

Wie sein Vater Osman bestieg Orkhan den Thron zwischen dem Sarge des Vaters und der Wiege des Sohnes,[1] des späteren dritten Herrschers der Osmanen, und wie schon sein Vater war auch Orkhan nicht mehr der Jüngste.[2] Sein Äußeres war freundlich. Mit Osman waren ihm zwar die Bocksnase und die schön gewölbten schwarzen Augenbrauen gemein; aber er hatte blonde Haare und lichte Augen, eine hohe Stirn und eine kräftige Statur, die Brust breit, das Gesicht rund und weiß-rötlich; der Körperbau war stark, der Bart und Knebelbart dicht und wohlgenährt. Unter dem rechten Ohrläppchen war er mit einem Muttermal gezeichnet.

Nach der Überlieferung bot er zunächst seinem Bruder Alaeddin[3] einen Teil der väterlichen Besitzungen an, doch soll sich dieser lediglich ein Dorf in der Ebene von Brussa,[4] am westlichen Nilufer, zum Sitz ausgebeten haben. »Gut!« sagte Orkhan, »wenn du die Herden von Pferden, Rindern und Schafen schon nicht selbst besitzen willst, so sei mir wenigstens ein Hirte meiner Völker, das heißt mein Wesir.«[5] Alaeddin fügte sich diesem Wunsche, und so wurde der Bruder des zweiten Herrschers der Osmanen der erste Wesir des Reichs, mit dem Fürsten die Geschäfte und Sorgen der Regierung teilend. Alaeddin ist übrigens auch der erste Träger des Titels »Pascha«, der dann auf Orkhans Sohn Sulaiman übergegangen ist, um sich von diesem auf Kara Khalil zu vererben.

1 Murad, geboren im Ramadan 726 (= August 1326).
2 Er war beinahe 40 Jahre alt.
3 Jetzige Schreibweise Ala' al-Din'Ali.
4 Das heutige Bursa.
5 Das Wort bedeutet soviel wie »Lastträger«.

Die Herrschaft Orkhans vollzog sich in zwei Phasen: in der Zeit von 1326 bis 1344, während der er die Macht in Kleinasien festigte, ein Heer schuf und ausbaute, und in der Zeit von 1344 bis zu seinem Tod 1359, während der er sich anschickte, in Makedonien und Thrakien Fuß zu fassen und seine Herrschaft auf europäischem Boden auszudehnen. Er legte damit den Grundstein zum späteren Weltreich der Osmanen, als dessen eigentlicher Schöpfer er anzusehen ist.

Orkhan hatte sich bereits zu Lebzeiten seines Vaters als Eroberer bewährt. Kurz vor dessen Tod hatte er Brussa (Bursa) ohne Blutvergießen eingenommen. Nicäa[6] und Nicomedia blieben das nächste Ziel. Ihm standen einige ausgezeichnete Heerführer zur Seite,[7] von denen Köse Michal der bekannteste war. Mit deren Hilfe führte er alle seine Unternehmungen aufs glücklichste durch. Nicäa wurde besonders durch seine Medressen[8] als Brennpunkt islamischen Geisteslebens berühmt. 1333 unternahm Orkhans Sohn Sulaiman einen Heereszug in die noch unabhängigen Landstriche, die er fast ohne Schwertstreich einnehmen konnte.

Während Orkhan bisher immer nur die Griechen siegreich bekämpft hatte, war jede kriegerische Berührung mit den aus dem Seldschukenreich entstandenen Kleinfürstentümern Anatoliens ausgeblieben. Das holte er nun reichlich nach. Bald schon versuchte Orkhan als erster seine Herrschaft systematisch zu ordnen, wobei ihm sein Bruder Alaeddin maßgebend behilflich war.

Alaeddin soll auch seinen Bruder Orkhan zur Errichtung der ersten Münzstätten bewogen haben. Im Jahre 1328 wurden angeblich das erste Gold und Silber mit Orkhans Namen ausgeprägt und im ganzen Osmanischen Reich an Stelle der bisher gangbaren seldschukischen Münzen in Umlauf gesetzt.

6 Heute Iznik, siehe Karte.
7 Achdsche Hodscha, Konur-Alp, Abd al-Rahman Ghazi, Kara Ali und Kara Mursal.
8 Juristische und theologische Hochschulen.

Auch auf eine Kleiderordnung und eine Neuordnung des Heeres richtete Alaeddin sein Augenmerk. Die Kleiderordnung beschäftigte sich aber nicht nur mit den Kleidern selbst, sondern auch mit den Farben und dem Stoffe der Kopfbedekkung. Die Griechen liebten zu Orkhans Zeit goldbestickte Hauben, die Turkmenen Mützen aus rotem Filz mit farbigen Dülbenden.[9] Um die Osmanen von beiden zu unterscheiden, wurden Mützen aus weißem Filz als die allgemeine Kopfbedeckung der Krieger und Fürstendiener eingeführt; die Form derselben vermutlich rundlich gespitzt, in der Gestalt eines Palmenkohls.

Das Heerwesen wurde speziell von Tschendereli Khalil den neuen Verhältnissen angepaßt. Um das Jahr 1330 entstand das Korps der Janitscharen, ein aus Christenkindern gebildetes türkisches Fußvolk. Aber auch das gewöhnliche, schon vorhandene Fußvolk, die sogenannten Azaben, wurde besser geordnet und die Lehensreiterei, die Akindschi, ausgebaut. Daneben gründete Orkhan zahlreiche Moscheen, Klöster und Schulen, und die frommen Stiftungen, die er allenthalben in den neugewonnenen Landschaften machte, bezeugen die große Aufmerksamkeit, die er religiösen Dingen entgegenbrachte. Das Derwischwesen, das gerade damals in voller Blüte stand – der Orden der Bektaschi scheint unter Orkhan aufgekommen zu sein –, besaß in ihm zweifellos einen großen Gönner, wie gerade an seinem Hofsitze Brussa (Bursa) die zahlreichen Zellen und Klöster frommer Männer bekunden, die während seiner Herrschaft aus dem Osten im Osmanischen Reiche Zuflucht gefunden hatten. Das islamische Glaubensleben unter Orkhan, das einen stark alidischen, um nicht zu sagen schiitischen Einschlag hatte (vgl. hierzu S. 16, Anm. 7), zählt zu den merkwürdigsten Erscheinungen der Religionsgeschichte.

Mit Orkhans Regierung beginnt die Zeit des ersten freundlichen und friedlichen Verkehrs zwischen Osmanen und

9 Turbane.

Byzantinern, aber auch der Wechsel von Krieg und Waffenstillstand, von Feindschaft und Bündnissen. Osmanische Truppen wurden wiederholt von den byzantinischen Kaisern zu Hilfe gerufen, und als Orkhan die Regierung antrat, hatten türkische Heerhaufen bereits zum drittenmal, freilich erfolglos, die Meerengen überschritten und Fuß auf europäischem Boden gefaßt.

Diesen Raubzügen lag die Absicht, sich diesseits der Dardanellen festzusetzen, offenbar fern, und der Kaiser von Byzanz widmete ihnen nur geringe Aufmerksamkeit. Doch wurden aus diesen planlosen Unternehmungen im Laufe der Zeit immer deutlicher förmlich organisierte Heerzüge der anatolischen Kleinfürsten.

Im Jahre 1337 landete Orkhan in der Nähe von Konstantinopel mit 36 Schiffen, um die Hauptstadt zu erobern und sich in Thrakien festzusetzen. Die Osmanen erlitten eine grauenhafte Niederlage und entkamen mit nur einem Schiff. Die bald darauf einsetzenden Thronwirren in Konstantinopel, wo der Großdomestikos Kantakuzenos Kaiser und Mitherrscher des Johannes Palaeologos geworden war, schufen ein engeres Einvernehmen zwischen Orkhan und Kantakuzenos.

Umur Bei,[10] eine glanzvolle, wenn auch wenig bekannte Gestalt jener Zeit, wiederholte die früheren Versuche, auf europäischem Boden Fuß zu fassen, blieb aber trotz großen Aufwandes an Fahrzeugen und Bemannung erfolglos. Orkhan selbst verhielt sich abwartend. Kaiserin Anna, die Mutter des jungen Johannes Palaeologos, bat ihn, eine Hilfstruppe gegen Kantakuzenos, den Nebenbuhler ihres Sohnes, zu entsenden. Dieser merkte die drohende Gefahr und – nachdem jene Heerschar jämmerlich geendet hatte – strebte nun mit allen Mitteln danach, Orkhan für die eigenen Machenschaften zu gewinnen. Gegen Stellung von 6000 Kriegern bot er ihm seine unmündige Tochter Theodora im Januar 1345 als Gattin an, und

10 Auch Umur Beg, Umurbeg.

bereits im Mai 1346 wurde zu Selymbria an der Nordküste des Marmarameeres mit allem Prunk die Hochzeit gefeiert.

Nach dem Brauch des byzantinischen Hofes mußte dabei die Braut vor ihrer Abreise dem Volke vorgestellt werden. Dazu wurde ein Zelt errichtet, worin sich die Kaiserin mit ihren drei Töchtern befand. An dem zur Übergabe bestimmten Abend blieb die Kaiserin mit den anderen zwei Töchtern im Zelt; der Kaiser saß zu Pferd, und alle übrigen standen erwartungsvoll ringsum. Auf ein Zeichen fielen sodann die seidenen, mit Gold durchwirkten Vorhänge des Schaugerüstes von allen Seiten zugleich nieder, und die Braut stand in der Mitte knieender Eunuchen, welche sie mit Fackeln beleuchteten, dem Volke zur Schau. Hierauf wurden Trompeten, Pfeifen und Schalmeien geblasen, und die Sänger trugen die zum Preise der Braut verfertigten Hochzeitsgedichte vor. Soldaten, Staatsbeamte, Griechen und Türken wurden nun mehrere Tage lang mit festlichem Mahle bewirtet und die griechische Prinzessin mit Jubel hinweggeführt ins Brautbett des – sechzigjährigen – Orkhan. Theodora schwor ihrem Glauben nicht ab, sondern blieb eine eifrige Christin. Sie kaufte zahlreiche Christensklaven los und sandte sie in ihre Heimat zurück.

Aus dieser Verbindung stammt wahrscheinlich Prinz Khalil Tschelebi, der später in genuesische Gefangenschaft geriet und in ganz jungen Jahren mit einer Tochter des Kaisers Johannes V. verheiratet wurde.

Die Bundesgenossenschaft der Osmanen kam Kantakuzenos teuer zu stehen. Als ihm kurz nach der Hochzeit Orkhan 10 000 Mann sandte, um ihn im Kampf gegen den Serbenfürsten Stjepan Dušan zu unterstützen, kehrten die Türken ihre Waffen gegen die Byzantiner und zogen mit reicher Beute aus Europa nach Asien zurück. Diese Treulosigkeit hielt Kantakuzenos jedoch nicht davon ab, 1349 abermals seinen Schwiegersohn um ein Hilfsheer anzusprechen. Aber auch dieses Mal trat der überraschend nach Anatolien zurückberufene Heerhaufe von angeblich 20 000 Kriegern sengend und brennend den Rückmarsch über die Dardanellen an. Außer diesen beiden erbetenen Übergängen der Osmanen nach Europa dauerten die planlosen Räubereien und Verheerungen anatolischer Horden diesseits der Meerengen fort und steigerten die Drangsale der Bevölkerung Thrakiens ins Unerträgliche. Diese Umstände bewogen Orkhan, seinen längst erwogenen Plan, sich in Europa dauernd festzusetzen, nunmehr auszuführen.

Sein Sohn Sulaiman Pascha wurde 1356 beauftragt, die Dardanellen zu überschreiten, und zwar beim Küstenschloß Tzympe.[11] 1357 fiel Kallipolis[12] in die Hände der Osmanen. Der plötzliche Tod des Eroberers Sulaiman Pascha machte aber dem weiteren Vordringen der Osmanen zunächst ein Ende (1358).

Bald nach Sulaiman segnete auch Orkhan das Zeitliche.[13] Die fünfunddreißig Jahre seiner Regierung sind weder mit dem Greuel des Verwandtenmordes noch mit anderen blutigen Taten befleckt. Stets hatte er sich als tapfer und gerecht erwiesen.

11 Heute Dschimenlik.
12 Heute Gallipoli (Gelibolu).
13 Sein Todesjahr steht nicht genau fest. Am meisten Wahrscheinlichkeit hat die Angabe, daß er im November 1359 gestorben ist.

Sultan Murad I.

Beinamen: Khudawendikiar = Herr – und Khunkiar = Sieger

Eroberungen

Der dritte Herrscher des osmanischen Staates war ein Sohn Orkhans und der byzantinischen Prinzessin Nenuphar.[1] Die alttürkischen Chroniken nennen Murad oft Ghazi Khunkiar,[2] die späteren türkischen Geschichtsschreiber Khudawendikiar.[3] Wie schon seine Vorgänger soll auch er höchst einfache Tracht bevorzugt haben, wand nur feine weiße Leinwand aus dem mittelanatolischen Kermian um den Kopf und trug Kaftan und Wams aus rotem Leinen; wenngleich er andererseits die mit Gold überzogenen Mützen einführte. Der Einfall ging auf einen seiner Soldaten zurück, der nach einer Plünderung eine goldene Schale aufgesetzt und unter seiner gewöhnlichen Mütze schlecht versteckt hatte.

Schon zu Lebzeiten seines Vaters war Murad mit der Statthalterschaft in dem mittelanatolischen Sultan-Önü und später Brussa (Bursa) betraut worden. Sein Bruder Sulaiman Pascha verwaltete die wichtigeren Sandschaks (vgl. S. 50 Anm. 27) und war zum Nachfolger Orkhans bestimmt. Durch dessen frühzeitigen Tod sah sich Murad unerwartet an die Spitze des osmanischen Fürstentums gestellt. Das war ungefähr im Jahre 1360.

Daß Murad nicht sehr gebildet war, beweisen zwei Umstände. So wird berichtet, daß er es nicht verstand, seinen Namenszug anzufertigen, da er des Schreibens unkundig war. Statt dessen tauchte er für gewöhnlich die Hand in die Tinte und druckte sie statt Unterschrift[4] und Siegel ab. Zum ande-

1 Türkisch: Nilufer.
2 Sieger.
3 Herr.
4 Dieser Abdruck des Ballens der Hand und der 5 Finger, deren mittlere 3 gerade nebeneinanderlagen, der kleine Finger aber und der Daumen weit

ren wanderten die gelehrtesten seiner Untertanen aus, um erst im Ausland die Anerkennung ihrer Verdienste zu finden. Seine Fähigkeiten lagen auf anderem Gebiet: Er wurde zum ersten großen osmanischen Eroberer auf europäischem Boden. Hierin setzte er die Tradition seines Bruders Sulaiman Pascha und anderer türkischer Emire vor ihm fort.

Drei Perioden können unter seiner Herrschaft unterschieden werden. Die erste beginnt kurz nach Regierungsantritt mit der Eroberung Westthrakiens, was ein Bündnis der Serben, Bosnier und Ungarn hervorrief, die aber an der Maritza geschlagen wurden.[5] Der westliche Teil Bulgariens bis zum Balkangebirge wurde geplündert und der byzantinische Kaiser Johannes Palaeologos unterwarf sich Murad zum erstenmal als Vasall. Murad selbst war auf einem Feldzug in Anatolien, der ihn bis Tokat brachte und in dessen Verlauf er den osmanischen Besitz Angora[6] festigte. Er kam dann nach Rumelien und schlug seine Residenz in Demotika auf, um diese Stadt im Jahre 1366 mit Adrianopel zu vertauschen, das von dieser Zeit an die europäische Hauptstadt der Osmanen war. Mittlerweilen boten die Feindseligkeiten der Byzantiner und Bulgaren Murad eine Gelegenheit, Ischtebol[7] in der Nähe von Burgas einzunehmen, und derselbe Streit führte um 1366 zum Mißlingen eines Kreuzzuges, den Graf Amadeo von Savoyen auf

auseinander gesperrt waren, wurde als das »Tughra« oder des Sultans Unterschrift geheiligt. Den rohen Abdruck der Hand bildeten die Schreiber in den Khansnamen des Sultans und dessen Vaters mit dem Zusatz »Immer siegreich« aus. Der Schreiber, welcher diesen verschlungenen Zug den Fermanen und Diplomen im Namen des Sultans vorsetzte, bekleidete in der Folge als Nischandschibaschi (= Staatssekretär für den Namenszug des Sultans) eine der ersten Würden des Staates. Vgl. Enzyklopädie des Islams: Tughra = osmanisch-türkisches und seldschukisches Monogramm oder graphisches Emblem des Ogusen-, dann des Seldschuken- und später des Osmanenherrschers, das nach und nach zum Wappen des Staates wurde und von dem Herrscher nicht nur auf Erlasse, sondern auch auf Grundbesitztitel, Münzen, öffentliche Gebäude, Kriegsschiffe, Personalausweise, Pässe, Briefmarken, Stempelpapier, Kontrollstempel etc. gesetzt wurde.

5 Durch Hadschi Ilbeki.

6 Die Stadt war schon von Sulaiman Pascha 1354 eingenommen worden (heute: Ankara).

7 Heute Sozopolis.

Betreiben Papst Urbans V. unternommen hatte, um dem byzantinischen Kaiser zu Hilfe zu kommen. Diese Expedition vertrieb die Türken aber nur für kurze Zeit von Gallipoli (Kallipolis).

Eine zweite Periode in der Regierung Murads beginnt, als ein serbischer Vorstoß an der Maritza bei Čirmen aufgehalten wird.[8] Diese serbische Niederlage brachte den Türken in den folgenden Jahren die wichtigsten makedonischen Städte[9] ein; sie ermöglichte ihnen gleichzeitig, westlich des Wardar vorzurücken. Diese Eroberungen wurden von Ewrenos und Tschendereli Khalil gemacht. Für seine zahlreichen Verdienste schon unter Osman und Orkhan verlieh nun Murad dem Heeresrichter Tschendereli Khalil die Würde eines Wesirs. Er verwaltete dieselbe unter dem nun angenommenen Namen Khair-eddin-Pascha[10] noch achtzehn Jahre lang, bis er, beinahe hundertjährig, starb. Diese oberste Würde des Reichs ging von diesem Zeitpunkt an erblich vom Vater auf den Sohne über. Um diese Zeit kam es auch zu militärischen Erfolgen in Ostbulgarien.[11]

Daran schlossen sich wieder einige verhältnismäßig ruhige Jahre an, in denen die neugewonnenen Gebiete zum Teil mit Osmanen besiedelt wurden. Die noch nicht unterworfenen nördlichen Gebiete Serbiens und Bulgariens wurden von einsässigen Herrschern als Murads Vasallen regiert. Murad mußte mehr als einmal in die dynastischen Angelegenheiten der Familie Palaeologos eingreifen. Als Johannes Palaeologos im Jahre 1375 die Insel Tenedos vor Troja an Venedig verkauft hatte, führte dies zu einem Einschreiten Genuas in Verbindung mit den Türken; dabei verlor Johannes seinen Thron und wurde gefangengenommen, bis er durch Murads Gunst im Jahre 1379 wiederum Kaiser wurde. Seine Abhängigkeit ging so weit, daß er zusammen mit seinem Sohn Manuel den Tür-

8 Wahrscheinlich im Jahre 1371.
9 Seres, Drama und Kawalla.
10 Auch Chair-ed-Din-Pascha.
11 Schlacht bei Samakow unter Lala Schahin.

ken bei der Eroberung Philadelphias, der allein übriggebliebenen griechischen Festung in Kleinasien, helfen mußte.

Etwa um dieselbe Zeit verleitete Andronikos, der älteste Sohn des Palaeologos, den osmanischen Prinzen Saudschi dazu, sich gegen die Väter zu empören. Die Verschwörung wurde von Murad jedoch entdeckt, der sie noch im Keim erstickte. Er kam mit Johannes Palaeologos überein, den Söhnen die Augen ausstechen zu lassen, was auf grausame Weise durchgeführt wurde. Die gefangenen griechischen Edlen aber ließ er von den Mauern der Stadt in den Fluß stürzen. Von seinem Lager aus sah er dabei ungerührt zu. Ein Hase, der vor dem Lager aufsprang und von Hunden gejagt wurde, bewog Murad zum Lachen, ebenso grausam im Scherz als im Ernst, weil er die Erscheinung des Hasen[12] auf den Griechenmord bezog. Schließlich befahl er den Vätern, ihre Söhne mit eigener Hand zu töten.

Das Ende dieser geschilderten zweiten Periode kennzeichnet eine erhöhte Tätigkeit in Anatolien. Ein Teil des Gebietes fiel dem Prinzen Bayazid als Mitgift zu, als er die Tochter eines Fürsten heiratete.[13]

Um das Jahr 1385 folgten neue Eroberungen in Europa. Türkische Truppen erschienen unter Khalil Pascha in Epirus und in Albanien, aber entscheidend für die Ausdehnung der osmanischen Macht auf dem Balkan war die Einnahme von Sofia[14] und Nisch (Niš).[15] Um dieselbe Zeit erlangten die italienischen Republiken Genua und Venedig durch die mit Murad geschlossenen Verträge[16] Handelsvorrechte auf türkischem Boden. Unmittelbar nach den Erfolgen in Serbien zog Murad gegen den ostanatolischen Stamm der Karamanen.[17] Die

12 Schimpfname der Griechen bei den Türken.
13 Auf diesen wahrscheinlich 1381 erfolgten Gebietszuwachs kaufte Murad den größten Teil der Besitzungen der Hamid-Oghlu auf und eroberte zum Teil das Fürstentum Teke.
14 1385 (?).
15 1386 (?).
16 Sie wurden im Jahre 1385 bzw. 1388 geschlossen.
17 Karaman-Oghlu Alaeddin war Murads Schwiegersohn.

osmanische Macht war stark genug geworden, um das politische Gleichgewicht in Anatolien zerstören zu können.

Murad war in der Schlacht bei Konya siegreich, ließ aber Alaeddin in seinen Besitzungen und verfuhr in der Behandlung der anatolischen Bevölkerung milde, was später zur Tradition wurde. Dies erregte unter den serbischen Truppen, die in der Schlacht bei Konya mitgekämpft hatten, lebhafte Unzufriedenheit. Diese Truppenteile sollen zu der türkenfeindlichen Stimmung unter den Serben im allgemeinen beigetragen haben, die unter der Führung Lazar Gresljanowitchs im Bündnis mit dem mächtigen bosnischen König Twrtko einen letzten Versuch vorbereiteten, sich von dem türkischen Joche zu befreien. Es gelang ihnen auch, ein osmanisches Heer im Jahre 1388 bei Plochnik zu schlagen. Das Ergebnis war indessen dürftig, denn die Türken machten gleichzeitig neue Eroberungen in Bulgarien[18] und fielen sogar plündernd in die Morea (Halbinsel Peloponnesos) ein. Im Jahre 1389 marschierte Murad persönlich gegen die Serben und ihre Verbündeten und schlug die berühmte Schlacht bei Kossowo Polje, worin er selbst sein Leben verlor, wobei die Serben zum Teil infolge Verrats in ihren eigenen Reihen geschlagen wurden.[19]

Nach serbischen Quellen soll Murad von Milosch Obilitsch,[20] Lazars Schwiegersohn, ermordet worden sein, der unter dem Vorwand, ein Fahnenflüchtiger zu sein, bei Murad nach der Schlacht eine Audienz erhalten und ihn dabei mit einem Dolchstich in den Bauch umgebracht haben soll.

Murads Leiche wurde nach Brussa geschafft und in einer Türbe in der Nähe der Moschee beigesetzt, die er in Čekirge gebaut hatte.[21]

18 Shemia und Tirnovo.

19 Das wahrscheinlichste Datum dieses Ereignisses ist der 20. Juni 1389 (Gibbons, vgl. auch Giese, in »Ephemerides Orientales«, Nr. 34, April 1928, S. 2 ff.).

20 Andere Schreibweisen: Obranowitch und Kobilovich.

21 Kurioserweise ist Murads genaues Geburtsdatum alles andere als sicher. Einige osmanische Quellen machen dennoch konkrete Angaben, so z. B. Mehmed Thüreiya, der das Jahr 726, das ist 1326 nach christlicher Zeitrechnung, als Geburtsjahr wissen will (Sidjill-i 'ohtmani. I, 74).

So verlor der Islam während einer großen Schlacht gegen die Christen Sultan Murad, einen der Sahibs, der Märtyrer und Auserwählten, der das kleinasiatische Emirat trotz aller Anstrengungen des vom Kreuzzugsgeiste neubeseelten Westens in ein europäisches Königreich auf den Trümmern der griechischen und slawischen Macht verwandelte. Er war nur 57 Jahre alt geworden.[22]

Gegen seine Moslems war er freigebig und ritterlich und ihnen ein guter Kamerad gewesen, gegen die Christen ein milder, schonender Herr, der nicht nur zu siegen, sondern auch zu gewinnen verstand. Der Grieche Chalkokondylas beschreibt ihn als einen wohlwollenden Mann, der selten sprach, aber, wenn er es tat, schöne Worte zu gebrauchen pflegte, als einen unermüdlichen Jäger und edlen Ritter.[23]

Der osmanische Staat erhielt unter ihm keine neuen Formen, aber die alten wurden ergänzt und verfeinert.[24] Dieser Staat war auf unterwürfige Christen gebaut, die an die fremden andersgläubigen Bodenbesitzer den Zehnten und an den Sultan den Kharadsch[25] entrichteten, aber ihren Glauben, ihre Sitten, ihre kirchliche Gerichtsbarkeit und ihre Aristokratie behalten durften. Er gebrauchte eine Kriegerklasse, die aus eingeborenen Türken und einigen Renegaten bestand, welche gleichzeitig Besitzer alles Bodens und berufene Kämpfer in den sich jährlich erneuernden Zügen waren, und daneben ein stehendes Heer junger Fußtruppen, meist aus Kriegsgefangenen gebildet, die Janitscharen, die den Sultan als ihren Vater umgaben. Es war auch ein Korps von Beamten, die bis zu einem gewissen Grade ihre Stellungen geerbt hatten; es bestand aus Beis, je einem Beilerbei[26] für die beiden Hälften des Reiches und einem Wesir, der auch Pascha genannt

22 Chalkokondylas, S. 55. Die türkischen Chronisten geben ein Alter von 68 Jahren an.
23 Chalkokondylas, S. 56.
24 N. Jorga. Geschichte des Osmanischen Reiches. I, 264.
25 Tribut.
26 (Beğlerbeği). Oberherr, Generalstatthalter über eine mehrere Bannern gebildete Großprovinz.

wurde.[27] Dies waren die Elemente der neuen Staatsgründung, die sich bereits von Großarmenien und Transkaukasien bis zur Adria hin erstreckte. Ihre Stärke war zuerst der religiöse Fanatismus, weit mehr aber noch die alte mongolische Ordnung und Disziplin. Sie wurde nebenher durch die Beutelust der Akindschis (Streiftruppen), die nur vom Raube lebten, durch den Eifer aller türkischen Volksklassen für den jährlichen heiligen Krieg, den Unternehmungsgeist der ritterlichen Spahis (auch Sipahis, gemeint sind Lehenstruppen) vermehrt. Der politische Ehrgeiz der die Fahne tragenden Beis, der Sandschaks,[28] den die Schenkung eroberter Städte nährte, und endlich der Scharfsinn, die Ausdauer, die staatsmännischen Eigenschaften der Mitglieder des ungemein fähigen osmanischen Hauses halfen auch wesentlich dem Osmanentume zur Besiegung, Unterwerfung und Aussaugung fremder Völker, für welchen Zweck auch diese eigentümliche und einzig dastehende kriegerische Gemeinde wie berufen und geschaffen war.

27 Der erste Titel ist arabisch, der zweite türkisch.
28 Türkisch für Fahne, Standarte. Gemeint ist die Zusammenfassung von Lehen unter Fahnen. Die drei bekanntesten waren Chudawenkiar (Khudawenkiar) = Herrenland (Gegend um Brussa), Sultan-Önü (oder: In-Önü) in Mittelanatolien und Hodscha (?)-Ili, das Küstenland im Nordwesten). Daraus entwickelte sich später »flambularii« von »flamma«, Fahne, im Italienischen.

Sultan Bayazid I.

Beiname: Yildirim = der Blitz

Der Mongoleneinfall

Bayazids I. Regierung beginnt mit einem Brudermord.[1] Kaum hatte sein Vater auf dem Schlachtfeld von Kossowo Polje[2] den Geist ausgehaucht, ließ er unverzüglich seinen einzigen Bruder Jakub, dessen Popularität er fürchtete, hinrichten.[3]

Dann heiratete er die Tochter des Fürsten von Germiyan, deren Mitgift in mehreren Städten bestand, und ging anschließend daran, die serbischen Angelegenheiten zu ordnen.

Zunächst vollendete er die Eroberung des Landes und schloß sodann mit Stephan, einem Sohn des Lazar, einen Vertrag, der diesen Fürsten unter türkische Oberhoheit stellte. Johannes VII., einen Sohn Andronikos' IV., setzte er an Stelle des Kaisers Johannes V. Palaeologos auf den Thron von Konstantinopel, ließ ihn aber bald darauf wieder fallen und ernannte Johannes' V. Sohn Manuel II. im Jahre 1390 zum Mitregenten seines Vaters.

Die griechischen, von Manuel gestellten Hilfstruppen eroberten für ihn Philadelphia, dessen Übergabe der Befehlshaber der Festung verweigert hatte; der Fürst von Aidin unterwarf sich; die Fürstentümer Saruchan und Mentesche wurden dem Osmanischen Reich einverleibt; Alaeddin von der Dynastie der Karamanen trat an Bayazid drei Städte ab.[4]

Drei griechische Inseln ließ er durch Raubzüge verwüsten;[5] sieben Jahre lang belagerte er daraufhin das von Johannes V.

1 1389.
2 Auch Amselfeld genannt.
3 Dieses Verbrechen wurde seitdem bis zur Zeit der Reformen von fast allen türkischen Sultanen begangen.
4 Akschehir, Nigde und Ak-Serai.
5 Es handelt sich um Chios, Euböa und Attika.

eiligst befestigte Konstantinopel, wohin Manuel kurz vorher heimlich zurückgekehrt war.

Der Fürst von Karaman, der sich empört hatte, wurde zurückgeschlagen und die Städte Konya und Larenda mit dem Osmanischen Reiche vereinigt. Tokat, Siwas und Kayseri zogen es vor, sich Bayazid zu ergeben.[6]

Nachdem »der lahme Bayazid«[7] von der Dynastie der Banu-Isfendiyar zu Sinope (Sinub) von dort geflohen war, fiel gar die ganze Provinz Kastamuni in die Gewalt Bayazids.

Daraufhin erklärte ihm Sigismund, der König von Ungarn, durch türkisches Vordringen gegen die Grenzen Ungarns beunruhigt, den Krieg – nachdem er die europäischen Herrscher für seine Sache gewonnen hatte. Karl VI. von Frankreich sandte ihm ein Hilfskorps unter Führung des Grafen von Nevers, Sohn des Herzogs von Burgund, später Johann Ohnefurcht genannt. Ferner schlossen sich dem Kreuzzug an der Großprior des Deutschen Ordens, Friedrich Graf von Hohenzollern, und Philibert von Naillac, Großmeister der Rhodiserritter. Die Verbündeten belagerten Nikopolis im Jahre 1396, wurden aber unter seinen Mauern vollständig geschlagen.[8]

Nachdem Bayazid die Schlacht für sich entschieden hatte, mußte er wutschnaubend feststellen, daß dieser Sieg teuer erkauft worden war: etwa 60 000 Tote waren zu beklagen. Als Vergeltung dafür ließ er kurzerhand die zehntausend christlichen Gefangenen niedermetzeln. Lediglich eine Handvoll junger Leute, darunter der noch nicht sechzehnjährige bayrische Knappe Schiltberger, soll Gnade vor seinen Augen gefunden haben. Schiltberger war es auch, der uns einen minutiösen Bericht über die Greuel des Gefangenenmordes und die furchtbaren Leiden vierunddreißigjähriger Sklaverei hinterließ.[9]

6 1392.
7 Türkisch: Kötürüm-Bayazid.
8 Die Schlacht fand am 28. 9. 1396 statt.
9 Schiltberger's aus München ... Reise in den Orient und wunderbare Begebenheiten... Hrsg. A. J. Penzel. München 1818. § 2, S. 13.

Im Anschluß daran fielen die Osmanen in der Steiermark, Syrmien und Bosnien ein; in Asien und Europa gewann Bayazid neue Residenzen.[10] Streifzüge führten seine Truppen bis nach Athen und in den Peloponnes. Bayazids Drohung, nächstens sein Pferd auf dem Hochaltar der Peterskirche zu Rom Hafer fressen zu lassen,[11] war also gar nicht einmal so vermessen.

Anschließend genoß Bayazid in Brussa die Früchte seiner Siege. Allzusehr vom Erfolg verwöhnt, fing er an, sein Reich und sich selbst zu vernachlässigen, indem er entgegen den strikten Geboten des Islams Wein trank und dem Luxus sowie den widernatürlichen Ausschweifungen seines Wesirs Ali Pascha gleichgültig zusah. Den Geschmack an Trinkgelagen hatte ihm freilich bereits seine serbische Gemahlin eingeflößt. Dem Wesir dienten zur Befriedigung seiner Lüste christliche Knaben, die nun nicht mehr bloß zu Rekruten der Janitscharen, sondern zum innersten Dienste am Hofe herangezogen wurden.

Die Sittenverderbnis, welcher Bayazid durch Trinkgelage und Ali Pascha durch mißbrauchte Pagen Vorschub leisteten, verbreitete sich allmählich nicht nur unter dem Heer, sondern vor allem unter dem Richterstande.

Bayazid, der sich selbst so viel nachgesehen hatte, ergrimmte sich nunmehr des öfteren unmenschlich über Pagenstreiche und über die Bestechlichkeit der Richter. Es wird berichtet, daß er beispielsweise einem Pagen, welchen eine alte Frau anklagte, er habe ihr die Milch gestohlen und ausgetrunken, den Bauch habe aufschneiden lassen; achtzig ungerechte, bestochene Richter wollte er in einem Hause zu Beischehri eingesperrt verbrennen lassen, konnte jedoch in letzter Minute noch davon abgebracht werden.[12]

10 In Asien: Kangheri, Diwrigi, Behesni, Malatya und Kemakh; in Europa: Larissa und Tirhala.
11 Daru. Histoire de Venise. II, p. 103.
12 Hammer. Geschichte des Osmanischen Reiches. I, S. 233.

Schließlich zog die Einnahme von Erzingian und Siwas durch Timur, den grausamen Khan der Mongolen, seine Aufmerksamkeit von Konstantinopel – dessen Eroberung er plante – ab und nötigte ihn zu einem Feldzug gegen den Eindringling,[13] der die von den Osmanen entthronten Fürsten auf seine Seite gezogen hatte. Die Belagerung Angoras[14] durch Timur führte Bayazid vor die Mauern dieser Stadt. Die Schlacht fand nordöstlich davon[15] statt. Die in den eroberten Fürstentümern ausgehobenen Hilfstruppen gingen während der Schlacht zum Feinde über, bei dem sich ihre früheren Herren befanden; nur die Serben blieben treu, und Bayazid kämpfte inmitten seiner Janitscharen, die fast alle fielen, bis in die Nacht hinein. Nach einem vergeblichen Versuch zu entkommen, wobei sein Pferd stürzte, wurde der Sultan schließlich gefangengenommen.[16]

Timur, der Sieger, behandelte Bayazid mit Achtung, ließ ihn aber nach einer mißglückten Flucht nachts in Fesseln legen und führte ihn auf seinen weiteren Zügen in einer vergitterten, von zwei Pferden getragenen Sänfte mit sich.[17]

Als Timur, nachdem er Smyrna[18] den Rhodiserrittern entrissen hatte, den Rückweg nach Samarkand antrat, starb Bayazid in Timurs Lager zu Akschehir an einem Gichtanfall.[19]

Oft wiegt das Schicksal den Tod eines Feindes mit dem eines Freundes auf. So auch hier: schon am vierten Tag nach Bayazids Tod starb Timurs geliebter Enkel Mohammed. Die Trauer war allgemein, die Prinzen und Großen zogen schwarze und blaue Kleider mit Filzkragen an; die Frauen warfen sich zur Erde und füllten ihre Mieder mit Steinen. Timur selbst soll

13 Im Jahre 1400.
14 Heute: Ankara.
15 In der Ebene von Cibuk-Abad.
16 Am 20. Juli 1402.
17 Das Wort »Kafas« (= Käfig oder Sänfte) hat nach einem mißverstandenen Satz des Ibn Arabschah ebenso wie der von Phrantzes gebrauchte Ausdruck χονβούχλιον zu der Annahme geführt, daß Bayazid in einen eisernen Käfig eingesperrt war.
18 Heute Izmir.
19 Am 8. März 1403.

bei der Nachricht vom Tode seines Enkels gesagt haben: »Wir sind Gottes und kehren zu ihm zurück« – was dieselben Worte waren, die er bei Bayazids Ableben geäußert hatte.

Hierauf wurde das gewöhnliche Totenmahl bereitet; Leser des Korans lasen Stellen aus dem Heiligen Buche vor; die große Todestrommel lärmte unentwegt und wurde anschließend nach altmongolischem Brauche zerbrochen – so wie der Held, der in der Welt solchen Lärm gemacht hatte, durch den Tod zerbrochen worden war. Der Sarg wurde, von zweihundert Reitern und sieben Emiren begleitet, ins Land jenseits des Oxus ins Familiengrab Timurs überführt; desgleichen erlaubte Timur dem osmanischen Prinzen Musa, den Leichnam seines Vaters, der inzwischen zu Akschehir im Grabe des Scheichs Mahmud Hairan beigesetzt worden war, nach Brussa bringen zu lassen.

Dem Prinzen selbst übergab er Ehrenkleid, Gürtel, Säbel und einen mit Edelsteinen besetzten Köcher – sowie ein mit seiner rotgefärbten Hand ausgefertigtes Diplom.

So endete Bayazid Yildirim,[20] der erste große Eroberer der osmanischen Sultane. Das Reich, welches er nicht nur zusammengehalten, sondern auch vergrößert hatte, verlor nicht nur diese Gebiete wieder, sondern zerfiel selbst in mehrere Teile durch die Uneinigkeit seiner vier Söhne und durch die Politik Timurs.

20 Der Name bedeutet so viel wie »Wetterstrahl« oder »Blitz«.

Das Große Serail

2. Periode (1413–1566)

Während dieser Zeit wird der Staat wiederhergestellt, es kommt sogar zu seiner größten Ausdehnung.

Es ist die glanzvollste Epoche osmanischer Geschichte. In diese Periode fällt die Regierung Mehmeds II., des Eroberers, und Sulaimans I., des Gesetzgebers.

Sultan Mehmed I.

Beinamen: Tschelebi = der mutige Herr – und
Kürüschdschi = Ringer

Politische und religiöse Einigung

Nach einem Interregnum von elf Jahren bestieg Mehmed, der erste osmanische Sultan dieses Namens, im Jahre 1413 den Thron. Wegen seines milden, gütigen Wesens und der Feinheit seiner geistigen und moralischen Bildung hatte er den Beinamen »Tschelebi«[1] erworben; seine Geschicklichkeit in Leibesübungen brachte ihm die Bezeichnung »Kürüschdschi«[2] ein.

Die Chronisten beschreiben ihn als einen stattlichen Mann, der stets Wert auf geschmackvolle Kleidung legte. Mehmed hatte ein weiß-rötliches Gesicht, schwarze Augen mit zusammenstoßenden Brauen, einen dichten Bart mit gepflegtem Schnurrbart, eine offene Stirn und ein rundes Kinn. Die Hände waren schmal und länglich; sein Blick war scharf wie der eines Falken, seine Stärke soll die eines Löwen gewesen sein. Den Dülbend[3] wand er auf eine Weise, daß derselbe, mehrere vorspringende Wülste bildend, nur die Spitze der goldenen Mütze sehen ließ; sein Kaftan war mit Hermelin gefüttert.

Bei seinem Regierungsantritt empfing er die Glückwünsche der Serben, Walachen, Bulgaren, des Herzogs von Janina, des Despoten von Lacedämon, des Fürsten von Achaia, zog sie an seinen Tisch, trank ihnen Gesundheit und Wohlsein zu und entließ sie mit den Worten: »Meldet euren Herren, daß ich allen den Frieden gebe und von denselben annehme; gegen den Friedensbrecher aber sei der Gott des Friedens!« Mit den Venezianern schloß er einen Friedensvertrag zur Sicherheit ihrer Kolonien, und den Ragusäern wurde der Schutzvertrag

1 »Der mutige Herr«.
2 »Ringer«.
3 Kopfbund oder Turban.

mit der Bedingung erneuert, daß die Kriege der Türken die Ruhe des ihnen untertänigen Freistaates nicht stören sollten.

Die Oberhoheit des osmanischen Hauses über die mohammedanischen und christlichen Häupter in Anatolien und auf der Balkanhalbinsel war niemals ernstlich in Frage gestellt. Der Erbfeind in Asien, Karamanu-Oghlu Mehmed, der in der Zwischenzeit sogar bis zur Belagerung von Brussa geschritten war, wurde schon bei Dschanik im Jahre 1414 unterworfen; gleichzeitig wurde auch der ruhelose Izmir Oghlu Dschunaid endgültig von Smyrna (Izmir) vertrieben. Zwei Jahre später wurde die osmanische Macht im Ägäischen Meer durch die Schlacht bei Gallipoli (Kallipolis) gegen eine venezianische Flotte gestärkt. Im selben Jahre brachen äußerst ernste Derwischrevolten in Aidin und auf der Halbinsel Kara Burun aus. Sie zu unterdrücken, wurden Truppen aus allen Teilen Anatoliens unter Bayazid Pascha ausgehoben.

Im europäischen Teil des Reiches unterhielt der Sultan freundschaftliche Beziehungen zum byzantinischen Kaiser. Die Türken intervenierten jedoch in der Walachei (heute: Südrumänien), wo die Thronfolge umstritten war; sie bauten dort am nördlichen Ufer der Donau die Festung Dschurdschewo.[4]

Um dieselbe Zeit erreichten die Streifzüge der türkischen Truppen Ungarn, Bosnien und die Steiermark.[5] Auf asiatischer Seite wurden große Teile der Besitzungen des Fürsten von Kastamuni einschließlich Tosia und Kangheri den osmanischen Besitzungen einverleibt. Seit dem Jahre 1416 mußte Mehmed zudem einem Thronprätendenten gegenübertreten, der den Anspruch erhob, sein Bruder Mustafa zu sein. Dieser Dörme Mustafa[6] fand überraschend einen Verbündeten in dem jugendlichen Dschunaid, einem fanatischen Anhänger der Schia. Beide wurden jedoch bei Saloniki geschlagen und mußten daraufhin nach Konstantinopel flüchten. Währenddessen hatte sich auch die Lage in Asien geklärt. Die neuen

4 Türkisch: Yer Kiökü. Gemeint das heutige Giurgewo.
5 Im Jahre 1419.
6 Der Name bedeutet »Der falsche Mustafa«.

Derwische und Christenfreunde am Berge Stylarion hatten seit 1416 einen Religionskrieg gegen die mosleminische Orthodoxie begonnen: Ali, der Emir von Aidin, wurde von ihnen geschlagen und vermochte nur mit Mühe, sich nach Magnesia (Magnissa) zu retten. Gegen die Rebellen ging dann nicht nur der Wesir Bayazid, sondern auch Mehmeds achtzehnjähriger Sohn Murad, der in die Kriegspraxis eingeführt werden sollte, vor. Ein ziemlich großes Heer schlug und vernichtete die Scharen der unglücklichen Schwärmer bei der Ortschaft Kara Burun im Gebirge. Böreklüdsche, ihr Führer und Prophet, wurde nach Palatscha gebracht und grausam gemartert, ohne seinen Glauben zu verleugnen. Endlich rissen vier Kamele seinen Körper in Stücke, während die Seinigen unter den Rufen: »Eile zu uns, Herr im Himmel!« sich hinmorden ließen. Viel später noch glaubten die Bauern an der Küste, daß ihr Heiliger Böreklüdsche nicht tot sei, sondern in Samos, wohin viele türkische Familien nach der Schlacht bei Angora (Ankara) geflüchtet waren, am Leben weile und einst zurückkehren werde.[7]

Die letzen Jahre des Sultans vergingen in Frieden. Bei einem Besuch in Asien kam Mehmed 1420 nach Konstantinopel; kurz vorher hatte er Frieden mit den Byzantinern geschlossen. Bei der Ortschaft Katolon wurde er feierlich von Demetrios Leontarios, Isaak Asanes und dem Protostrator Manuel Kantakuzenos empfangen. Voll Genugtuung sahen die Bewohner der Hauptstadt, wie sich der alte Großemir gnädig mit dem früheren Verbündeten seines Nebenbuhlers Mustafa unterhielt. An der »doppelten Säule«[8] warteten Manuel als 70jähriger Greis und seine Söhne Johann und Konstantin auf der kaiserlichen Galeere, an deren Seite eine andere für Mehmed selbst bereitstand. Beide Fahrzeuge fuhren dann nebeneinander bis Skutari, dem Üsküdar der Türken, wo auf osmanischem Boden die Zelte für den Sultan aufgeschlagen waren;

7 Vgl. die übereinstimmenden Nachrichten bei Dukas S. 112 ff. und Seadeddin I, S. 354 ff.
8 Heute Beschiktasch (Beşiktaş).

die beiden Herrscher plauderten, auf dem Schiffsdeck stehend, miteinander; an Land speisten sie dann zusammen und machten sich gegenseitig Geschenke. Erst am Abend des folgenden Tages stieg Mehmed zu Pferde und ritt nach Nicomedia (Nikomedien) zu ab.[9]

Im Frühjahr 1421 kehrte Mehmed aus Brussa, wo er den Winter verbracht hatte, noch einmal nach Europa zurück. Einige Wochen darauf fiel er bei einer Jagd um Adrianopel in einem epileptischen Anfall vom Pferde. Obwohl erst zweiundvierzig Jahre alt, konnte er sich nicht wieder erholen.

Er rief daher seinen getreuen Wesir Bayazid Pascha und beschwor ihn, seinem Sohne Murad, der damals als Statthalter von Amasia des Reiches östliche Grenze hütete, als dem Thronerben ebenso treu zu dienen; seine zwei minderjährigen Kinder aber der Hut und Vormundschaft des griechischen Kaisers zu übergeben, um ihr Leben vor dem Bruder zu sichern. Er fürchtete nämlich, daß Murad, des Großvaters und Vaters Beispiel folgend, die Brüder als Rivalen um den Thron erwürgen lassen werde. Trotz aller an Mehmed selbst gerühmten guten Eigenschaften hatte er nicht den Grundtrieb osmanischer Herrscher, im eigenen Blute die Hände zu baden, verleugnet: Er hatte den Sohn seines Bruders Sulaiman in Konstantinopel hinrichten lassen.

Um dem Prinzen Murad Zeit zu lassen, von Amasia nach Adrianopel zu gelangen, wurden zum Scheine Truppenaufgebote erlassen, als ob der Sultan sich hinter dem entflohenen Dschunaid her nach Asien begeben wollte, und die fremden Gesandten ersuchte man, mit ihren Anliegen einige Tage zu warten: Mehmed aber hatte die Augen bereits geschlossen.

Dem Heere, das seinen »Vater und Herrn« dringend zu sehen verlangte, sollen die Wesire eine auf dem Diwan sitzende Leiche,[10] deren Hände andere zum gnädigen Gruße

9 Phrantzes. S. 109–112.
10 Diwan = Teil der Residenz für Audienzen und Empfänge. In späterer Zeit war darunter der Staatsrat zu verstehen.

bewegten, in dem dunklen Schlafzimmer des einfachen Palastes zu Indirneh gezeigt haben.

Die Wahrheit wurde erst bekannt, als sich der Leichenzug von den kaiserlichen Gemächern nach Konstantinopel zu in Bewegung setzte, um den so ritterlichen Sultan des Friedens und der Verzeihung nach Brussa zu geleiten.

Als der Thronerbe Murad in Brussa ankam, waren insgesamt vierzig Tage verstrichen.

Sultan Murad II.

Feldzüge in Europa

Murad II. bestieg den Thron der Osmanen im Alter von 18 Jahren im Jahre 1421. Zwei seiner älteren Brüder waren als Statthalter von Amasia noch zu Lebzeiten des Vaters gestorben,[1] zwei seiner jüngeren der Pest zum Opfer gefallen.[2]

Vom großen Scheik Bochari oder Emir Sultan, dem Schwager seines Großvaters Bayazid, mit dem Schwerte umgürtet, zogen die Janitscharen vor ihm her in den Palast, um ihn willkommen zu heißen. Die Leiche des Vaters wurde in dem Grabmal an der grünen Moschee bestattet, und die Trauer währte acht Tage lang.

Um die Regierungsübernahme zu verkünden und die mit dem Vater geschlossenen Verträge zu erneuern, gingen an die benachbarten Fürstenhöfe von Karaman und Mentesche, an König Sigismund und an Kaiser Manuel Gesandte ab. Mit Karaman wurde der Friede beschworen, mit Ungarn ein fünfjähriger Waffenstillstand geschlossen.

Es dauerte nicht lange, da stellten sich ihm der als Dörme Mustafa[3] bekannte Thronprätendent und dessen Verbündeter Dschunaid entgegen. Der byzantinische Kaiser Manuel gewährte den Verschwörern Unterstützung und wie es schien – zunächst mit Erfolg. Der von Brussa (Bursa) kommende Bayazid Pascha wurde geschlagen und in der Schlacht bei Sazli Deze[4] getötet; die vereinigten griechischen Streitkräfte nahmen Gallipoli ein.

1 Ahmed und Alaeddin.
2 Mehmed und Yussuf.
3 Der falsche Mustafa.
4 Zwischen Seres und Adrianopel.

Dann mußte ihnen Murad selbst in Asien gegenübertreten; es gelang ihm, zwischen Mustafa und Dschunaid Uneinigkeit hervorzurufen, und er schlug ersteren in der Schlacht an der Brücke von Ulubad. Dann setzte Murad auf Schiffen von der genuesischen Kolonie Neu-Phokäa[5] über, eroberte Gallipoli zurück, zog dann in Adrianopel[6] ein und tötete Dörme Mustafa.

Im Jahre 1422 begann er mit einer Belagerung Konstantinopels, die aber aufgehoben wurde, da sich entweder die Byzantiner durch Vermittlung des griechenfreundlichen Wesirs Ibrahim Pascha loskauften oder weil ein neuer Prätendent in Iznik in der Person von Murads jüngerem Bruder Mustafa auftrat. Dieser wurde von seinem früheren Anhänger Ilyas Pascha ausgeliefert und umgebracht. Ein Kampf mit Dschunaid, der sich wieder in Aidin festgesetzt hatte, sich aber endlich im Jahre 1425 ergab, führte schließlich zu dessen Hinrichtung.

Murad lebte nun mit all seinen europäischen Nachbarn und Vasallen in Frieden. Kaiser Manuel war im Jahre 1424 gestorben, und mit seinem Nachfolger Johannes Palaeologos wurde Frieden geschlossen. Mehrere Städte waren mittlerweile in der Morea genommen worden, und die Walachei zollte Tribut. In Anatolien war es im Jahre 1423 mit Isfendiyar von Sinub zu einem Konflikt gekommen, der damit endete, daß Murad einen Teil seines Gebietes erwarb. Nach 1425 wurde die osmanische Autorität in Teke und Mentesche gefestigt, und der Karaman-Oghlu Ibrahim, der das bereits osmanische Adalya nehmen wollte, mußte sich zurückziehen und Frieden schließen. In Ostanatolien unterwarf Yürkedsch Pascha die Turkmenen um Tokat und Amasia und die des Gebietes von Dschanik. Die bemerkenswerteste Waffentat dieser ganzen Zeit war jedoch die Einnahme Salonikis im März 1430. Nachdem die Griechen diese Stadt an Venedig verkauft hatten,[7]

5 Türkisch: Yeni Foča.
6 Hieß auch zeitweise: Edirne (Türkisch).
7 1427.

hatte Murad niemals den Plan aufgegeben, sich für dieses Vorgehen zu rächen. Bald darauf folgte der Friede mit Venedig.

Vorübergehend hatten die Türken mehrere Festungen im Epirus und in Albanien in ihren Händen, aber ihr Hauptinteresse konzentrierte sich immer mehr auf die Gebiete im Nordwesten, wo Georg Brankovitch als Vasall über Serbien herrschte. Mit diesem wurde im Jahre 1432 der Frieden erneuert, und seine Tochter Mara wurde Murad zur Frau gegeben, aber die türkischen Einfälle in Serbien wie auch tief in ungarisches Gebiet hinein hörten nicht auf. Im Jahre 1438 fielen die Türken in Verein mit den Serben und Walachen in Ungarn ein.[8] Im Jahre 1440 belagerten sie vergebens Belgrad, und 1442 begannen türkische Truppen unter Meschid Bei[9] die Belagerung von Hermannstadt. Hier erlitten sie eine schwere Niederlage durch Johann Hunyadi, der in den folgenden Jahren als Vorkämpfer Ungarns und des christlichen Europa auftrat. Er führte im Jahre 1443 ein großes Kreuzzugheer an, das vor allem aus Serben, Polen und Deutschen bestand; die Türken wurden bei Nisch zurückgeworfen, worauf Sofia fiel. Der Feldzug endete mit einer schweren Niederlage der Türken bei Jalowaz zwischen Sofia und Philippopel. Im selben Jahre mußte Murad wiederum gegen die Karamanen ziehen, welche den christlichen Verbündeten halfen. Aber der im Juli 1444 in Szegedin geschlossene Frieden mit Ungarn wahrte, obgleich er für Ungarn vorteilhaft war, die früheren Grenzen des politischen Machteinflusses der Osmanen; nur die Walachei wurde Ungarn tributpflichtig.

Dieser Frieden sollte zehn Jahre dauern, und er erschien Murad als ausreichend sicher für die Zukunft. Schließlich dankte er zugunsten seines Sohnes Mehmed ab und ließ ihm Khalil Pascha, den Sohn Ibrahim Paschas,[10] und Khusraw Molla (Khosrew Molla) als Ratgeber. Er selbst ging nach Mag-

8 Einnahme Semendras.
9 Auch: Mezid Bey.
10 Er war im Jahre 1429 an der Pest gestorben.

nesia,[11] mußte aber zurückkommen, als im September desselben Jahres die Ungarn ohne Rücksicht auf den Friedensvertrag einen neuen Kreuzzug vorbereiteten. Sie marschierten südlich der Donau bis Warna; hier brachte ihnen das Heer Murads eine vernichtende Niederlage bei, in der König Ladislaus von Ungarn ums Leben kam. Darauf ging Murad II. wieder nach Magnesia (Magnissa); aber als im folgenden Jahre ein Janitscharenaufstand in Adrianopel ausbrach, bat der Wesir Khalil Murad, noch einmal zurückzukommen, da der junge Mehmed offenbar der Lage nicht gewachsen war.

Während der letzten sechs Jahre seiner Regierung unternahm Murad wieder mehrere Feldzüge auf dem Balkan. Im Jahre 1446 wurde gegen die Palaeologen in der Morea eine Expedition unternommen;[12] im Jahre 1447 gegen Albanien, wo seit 1443 Skender Bei[13] seine Tätigkeit entfaltete; 1448 trat er wieder einem einfallenden ungarischen Heer entgegen, das in der Ebene von Kossowo geschlagen wurde; im Jahre 1450 war er erneut in Albanien.[14] Im gleichen Jahre wurde Konstantin Palaeologos durch die Huld Murads II. nach dem Tode von Johannes der letzte byzantinische Kaiser. Kurz darauf, in den ersten Tagen des Februar 1451, starb Murad auf einer Insel des Sees von Adrianopel an einem Schlaganfall und wurde in Brussa neben seiner Moschee beerdigt. Er war nur neunundvierzig Jahre alt geworden.

Die Regierung Murads II. war für die künftige politische und kulturelle Entwicklung des Osmanischen Reiches von außerordentlicher Bedeutung. Nach den ersten kritischen Jahren setzte er das Konsolidierungswerk seines Vaters Mehmed I. fort. Sein Hauptbestreben war, mit den Vasallenfürsten, von denen der Herrscher von Sinub und der Despot von Serbien ihre Töchter Murad zur Frau gaben, in Frieden zu leben. Diese friedliebende Politik entsprach seinem Charakter; die

11 Auch: Magnisa oder Magnissa, zwischen Ephesus und dem Mäander.
12 Zerstörung des Hexamilion-Walles; Einnahme von Korinth und Patras.
13 Auch: Skander Beg.
14 Belagerung Crojas.

byzantinischen Geschichtsschreiber schildern ihn als einen wahrheitsliebenden, milden und leutseligen Herrscher.

Seine einflußreichsten Wesire waren noch nicht die Renegaten späterer Zeiten; sie gehörten den alten Familien an, welche die Interessen von Murads Vorfahren gefördert hatten und eine Art erblicher Adel wurden. Murad II. war übrigens auch der erste osmanische Herrscher, dessen Hof ein berühmtes Zentrum für Dichter, Literaten und islamische Gelehrte wurde.

Sultan Mehmed II.

Beiname: Fatih = der Eroberer

Die Eroberung von Konstantinopel

Mehmed II. war eine außerordentliche, wenn nicht gar geniale Persönlichkeit: allein seinen seltenen Eigenschaften ist das neue Werk der gigantischen und glänzenden Eroberung zuzuschreiben, und nur ihm gebührt das Verdienst, die Kräfte des Reichs für höhere politische Zwecke verwandt zu haben.

Schon zu Anfang seiner Regierung, als er aus dem asiatischen Verbannungsorte Amasia zurückgekehrt war und kaum einundzwanzig Jahre zählte, sprach man von der Mäßigung des neuen türkischen Herrschers, der sowohl das tierische Essen, den übermäßigen Weingenuß, den weichlichen Schlaf als auch die noch von seinem Vater nicht verschmähten Ergötzungen des Harems und die in Ehren gehaltene Jagd vernachlässigte; nicht einmal an dem wollüstigen Tanze der Juden und Jüdinnen, an den nasalen Weisen der türkischen Hofmusiker, an den derben, oft sehr bissigen und dreisten Späßen des Hauszwerges, des Karagöz,[1] fand er Gefallen. Aus seinem energischen Gesicht mit den feingebogenen Brauen, der mächtigen Adlernase, dem stark vorspringenden Kinn leuchtete ein Paar melancholischer Augen als Ausdruck der tiefen Gedanken, in die er versunken war. Dennoch aber war er kein Träumer oder Phantast, sei es vom Schlage eines Karls XII. oder von der übermenschlichen Größe eines Napoleons.

Zwar hatte auch er eine ehrgeizige Seele, die er durch Lesen der ins Arabische übersetzten Volksbücher von Alexander dem Großen oder Julius Cäsar, dem »ersten Kaiser in Rom«, nährte und beflügelte;[2] aber sein Verstand blieb immer scharf

1 Wörtlich: Schwarzauge. Karagöz ist die Hauptgestalt, ähnlich dem Kasperl oder Hanswurst, in den oft sehr derben – aber beliebten – Schattenspielen.
2 Vgl. auch die Chronik des Zorzo Dolfin. Ausg. Thomas.

und ruhig; er trachtete nicht nach dem Ruhm, alles zu zerstören und riesige Ruinen zu hinterlassen, vielmehr wollte er systematisch aufbauen und für alle Zeiten schaffen. Ein eiserner Körper, schlank, aber ausdauernd, half ihm, jede Gefahr und Müdigkeit und Härte des Klimas in den sonnenverbrannten Tälern des Südens wie in den undurchdringlichen Wäldern der nördlichen Berge zu überwinden. Für ein wahrhaft kaiserliches Werk, das einen großen Plan, emsige tägliche Tätigkeit, selbstsichere Ruhe in den entscheidenden Augenblicken, sparsames Ausnutzen menschlicher Kraft, Schonung menschlichen Blutes und Streben nach einer harmonischen Staatsbildung in neuen Formen verlangte, war er wie geschaffen.[3]

Gleich in den ersten Tagen trat er als Herr hervor. Zunächst schaffte er Ordnung in seiner unmittelbaren Umgebung. Des glänzenden höfischen Lebens, wie es die hochgeborenen christlichen und mosleminischen Prinzessinnen, die Gemahlinnen des bis zuletzt den Freuden des Lebens zugetan gebliebenen gutherzigen Vaters noch bezeugten, war er seit langem satt. Eine der Sultanswitwen, die Tochter Isfendiyars, wurde genötigt, Isak Bei zu heiraten, den er in der ehrenvollen Stellung eines Beilerbeis nach Asien entsandte; ihren acht Monate alten Sohn Ahmed ließ er ins Wasser werfen, und der Vollstrecker dieser harten Maßregel, Ewrenos' Sohn Ali, war nach einigen Tagen selbst nicht mehr am Leben.[4] Hier wurde das Gesetz des Brudermordes, das in der Folgezeit Jahrhunderte hindurch bei jedem Sultanswechsel Anwendung fand, erstmals und auf schauerliche Weise verwirklicht. Später hat Mehmed II. den Brudermord durch ein Gesetz bekräftigt, das er in folgende Sätze kleiden ließ: »Wem immer von meinen Söhnen die Sultansherrschaft zufällt, dem geziemt es, im Interesse der Ordnung der Welt seine Brüder zu töten. Auch haben die meisten der Gesetzesgelehrten das gebilligt. Danach also sollen sie handeln!«

3 N. Jorga. GOR II, S. 3 ff.
4 Philelphus. De imbecillitate et ignavia Turchorum. Cod. monac. lat. 5333, fol. 193 v.

Die serbische Despotentochter Mara, die den konstantinopolitanischen Kaiser zu heiraten gedacht hatte, wurde mit einem anständigen Leibgedinge von vielen Dörfern im Gebiete des kaiserlichen Serbien ausgestattet und in kaiserlichem Triumphzuge zu ihrem alten erfahrenen Vater zurückgeschickt. Die Mutter Mehmeds, eine unbekannte Sklavin, war bereits tot. Ein als Enkel des Emirs Sulaiman bezeichneter Prinz namens Orkhan lebte als einziges Mitglied der osmanischen Dynastie am Hofe von Byzanz. Mehmed bewilligte dem »Schattenkaiser« Konstantin dort jährlich 300 000 Aspern aus den Einkünften der Städte an der Struma (Strymon), die eigentlich besagtem Orkhan zugestanden hätten.

Mehmeds Regierung fiel in eine Zeit unermüdlicher und andauernder Eroberungen, und besonders zu Anfang nahm er an allen wichtigen Feldzügen teil. Dies brachte ihm auch seinen Beinamen »Fatih«, der »Eroberer«, ein. Seine Eroberungen erweiterten nicht so sehr die schon bei Murads II. Tod erreichten Grenzen, sondern bestanden mehr darin, eine große Anzahl von Ländern, Gegenden und Städten, die noch unter Lokalfürsten unter osmanischer Oberhoheit standen, unter unmittelbare türkische[5] Herrschaft zu bringen. Auf diese Weise haben die Eroberungen Mehmeds die gewaltige Ausdehnung des osmanischen Staates im 16. Jahrhundert möglich gemacht.

Die erste und zugleich hervorragendste militärische Tat seiner Regierung war die Eroberung Konstantinopels, wo durch die Gnade Murads II. Konstantin Palaeologos regierte. Die Vorbereitungen für diese denkwürdige Belagerung hatten im Jahre 1452 mit der Erbauung des Kastells Rumeli Hissar begonnen sowie mit der Herstellung eines großen Belagerungsgeschützes. Ein anschauliches Stimmungsbild vermittelt uns die sogenannte Nikon-Chronik:[6] »Am vierzehnten Tage begannen die Türken, nachdem sie ihr widerliches Gebet zu

5 Die Osmanen waren ein Stamm der seldschukischen Türken.
6 In einer Übersetzung aus dem Russischen von M. Braun, auch deutsch erschienen und von A. M.Schneider kommentiert.

Ende geschrieen hatten, Hörner und Trompeten zu blasen und Pauken zu schlagen. Dann ließen sie viele Geschütze und Feuerschlangen auffahren und begannen auf die Stadt zu feuern und sie auch aus zahlreichen Bogen zu beschießen. Die Städter konnten wegen dieser gewaltigen Beschießung nicht auf den Mauern stehen bleiben, kauerten vielmehr an geschützten Stellen und erwarteten den Sturmangriff; andere wiederum erwiderten das Feuer der Türken nach Kräften aus Geschützen und Feuerschlangen und töteten viele Türken. Als nun die gottlosen Türken alle Leute von den Mauern vertrieben hatten, erhob ihr gesamtes Heer ein großes Geschrei und griff die Stadt schreiend und brüllend von allen Seiten zugleich an, die einen mit verschiedenartigen Feuergeräten, andere mit Leitern, andere wiederum mit Mauerbrechern; und vieles andere führten sie mit, was zur Erstürmung von Städten dient. Die Städter warfen sich ihnen ebenfalls mit Rufen und Schreien entgegen und kämpften erbittert. Der Kaiser aber ritt durch die Stadt und feuerte seine Leute an, indem er sie auf Gott vertrauen ließ; und er befahl, in der ganzen Stadt die Glocken zu läuten, um die Menschen zusammenzurufen. Als die Türken das große Glockengeläute vernahmen, ließen sie Hörner und Trompeten und zahlreiche Pauken erschallen. Und es war eine erbitterte Schlacht, und gar schrecklich schrien und jammerten die Menschen der beiden Heere, es klirrten die Waffen, und es weinten und jammerten die Frauen und Kinder in der Stadt; die Erde erbebte, und niemand konnte hören, was der andere sprach. Das gewaltige Feuer der beiderseitigen Geschütze und Feuerschlangen verhüllte die Stadt und die ganzen Kriegsscharen mit dichtem Rauch, so daß die Leute nicht sehen konnten, wer gegen wen kämpfte; viele starben an Pulverrauch. Und sie kämpften Mann gegen Mann auf allen Mauern, bis die nächtliche Finsternis sie trennte. Da zogen sich die Türken in ihr Lager zurück und ließen ihre Toten liegen. Die Städter aber, durch den Kampf gegen die Türken erschöpft, fielen wie tot nieder und ließen nur einzelne Wachen auf den Mauern zurück. . .«

Am 29. Mai 1453 wurde. Konstantinopel genommen und bald nachher der – Stambul gegenüberliegenden – genuesischen Kolonie Galata übergeben. Das Haupt des letzten »Herrschers von Byzanz« ließ der Eroberer als Trophäe ausstellen. Nur wenigen Unterführern gelang es, ihr Leben zu retten. Der Chronist Phrantzes kam mit seiner Familie in den Besitz des Oberstallmeisters des Sultans; seine Töchter mußten wegen ihrer Schönheit in den Harem des Großherrn selbst abgeliefert werden. Der Mönch Gennadios Scholarios wurde als Sklave nach Adrianopel (Edirne) verkauft, dann ausgelöst, und Anfang 1454 bestätigte der Sultan seine Erhebung zum Patriarchen von Konstantinopel, dem ranghöchsten Repräsentanten der orthodoxen Kirche. Mit staatsmännischem Weitblick schuf damit der Eroberer eine der Grundlagen zum Wiederaufblühen der Stadt als internationaler Handelsplatz mit kosmopolitischer Bevölkerung und als Mittelpunkt eines vielgestaltigen Reiches. Auch der Vorsteher der jüdischen Gemeinde unter den letzten Palaeologen, Rabbi Mosche Kapsali, wurde von Fatih anerkannt und sogar seiner persönlichen Freundschaft gewürdigt.

Unmittelbar nach der Einnahme Konstantinopels wurde der Großwesir Khalil Pascha abgesetzt und auf Befehl des Sultans aus persönlichen und politischen Gründen hingerichtet.[7] Er wurde nach fast einem Jahre durch Mahmud Pascha ersetzt, der für die nächsten zwölf Jahre eine weniger energische Hilfe für Mehmed in der Ausführung des Eroberungsprogramms war. Das Jahr 1455 sah beide in Serbien und an der ägäischen Küste, wo die Haupteroberungen Ainos und die Insel Lemnos waren. Im Jahre 1456 hatten sie bei der Belagerung von Belgrad keinen Erfolg. Während der Jahre 1458 und 1459 wurde Serbien zu einer osmanischen Provinz gemacht.[8] Im gleichen Jahre und im Jahre 1460 nahm der Sultan an verschiedenen Feldzügen in der Morea teil, deren nördlicher Teil den Palaeo-

7 Vgl. Täschner und Wittek. In: Isl., XVIII, S. 105 ff.
8 Semendra wurde 1459 von Mehmed genommen.

logen genommen wurde. Um dieselbe Zeit wurde eine zeitweilige Verständigung mit Skender Bei in Albanien erreicht.

Dann kam der überraschende asiatische Feldzug des Jahres 1461. Amasra wurde den Genuesen genommen. Der Fall von Trapezunt folgte unmittelbar.[9] Im nächsten Jahre verjagte die Armee des Sultans den bekannten walachischen Woiwoden Wlad Dracul aus seinem Fürstentum, das seinem Bruder Radul gegeben wurde; am Ende des Jahres machten Mehmed und Mahmud der Herrschaft der genuesischen Dynastie auf Lesbos ein Ende. Die Jahre 1463 und 1464 waren hauptsächlich mit der Annexion des Königreichs Bosnien ausgefüllt. Im Jahre 1463 begann ein Krieg mit Venedig, der siebzehn Jahre dauern sollte. Der Hauptschauplatz der Feindseligkeiten war die Morea, aber auch an den Inseln des Ägäischen Meeres gab es dauernde Zusammenstöße mit venezianischen Schiffen.

Der Tod des Karaman-Oghlu Ibrahim im Jahre 1464 hatte zuerst die Einmischung des Sultans zur Folge; während Mehmeds Feldzug 1466[10] wurden fast alle Städte dieses ehemals mächtigen Fürstentums erobert. Im selben Jahre war Mehmed in Albanien erfolgreich, wo er die Stadt Ilbasen befestigte.

Mahmud Pascha wurde als Großwesir nach dem Karamanenfeldzug abgesetzt und durch Rum Mehmed Pascha ersetzt. Aber Mahmud half als Gouverneur von Gallipoli und Kapudan-Pascha (= Admiral) dem Sultan bei der Eroberung der damals venezianischen Insel Negroponte[11] im Jahre 1470, weshalb er wieder in seine vorherige Position gelangte. Im gleichen Jahre begann wieder eine Reihe von Feldzügen unter Rum Mehmed und Gedik Ahmed Pascha gegen die letzten Städte, die von den Nachkommen der Karamanen gehalten wurden; diese wurden unter anderem von christlichen Flotten unterstützt. Mahmud Pascha wurde vom Großwesirat zum

9 Nachdem ein Konflikt mit Uzun Hassan, dem Herrscher der Ak-Koyunlu, begonnen hatte.
10 Schlacht von Larenda.
11 Auch Euböea.

zweiten Male abgesetzt und im August 1474 hingerichtet; Gedik Ahmed Pascha nahm seinen Platz ein.

In den folgenden Jahren, bis 1480, wandte der Sultan seine Aufmerksamkeit ganz auf die Eroberungen in Europa. Er baute 1471 die Festung Sabacs[12] in Syrmia, nahe bei Belgrad, während seine Truppen in diesem und in den folgenden Jahren in Ungarn und in das österreichische Gebiet einfielen. Er setzte den Krieg mit Venedig fort, und im Jahre 1474 wurde das albanische Skutari[13] vergeblich belagert. Das Jahr 1475 brachte einen großen Erfolg, nämlich die Eroberung des genuesischen Kaffa, sowie als Ergebnis der Begründung der osmanischen Macht auf der Krim die Unterwerfung des Tataren-Khanats auf der Krim unter osmanische Oberhoheit. Im Jahre 1476 war der Sultan selbst erfolgreich in der Moldau, aber im nächsten Jahre hatten die türkischen Armeen weniger Erfolge gegen die Venezianer in Albanien und der Südmorea. Schließlich, im Jahre 1478, ging Mehmed selbst nach Albanien und nahm Croja. Skutari wurde lange Zeit belagert, aber nur infolge der Friedensunterhandlungen mit Venedig übergeben. Diese führten zu einem Friedensvertrag,[14] der eine gewisse Anzahl von Städten in Albanien und der Morea Venedig überließ. Die Ionischen Inseln wurden jedoch im Jahre 1479 durch eine Flotte unter Gedik Ahmed erobert, der um dieselbe Zeit sogar Otranto in Süditalien einnahm. Ein Unternehmen, im selben Jahre Rhodos zu erobern, war erfolglos. Mehmeds letzter Feldzug fand im Jahre 1480 statt, als er sich in die dynastischen Streitfragen der Dhu 'l-Kadr einmischte; diese Intervention führte zu den ersten Schwierigkeiten mit Ägypten. Im nächsten Jahre, 1481, war er schon zu einem neuen militärischen Unternehmen in Asien ausgezogen, dessen Ziel noch unbekannt war, das aber mit denselben Schwierigkeiten in Verbindung gebracht werden kann; da starb er am 3. Mai 1481

12 Türkisch: Bügürdelen.
13 Auch: Shkodra.
14 Er wurde am 26. 1. 1479 unterzeichnet.

in dem Orte Tekfur Cayiri[15] zwischen Skutari und Gebze an einem Gichtanfall. Sein Leichnam wurde nach Konstantinopel gebracht und in der Türbe der Fatih-Moschee beigesetzt.

Mehmed II. war nicht nur ein großer Eroberer, sondern hat auch viele wichtige Bauten errichtet, an erster Stelle die Fatih-Moschee in Konstantinopel und die Moschee in Eyüp,[16] ferner die Festungen an den Dardanellen und andere Werke von seekriegstechnischer Bedeutung. In der Armeeverwaltung gelang es ihm, die Disziplin bei den Janitscharen wiederherzustellen, indem er das Korps der Segban[17] mit ihnen vereinte. Ferner ist sein Name mit dem ersten osmanischen Kanunname (= Gesetzbuch) verbunden. Er unterstützte wissenschaftliche Studien und zeigte Interesse für Literatur und Poesie,[18] sogar für die Renaissancekünste in Italien.[19]

Andererseits darf aber auch nicht übersehen werden, wie blutgierig und grausam dieser Sultan war. Ein paar Geschichten mögen dies verdeutlichen. So berichtet Angiolello von dem etwa sechzehnjährigen griechischen Mädchen Irene von wunderbarer Schönheit, das sich bei der Einnahme Konstantinopels unter der riesigen Menschenbeute befunden haben soll. Man hatte sie vor den Eroberer gebracht, der in Liebe zu ihr entbrannte und sich darüber sogar von wichtigen Staatsgeschäften abhalten ließ, so daß seine Vertrauten ihm darob Vorstellungen machten. Der Herrscher war über diese Kühnheit keineswegs erzürnt, sondern versprach sogleich zu beweisen, daß er sich selbst zu zügeln und zu besiegen wisse. Er beschied die Würdenträger in einen Saal des Palastes und trat selbst, die reichgezierte, himmlische Anmut ausstrahlende Irene an seiner Linken führend, in deren Mitte. Sodann wandte er sich an die Umstehenden mit der Frage, ob ihnen jemals eine vollkommenere Schönheit begegnet sei. Als alle verneinten und

15 Auch: Khunkiar Cayiri.
16 Hadikat al-Djawami I, 8 ff., 243 ff.
17 Wörtlich: Hundewärter.
18 Er gab dreizehn türkischen Dichtern eine jährliche Pension.
19 Er rief Gentile Bellini nach Konstantinopel, der sein Porträt malte. Vgl. auch Tschudi.

um die Wette des Großherrn Wahl belobten, rief Mehmed: »Nichts in der Welt kann mich abhalten, die Größe des Hauses Osman zu wahren.« Er faßte das Griechenmädchen bei den Haaren, zückte seinen Dolch und durchschnitt der Unglücklichen die Kehle. Sie sank tot zu Boden, und der Großherr hatte sein Versprechen wahr gemacht.[20]

Weiter ist bekannt, daß Mehmed eine besondere Vorliebe für Gärten und die Zucht von Gemüsen innerhalb des Neuen Serails hatte. Bei der Beschäftigung in diesen Anlagen fand er Zerstreuung und Ablenkung von seinen Staatsgeschäften. So hatte er auch Gurken gepflanzt, deren Wachstum er mit fürsorglichen Augen überwachte. Eines dieser Gewächse hatte es ihm besonders angetan, und er wies die Gärtner, die Bostandschis, an, es ja nicht zu berühren. Als der Sultan eines Tages nach der Gurke sah, war sie nicht mehr vorhanden. Er befragte die Leute, die kurz vorher noch im Garten beschäftigt waren, wer von ihnen sie gegessen habe, Jeder bestritt, sich an der Gurke vergriffen zu haben. Um der Wahrheit auf die Spur zu kommen, ließ Mehmed einem der Gärtnerjungen den Bauch aufschlitzen, in dem sich zum Glück für die anderen die Reste der Gurke fanden.[21]

Der allerdings späte Carlo Ridolfi, bekannt als Lebensbeschreiber venezianischer Maler und Bildhauer, gibt von einem weiteren Vorkommnis Kunde, das sich an den Aufenthalt des Gentile Bellini am Sultanshofe knüpft und das mit der raschen Abreise des großen Malers in seine Heimat zusammenhängen soll. Eines Tages zeigte Bellini dem Großherrn ein Gemälde, das die Enthauptung Johannes des Täufers darstellte. Der Großherr betrachtete es lange, lobte den Meister, gab ihm aber dann unverhüllt zu verstehen, daß er insofern einen Irrtum begangen habe, als er den Hals des Geköpften zu sehr habe hervortreten lassen. Er hätte aber einschrumpfen müssen, wie es der Fall zu sein pflege, da er sich zusammenziehe.

20 Vgl. F. Babinger. Mehmed, der Eroberer. München, 1953 (S. 464 ff.).
21 Ebenda.
22 Ebenda.

Um den Maler zu überzeugen, ließ er einen Sklaven herbeischleppen und ihm in Gegenwart des Malers den Hals abschneiden. Bellini, so behauptet Ridolfi, sei über die scheußliche Szene so entsetzt gewesen, daß er schleunigst das Weite suchte und nach Venedig heimkehrte.[22]

Sultan Bayazid II.

Beinamen: Wali = der Heilige – und Sufi = der beschauliche Weise

Der »heilige« Sultan

Bayazid II. war beim Tode seines Vaters Mehmed II. Statthalter von Amasia. Eine Empörung der Janitscharen sicherte ihm mit fünfunddreißig Jahren den Thron, indem sie die Quertreibereien des Großwesirs – der Bayazids jüngeren Bruder Dschem begünstigte – vereitelte. Bayazid belohnte ihre Dienste, indem er ihnen bei seinem Regierungsantritt[1] ein Geschenk bewilligte, was in der Folge zum ständigen Brauch bei der Thronbesteigung wurde.

Den Einzug in die Hauptstadt hielt er in Trauer, in schwarzes Wollzeug gekleidet, den Kopf mit schwarzem Sasch umwunden. Bayazid sah rüstig aus, besaß eine starke Statur und hatte von seinem Vater die stark gekrümmte Adlernase geerbt. Haar, Augenbrauen und Bart waren schwarz, und für Prunk und Pracht hatte er wenig übrig. Seine auffallende Neigung für Ruhe, Wissenschaft, Betrachtung und Einfachheit brachten ihm sogar den Namen Sufi, d. i. der beschauliche Weise, ein.

Dschem bemächtigte sich der Stadt Brussa, wurde aber in der Ebene von Yeni Schehir geschlagen[2] und floh nach Konya, später nach Syrien und Ägypten. Nach einer Pilgerfahrt zu den heiligen Städten versuchte er abermals sein Glück, griff von Aleppo aus Konya und Angora (Ankara) an, mußte aber, von seinen Truppen verlassen, bei den Rhodiserrittern Schutz suchen. Bayazid ließ durch Vermittlung des verbrecherischen Papstes Alexander VI. Borgia seinen unglückli-

1 20. 5. 1481.
2 20. 6. 1481.

chen Bruder in Neapel vergiften und nach dessen Tode[3] im Grabe Murads II. zu Brussa beisetzen.

In Italien mußte Khaireddin, der Verteidiger Otrantos, kapitulieren;[4] nach Bosnien, Dalmatien und Ungarn wurden weitere Streifzüge unternommen, die ganze Herzegowina wurde erobert. Den Feldzug nach der Moldau leitete Bayazid persönlich, mit Hilfe der Krimtataren gewann er Kilia und Ak-Kerman;[5] in Asien ließ er durch Hersek Ahmed Pascha den Krieg gegen die ägyptischen Mamelucken eröffnen, verlor aber nach der Niederlage dieses Generals die Städte Adana und Tarsus,[6] die er zwei Jahre später wiedereroberte, um sie nach der Schlacht gegen die Ägypter in der Ebene von Agha-Čairi[7] abermals zu verlieren. Erst 1491 kam der Friede zustande.

Nachdem Bayazid infolge der ungarischen Siege die Belagerung Belgrads aufgegeben hatte, zog er nach Albanien, verwüstete die Steiermark, Kärnten und Krain. Unmenschliche Greuel müssen sich hierbei auf beiden Seiten abgespielt haben. So wird berichtet, daß die Türken Kinder an die Zäune spießten oder mit den Köpfen an die Wände schlugen, Töchter vor ihren Müttern, Frauen vor ihren Männern schändeten, diese aber wie Hunde zusammenkuppelten. Die abgehauenen Köpfe sollen sie zur Mahlzeit auf langen Spießen aufgesteckt haben. Die Ungarn marterten die türkischen Gefangenen zu Tode, indem sie sie teils in Säcke eingenäht ins Wasser versenkten, teils an Mühlräder binden, teils schinden, teils braten, teils von hungrigen Schweinen auffressen ließen.[8]

Bei Villach wurden die Türken 1492 geschlagen und ihr Feldherr Michal Oghlu Ali-Pascha erschossen; die Ungarn erlitten ihrerseits bei Adbina[9] eine Niederlage. Das von der

3 24. 2. 1495.
4 10. 9. 1481.
5 Juli 1484.
6 1486.
7 August 1488.
8 Hammer-Purgstall. Geschichte des Osmanischen Reiches. II, 304/305 (Pest, 1827–1835).
9 9. 9. 1493.

venezianischen Flotte verlassene Aine-Bakhti[10] mußte am 26. August 1499 kapitulieren und wurde türkisches Arsenal. Im folgenden Jahre eroberte der Sultan Modon, Navarino und Koron; sein Anschlag gegen Nauplia aber mißglückte. Venedig, der Papst und Ungarn schlossen ein Bündnis, verlegten mit Unterstützung der spanischen und französischen Flotten den Krieg in den Archipel und bedrohten die Inseln. Santa Maura ergab sich den Verbündeten, fiel aber nach dem Friedensschluß wieder den Türken zu.[11]

Zu all diesen Verwicklungen kam noch ein fürchterliches Erdbeben, das Konstantinopel im Jahre 1509 heimsuchte und bis auf die Grundmauern erschütterte, sowie der Bürgerkrieg.

Bayazid hatte seinen Sohn Ahmed zum Nachfolger bestimmt; Selim jedoch, von den Janitscharen unterstützt, verließ seine asiatische Statthalterschaft, um gegen seinen Vater zu kämpfen, wurde aber bei Tschorlu gänzlich geschlagen[12] und floh zu seinem Schwiegervater, dem Khan der Krim.

Im folgenden Jahr von Bayazid wieder in Gnaden aufgenommen, begab er sich nach Konstantinopel und zwang, gestützt auf das Heer, seinen Vater, zu seinen Gunsten abzudanken.[13] Dieser wollte sich nach seiner Geburtsstadt Demotika zurückziehen, starb aber nach drei Tagen auf der Reise dorthin zu Aya bei Hafsa[14] – entweder infolge seines Alters und seiner langen körperlichen Leiden oder wirklich vergiftet durch seinen jüdischen Leibarzt auf Befehl des Sohnes, welcher als Page den sterbenden Sultan bediente.

Bayazid II. war ein Mystiker und Anhänger sufischer Lehren,[15] was ihm den Beinamen »Wali«, »der Heilige«, eintrug.

10 Naupaktos, Lepanto.
11 14. 12. 1502.
12 3. 8. 1511.
13 25. 4. 1512.
14 26. 5. 1512.
15 Die schon in der Frühzeit auftretende Form der Mystik im Islam. Ihre Anhänger, die Sufi, lebten streng asketisch und strebten durch geistige Übungen ihr »Versinken im göttlichen Sein« an. Der Sufismus wurde entscheidend für die Ordensgründung der Derwische.

Auf dem dritten der sieben Hügel Konstantinopels ließ er innerhalb von neun Jahren eine Moschee erbauen, die Bayazidije, worin er begraben ist; dazu ein Imaret,[16] eine andere Moschee zu Adrianopel und verschiedene Derwischklöster, teils in der Hauptstadt, teils in den Provinzen, ferner mehrere Brücken.

Die Bayazidije, ein prächtiges Gebäude, wird heute »Taubenmoschee« genannt, weil dort Tauben in großer Zahl gefüttert werden. Sie zeichnet sich durch Kostbarkeit des benutzten Materials wie durch die kunstreiche Ausführung des bildhauerischen Teils an Kapitellen und Galerien aus.

16 Armenhospiz oder Armenküche.

Sultan Selim I.

Beiname: Yavuz = der Unnachgiebige

Krieg mit Ägypten

Selim I. wird von furchterregendem Äußeren beschrieben; seine Beine waren kurz, der Oberleib lang, sein Gesicht war rundlich, die Augen groß mit schwarzen und dichten Augenbrauen. Er trug einen Knebelbart, wenngleich er immer ohne Bart dargestellt wird. Das Oberkleid war meist mit prächtiger Stickerei verbrämt, der Kopfbund war kugelförmig.

Ernsthaft nach dem Thron strebend, weil er sich von dem größten Teil des Heeres unterstützt wußte, sah er sich zunächst in einen Bürgerkrieg verwickelt. Unmittelbar auslösendes Ereignis war die Ernennung des Prinzen Sulaiman, des Sohnes Selims, zum Statthalter von Boli, gegen die Selims Bruder Ahmed protestierte.

Von zahlreichen Anhängern begünstigt, kam er schließlich an die Regierung[1] und benützte die Gelegenheit, seine fünf Neffen[2] und zwei Brüder Ahmed und Korkud schnellstens aus dem Wege zu räumen. Aus einem anliegenden Zimmer sah er zu, wie seine Neffen stranguliert wurden, ebenso gefühllos, wie er die Hinrichtung seiner Brüder befahl.

Die friedlichen Beziehungen zu Venedig, Ungarn und Rußland wurden aufrechterhalten durch die Verhandlungen mit den Gesandtschaften, die diese Mächte nach Konstantinopel und Adrianopel entsandt hatten. Selims Begehren war auf den Osten gerichtet, wo Schah Ismail das mächtige Reich der schiitischen Safawiden gegründet hatte. Ismail hatte für den Prin-

1 Im Jahre 1512. Zu diesem Zeitpunkt war er fünfundvierzig Jahre alt.
2 Bayazid II. hatte acht Söhne, von denen Abdullah, Mehmed, Schehinschah, Aalemschah und Mahmud vor ihm selbst gestorben waren. Die von Selim gemordeten Neffen hießen Mehmed, Sohn Schehinschahs; Osman, Sohn Aalemschahs, und Musa, Emin und Orkhan, die Söhne Mahmuds.

zen Ahmed Partei ergriffen und dessen Sohn Murad bei sich aufgenommen. Zudem hatte Ismail in dem schiitischen Teil Kleinasiens eine große Anhängerschaft. Selim begann in seinem Reich die Schiiten methodisch zu verfolgen, sei es aus Haß gegen Ismail, sei es aus Eifer für die Orthodoxie. Die Gesamtzahl derer, die getötet oder gefangengenommen wurden, beträgt nach türkischen Quellen 40 000. So war ein Krieg unvermeidlich.[3] Er endete mit einem Sieg des Sultans, hauptsächlich infolge der Überlegenheit der osmanischen Artillerie. Ismail entfloh und ließ seinen ganzen Harem in der Gewalt des Siegers. Bald darauf hielt Selim seinen Einzug in Täbris. Als er die Stadt wieder verließ, nahm er ungeheure Schätze und einige hundert Handwerker mit.

Während desselben Jahres wurde ein Einfall der Ungarn bei Belgrad zurückgeschlagen.

Im Jahre 1515 erfolgte die Eroberung von Ostanatolien und Kurdistan. Selim hatte nach seinem Sieg über Persien[4] den Titel Schah angenommen. Nach seiner Rückkehr nach Konstantinopel ließ er einige hohe Würdenträger hinrichten, die beschuldigt wurden, einen Aufstand der Janitscharen hervorgerufen zu haben. Im August wurde dann ein Teil der Hauptstadt durch eine große Feuersbrunst zerstört; neue Hinrichtungen folgten. Die Bevölkerung von Kurdistan – größtenteils sunnitisch – hatte sich für Selim erklärt. Die Bewohner von mehreren Städten hatten ihre Tore den Osmanen geöffnet, aber einige Zitadellen blieben von persischen Garnisonen besetzt. So kam fast die gesamte Gegend bis Mossul unter osmanische Herrschaft.

In der Hauptstadt Konstantinopel hatte Selim unter der Leitung von Piri Pascha, dem Großwesir, eine neue Flotte und ein neues Arsenal bauen lassen, während er die Janitscharentruppe in der Weise reorganisierte, daß er sich eine wirksamere Kontrolle über die höheren Dienststellen dieser unruhigen

3 Er begann am 20. 3. 1514, als der Sultan von Adrianopel aufbrach. Das Heer sammelte sich einen Monat später in der Ebene von Yeni Schehir.
4 Dies geht aus damaligen Münzen hervor.

Truppen sicherte. Das waren die Vorbereitungen für einen neuen Feldzug gegen Persien. Der Sultan begab sich zuerst nach Konya,[5] der zum Heerführer ernannte Sinan Pascha erwartete ihn in Albistan. Inzwischen hatte der Sultan von Ägypten Kansuh al-Ghuri, den die Annexion der kurdischen Staaten durch Selim beunruhigte, seine Hauptstadt mit einem großen Heer verlassen, in der Absicht, dem Schah Ismail Hilfe zu bringen. Als Selim die Ankunft Kansuhs in Aleppo[6] erfuhr, war er der erste, der Gesandte schickte. Diese wurden zuerst schlecht aufgenommen, kehrten aber mit Vermittlungsvorschlägen im Kriege gegen Ismail zurück; Selim nahm sie nicht an, er schickte vielmehr einen Gesandten des Sultans von Ägypten in schimpflicher Weise zurück, nachdem er dessen Begleiter hatte hinrichten lassen. Schließlich stieß Selim mit den ägyptischen Truppen nördlich von Aleppo zusammen. Die Ägypter wurden dort in einer kurzen Schlacht vollständig geschlagen; ihre Niederlage lag an der Uneinigkeit unter ihren Truppen und der Überlegenheit der osmanischen Artillerie. Kansuh selbst starb an einer Verwundung.

In Kairo hatten die Mamelucken inzwischen ihren neuen Sultan Tuman Bei gewählt; Selim schickte zwei Gesandte zu ihm, die den Frieden unter der Bedingung anbieten sollten, daß der Sultan von Ägypten die osmanische Oberhoheit anerkannte. Die beiden Gesandten wurden getötet, wenn auch gegen den Willen des Tuman Bei; das machte die Fortsetzung des Krieges unvermeidlich. Das ägyptische Heer wurde jedoch erneut geschlagen.

Obwohl es Tuman Bei gelang, Kairo zu besetzen, wurde er nach einem erbitterten Straßenkampf zurückgeworfen,[7] auf den die Hinrichtung von 800 Mamelucken-Beis und ein allgemeines Blutbad folgten. Nachdem Kairo endgültig genommen war, setzte Selim den Krieg mit Tuman Bei fort. Dieser war in das Nildelta geflohen und verteidigte sich dort mit Hilfe der

5 Am 5. 6. 1516.
6 Im August 1516.
7 Am 30. 1. 1517.

Beduinen. Aber nach einer neuen Niederlage wurde er von seinen Verbündeten verraten und an die Osmanen ausgeliefert. Selim behandelte ihn zuerst mit Rücksicht und Achtung, ließ ihn dann aber hinrichten.[8]

Unbestritten als Herr von Ägypten anerkannt, blieb Selim einen Monat in Kairo. Unter den zahlreichen Abordnungen, die dorthin kamen, um ihm zu huldigen, war eine der bedeutendsten die des Scherifen von Mekka, Barakat, der eine Deputation unter seinem damals erst zwölfjährigen Sohn[9] schickte. Der Scherif, der Grund genug hatte, mit den Mamelucken-Sultanen unzufrieden zu sein, unterwarf sich gern dem osmanischen Sultan, der schon einmal – in Damaskus – sein Wohlwollen gegenüber den Heiligen Stätten gezeigt hatte. Barakat erklärte sich daher bereit, den Namen Selims in der Khutba[10] zu nennen. Sein Sohn kehrte mit reichen Geschenken zurück, und im folgenden Dezember brachte eine Pilgerkarawane, die Selim von Damaskus schickte, zum erstenmal einen Teppich für die Kaaba als Geschenk eines osmanischen Sultans.

Eine andere wichtige Abordnung waren die beiden Gesandten aus Venedig, die über die Tributzahlung der Insel Zypern, die bis dahin an den Sultan von Ägypten entrichtet wurde, verhandeln sollten. Außerdem hatten sie ihre Stadt gegen die Anschuldigung zu verteidigen, daß sie den Ägyptern gegen die Osmanen Hilfe gebracht hätten. Die alten Privilegien wurden durch ein Diplom bestätigt.[11]

Die Erfolge Selims hatten auf die christliche Welt einen tiefen Eindruck gemacht. Papst Leo versuchte, den Kaiser und die Könige von England und Frankreich zu einer gemeinsa-

8 Am 12. oder 13. 4. 1517.
9 Abu Numaij Muhammed.
10 Predigt oder Ansprache des »Khatib« (=Leiter, Wortführer) im Freitagsgottesdienst.
11 Es existiert jedoch eine arabische Urkunde, nach welcher Selim schon am 16. 2. 1517 dem venezianischen Konsul in Alexandria die Privilegien Venedigs bestätigt hat (B. Moritz. Ein Firman des Sultans Selim I. für die Venetianer. In: Festschrift Sachau, S. 422 ff.).

men Aktion gegen die Türkei zu veranlassen. Trotzdem blieben die Beziehungen zu Europa während der ersten Jahre friedlich. Der Waffenstillstand mit Ungarn dauerte fort, und ein spanischer Gesandter erhielt die Bestätigung der Privilegien für die Kirche des Heiligen Grabes in Jerusalem. Der Sultan erkannte ebenfalls den neuen Khan der Krim, seinen Schwager Mehmed Giray,[12] an. Der Großwesir wurde an die Ostgrenze geschickt, um dort das Reich gegen Persien zu schützen. Während dieser Zeit wurden zwei neue schiitische Revolten niedergeschlagen.

1519 hatte sich Selim von Adrianopel nach Konstantinopel begeben, wo mit der Rüstung einer großen Flotte zur Eroberung der Insel Rhodos begonnen wurde, als ihn ein Krebsgeschwür zwang, bei Tschorlu zu bleiben. Noch bevor die Vorbereitungen zu Ende waren, starb er unerwartet am 20. September 1520. Sein Tod wurde von den Wesiren bis zur Ankunft des neuen Sultans Sulaiman in Konstantinopel geheimgehalten. Die Leiche wurde auf dem Hügel im Nordwesten der Stadt begraben. Sulaiman ließ dort die Moschee Selim I.[13] errichten, mit der die Türbe – das ist ein Grabdom oder eine Grabkapelle – verbunden wurde. Die Türbe deckt auch die Gräber der Mutter Selims, einiger seiner Töchter und mehrerer Prinzen.

Die Persönlichkeit Selims I. prägte alle großen Ereignisse seiner Regierung. Seine unbeugsame Härte, die zahlreichen Hinrichtungen verschafften ihm den Beinamen Yavuz, das ist »der Unnachgiebige«, worin sich zugleich Schrecken und Bewunderung ausdrückt.

Eine ganze Reihe von Monographien sind ihm unter dem Titel Selimname (Selim-Buch) gewidmet; Selim I. wurde zum Nationalhelden.[14]

12 Es handelt sich um den Sohn des Mengli Giray.

13 Die »Selimije«.

14 Das eine der beiden deutschen Kriegsschiffe, welche die Türkei 1914 erwarb, wurde »Yavuz Sultan Selim« getauft.

Ebenso wie seine ungeheuren Eroberungen islamischer Länder den Bericht über die Übertragung des Kalifats entstehen ließen, hat man ihm die panislamische Idee angedichtet, er habe alle islamischen Länder unter sich vereinigen wollen; so hat man seine offensichtliche Grausamkeit entschuldigen wollen. In Wahrheit begann gerade im Anfang des 16. Jahrhunderts für die eroberten Länder eine Zeit des Niedergangs und der Entvölkerung infolge der Verlegung des Handelswegs nach Indien durch die Portugiesen. Nichtsdestoweniger waren die Eroberungen von ungeheurer Bedeutung für die religiöse und politische Orientierung des Osmanischen Reiches, das seitdem die sunnitische Großmacht wurde im Gegensatz zum schiitischen Persien. Von dieser Zeit an wich auch der persisch-schiitische Einfluß in der Türkei endgültig dem arabisch-sunnitischen. Andererseits nahmen die Besiegten eine Reihe von osmanischen Sitten und Gebräuchen an, wie zum Beispiel, sich den Bart zu rasieren, und die Art der Kleidung und Kopfbdeckung, ohne daß jedoch die Zivilisation Syriens und Ägyptens in dieser Zeit tiefer davon beeinflußt wurde.

Sultan Sulaiman I.

(Der Prächtige)

Beiname: Kanuni = der Gesetzgeber

Die Türken vor Wien

Sulaiman I., der zehnte und bedeutendste osmanische Sultan, hat sechsundvierzig Jahre lang regiert. Die Türken nennen ihn »Kanuni Sultan Sulaiman«, das heißt »der Gesetzgeber«, und bei den abendländischen Autoren heißt er meist »Soliman der Prächtige«. Sulaiman wurde im Jahre 1494 geboren und sah in jungen Jahren stattlich aus. In dem blassen, schlanken Fürsten, dessen versunkene Augen fast träumerisch über der Adlernase unter dem mächtigen Kopfbund in die Welt sahen, steckte ein Feuergeist und eine kraftvolle Seele. Er war kein Schwärmer und Romantiker wie sein Vater. Nicht einmal kriegerisch hätte man ihn nennen können. Aber er war von seiner Herrschergröße durchdrungen wie vielleicht kein anderer aus dem Stamme Osman vor ihm und nach ihm. Letztes Ziel seiner Fürstenpflichten sah er in der weiteren Ausbreitung der Lehre Mohammeds.

Seine Mutter war krimtatarischer Herkunft[1] und wegen ihrer Schönheit berühmt. Unter der Regierung seines Großvaters Bayazid II. hatte Sulaiman einen Sandschak[2] zu verwalten, und unter Selim I. war er Gouverneur, ohne jedoch eine bedeutende Rolle im Staate zu spielen. So wußte man keineswegs, was man von dem neuen Herrscher zu erwarten hatte, als dieser am 30. September 1520 acht Stunden nach dem Tode seines Vaters in der Hauptstadt ankam.

Dieser Sultan, der nach venezianischen Berichten von friedliebender Gesinnung war, nahm persönlich an dreizehn großen Feldzügen – zehn in Europa und drei in Asien – teil.

1 Sie war die Tochter des Khans der Krim, Mengli Giray.
2 Zusammenfassung mehrerer Lehen unter einer Fahne.

Der erste Feldzug war der nach Belgrad.[3] Verursacht wurde er durch die schlechte Behandlung, die der König von Ungarn den osmanischen Gesandten, die gekommen waren, um die Bezahlung des Tributs zu fordern, hatte zuteil werden lassen.

Die seebeherrschende Insel Rhodos, der Sitz des Johanniterordens, war das nächste Ziel Sulaimans. Mit ihrer Einnahme erst durfte er hoffen, zu Wasser eine ungestörte Verbindung mit dem eroberten Ägypten herzustellen; dann erst konnte er sicher sein vor den Raubzügen ungläubiger Seefahrer vor Asiens Küsten. Eine rasch gezimmerte Kriegsflotte brachte die großherrlichen Sturmtruppen vor Rhodos. Der bewundernswerte Mut der belagerten Rhodiserritter vermochte auf die Dauer nicht die rasenden Stürme der Janitscharen abzuschlagen. Schmählich, wenn auch gegen den Willen des ritterlichen Sulaiman, der den Eingeschlossenen ausdrücklich freien Abzug und Schonung ihres Eigentums zugesichert hatte, endeten die tapferen Verteidiger unter den Krummsäbeln der Osmanen. Am Weihnachtsfest 1522 erklang statt des Glokkengeläutes von den Türmen der Johanneskirche auf Rhodos der Gebetsruf des Islams.

Neue Kriegsrüstungen begannen im Jahre 1525, ohne daß das Ziel schon allgemein bekannt war. Außerdem deuteten die Unterhandlungen mit Polen und Frankreich, die Kriegszüge in Kroatien, Slowenien und Dalmatien, auf ein großes militärisches Unternehmen hin. Im April 1526 brach Sulaiman mit seinem neuen Großwesir Ibrahim Pascha auf, welcher sein treuester Gefährte auf allen seinen Feldzügen bis zu der plötzlichen Hinrichtung im Jahre 1536 bleiben sollte. Am 15. Juli kamen sie in Belgrad an, wohin sich auch eine Flotte donauaufwärts begeben hatte. Schon am 30. Juli nahm Ibrahim Peterwardein ein. Darauf überschritt die Armee bei Esseg die Drau und stieß bei Mohács auf die ungarische Armee, die zahlenmäßig und durch die Uneinigkeit ihrer Führer recht

3 Belgrad wurde am 29. 8. 1521 durch den damaligen Großwesir Piri Pascha eingenommen.

schwach war. Hier kam es am 28. August 1526 zu der denkwürdigen Schlacht, die König Ludwig von Ungarn das Leben kostete und die Widerstandskraft des Königreichs Ungarn vernichtete, das nun dem Einfall durch die Türken ausgesetzt war. Der Sultan und Ibrahim setzten unverzüglich ihren Vormarsch fort und besetzten am 11. September die Hauptstadt Buda, die ein Raub der Flammen wurde. Diesmal war die Besetzung nicht von Dauer. Bald überschritt die osmanische Armee die Donau und schlug den Rückweg über Szegedin ein, während sie das Land verwüstete und den Widerstand brach, den einige bewaffnete Gruppen ihr entgegensetzten. Während der zweiundeinhalb Jahre, die bis zu dem zweiten Feldzug nach Ungarn verflossen, ging der Krieg in Bosnien, Dalmatien und Slowenien weiter; zu gleicher Zeit brach zwischen Ferdinand von Österreich, dem späteren römischen Kaiser, und Johann Zápolya, dem Woiwoden von Transsylvanien, der Streit um die ungarische Königskrone aus. Alle beide schickten einen Gesandten nach Konstantinopel. Zápolyas Gesandter wußte das Wohlwollen des Sultans zu erwerben, der im Mai 1529 zu einem neuen Feldzug – dem Feldzug nach Wien – aufbrach. Sulaiman setzte schließlich Zápolya als König von Ungarn ein, ohne daß er selbst bei der Feierlichkeit zugegen war. Am 27. September begann die osmanische Armee die berühmte Belagerung von Wien, gab aber am 15. Oktober die Belagerung auf und trat den Rückzug an, wobei sie die Umgebung der Stadt verwüstete. In den beiden folgenden Jahren nahm der Krieg mit Österreich seinen Fortgang, und die verschiedenen Gesandten König Ferdinands hatte keinen Erfolg. Dann unternahm Sulaiman im Jahre 1532 den Feldzug nach Deutschland gegen Kaiser Karl V. Während der drei folgenden Monate war Sulaiman in der Steiermark, wo seine Armeen das Land verwüsteten, ohne mit der kaiserlichen Armee zusammenzutreffen. Auf die Rückkehr des Sultans nach Konstantinopel folgte bald ein Waffenstillstand mit Österreich.[4]

4 14. 1. 1533.

Der sechste Feldzug Sulaimans war der gegen Persien; die Ursache waren osmanische Ansprüche auf den Besitz von Bitlis[5] und Bagdad. Der Großwesir Ibrahim besetzte im Juli 1534 Täbris, während der Sultan selbst dort im September seinen Einzug hielt. Von Täbris aus zog die Armee nach Bagdad, ohne daß Schah Tahmasp Widerstand geleistet hätte. Bagdad war ohne jede Verteidigung. Ibrahim besetzte die Stadt, und einige Tage später zog Sulaiman feierlich in Bagdad ein.[6]

Während der vier Monate, die er hier verbrachte, ließ er das Mausoleum des Abu Hanifa erbauen; die Quellen berichten, daß er eine große Anzahl Heiligtümer besuchte. Da die Perser die meisten osmanischen Eroberungen wieder in ihren Besitz gebracht hatten, zog Sulaiman wieder nach Persien, diesmal bis nach Täbris. Der Schah wich auch diesmal wieder einer Schlacht aus. Nur auf dem Rückweg hatte die Nachhut mit persischen Truppen zu kämpfen. Schon im Januar 1536 war der Sultan wieder in Konstantinopel. Zwei Monate später fiel Ibrahim Pascha, der Großwesir und vertraute Günstling des Sultans und bis dahin sein Begleiter auf allen Feldzügen, in Ungnade und wurde hingerichtet. Seine Stelle erhielt Ayas Pascha.

Im Jahre 1537 begleitete der Padischah das Unternehmen gegen die Insel Korfu; er selbst blieb dabei in Walona zurück. Die Osmanen mußten schließlich die Belagerung der Zitadelle auf der Insel abbrechen, die von den Venezianern verteidigt wurde. Dieser Feldzug ist besonders durch den Einfall der Osmanen in die Küstengegend von Apulien bekannt.

Die folgenden Jahre brachten zunächst eine Empörung des Woiwoden[7] der Moldau, aufgrund deren der Sultan persönlich in die Moldau vorrückte und die Hauptstadt einnahm. Nachdem ein neuer Woiwode eingesetzt war und die Grenzen des Fürstentums neu bestimmt waren, kehrte Sulaiman nach

5 Ulama, der Gouverneur von Bitlis, war zu den Türken übergegangen.
6 30. 11. 1534.
7 Ehemaliger Fürstentitel in Südosteuropa, der etwa dem deutschen »Herzog« entsprach.

Adrianopel zurück. Die beiden folgenden Feldzüge von 1541 und 1543 führten ihn wiederum nach Ungarn, wo im Jahre 1540, nach dem Tode Zápolyas, wieder Krieg ausgebrochen war. Die Witwe Zápolyas war nicht in der Lage, die Rechte ihres minderjährigen Sohnes gegenüber Ferdinand von Österreich zu verteidigen. So erschien Sulaiman vor Buda,[8] das soeben von dem ungarischen Magnaten Peter Perenyi vergebens belagert worden war, und annektierte die Stadt mitsamt dem Königreiche Zápolyas mit Ausnahme von Transsylvanien, das der Königinwitwe Isabella verbleiben sollte.

Seit dieser Zeit war Buda die Residenz eines Beilerbeis, und Ungarn wurde osmanisch verwaltet. Die Einsprüche König Ferdinands waren vergebens, desgleichen sein Versuch, im Jahre 1542 Pest einzunehmen. Der Feldzug Sulaimans vom Jahre 1543 war reich an Eroberungen. Gran und Stuhlweißenburg fielen in die Hände der Türken.

Nun trat in Sulaimans militärischer Tätigkeit eine Pause von fünf Jahren ein; von dieser Zeit an begann insbesondere die Sultanin Khurrem mehr Einfluß auf die Politik zu gewinnen. Die Beziehungen zu Persien spitzten sich zu, während der Krieg in Ungarn durch einen siebenjährigen Vertrag mit Ferdinand von Österreich beendet wurde, der jährlich 30 000 Dukaten zu entrichten versprach.

Schließlich unternahm Sulaiman im Jahre 1548/49 einen Feldzug gegen Persien; einen weiteren fünf Jahre später.

Am 29. Mai 1555 wurde schließlich der erste persische Friede – in Amasia – geschlossen. Bis zu seinem dreizehnten und letzten Feldzug, dem Feldzug nach Sighet, vergingen zehn Jahre. Trotz ununterbrochener Unterhandlungen ging der Krieg mit Österreich weiter, weil die Türken auf ihren Ansprüchen bestanden, vor allem auf ihrem Anspruch auf Sighet, das im Jahre 1556 vergebens belagert wurde. Besonders der jetzige Großwesir Rustem erwies sich als ein hartnäckiger Unterhändler. Erst nach seinem Tode[9] wurde von seinem Nachfol-

8 Im August 1541.
9 Im Jahre 1561.

ger Ali Pascha, der entgegenkommender war, im Jahre 1562 der Friede geschlossen. Österreich mußte auf Transsylvanien verzichten; nach dem Tode Ferdinands im Juli 1564 wurde dieser Friede von Maximilian erneuert. Der letzte Lebensabschnitt Sulaimans wurde durch Khurrems Tod[10] und durch den Streit zwischen den Prinzen Selim und Bayazid verdüstert, der mit des letzteren Hinrichtung endete. Im Jahre 1565 begannen die Feindseligkeiten mit Österreich von neuem und brachten den Christen einige Erfolge. Dies war für den schon bejahrten Sultan ein Anlaß, sich noch einmal an die Spitze seiner Truppen zu stellen.

Am 1. Mai 1566 verließ er Konstantinopel mit dem neuen Großwesir Mehmed Sokolli, worauf er in Zemlin Johann Sigismund, den Sohn Zápolyas, mit sehr großen Ehren empfing. Obgleich der Sultan ursprünglich die Absicht hatte, Erlau anzugreifen, bestimmten ihn die erhaltenen Nachrichten, Sighet zu belagern, das von Nicolas Zriny verteidigt wurde. Am 8. September wurde die Stadt von den Türken im Sturm genommen, aber der große Sultan erlebte die Einnahme nicht mehr. Er war in der Nacht vom 5. auf den 6. September verschieden.

Diese kurze Übersicht über die Feldzüge Sulaimans I. zeigt die außerordentliche Energie dieses größten Sultans des Osmanischen Reiches, wenn sie auch keineswegs ein vollständiges Bild von der Persönlichkeit dieses Herrschers gibt. Morgenländische Quellen schildern ihn als sehr fromm, rechtgläubig und als einen begeisterten Liebhaber der Jagd. Jedenfalls muß Sulaiman ein geborener Herrscher gewesen sein, von abstandheischender Würde, ehrfurchtgebietend inmitten seines glänzenden Hofes bei den Beschneidungsfesten seiner Söhne[11] und den Hochzeiten seiner Schwestern. Seine Hauptleidenschaften waren die Zuneigung zu Ibrahim Pascha in seiner Jugend und die Liebe zu seiner russischen Lieblingsfrau

10 Im April 1558.
11 Z. B. im Jahre 1530.

Khurrem, einer ehemaligen Sklavin,[12] deren Einfluß sich in seiner Politik fühlbar machte. Sulaiman brauchte zwar nicht den Greuel des Brudermords auf sich zu laden, denn er war der einzige Sohn seines Vaters gewesen. Dennoch haftet seinem Charakterbild ein Makel an. Durch die Launen und Ränke Khurrems wurde Mustafa, sein ältester Sohn, verleumdet und schließlich auf des eigenen Vaters Geheiß hin erdrosselt.

Die aus der Ehe mit Khurrem stammenden Kinder, die Prinzen Selim und Bayazid und die Prinzessin Mihr-u-Mah, hat er indessen nicht sonderlich geliebt. Sein Lieblingssohn war vielmehr Mehmed, der ihn auf mehreren Feldzügen begleitete und dessen Tod er bei seiner Rückkehr von dem Feldzug nach Gran erfuhr.[13]

In der Geschichte des Osmanischen Reiches bedeutet der Name Sulaimans I. mehr als der eines anderen Sultans; der Name bezeichnet eine ganze Epoche, die Epoche, in der das Osmanische Reich zu einer in der christlichen Welt wie in der Welt des Islams unbestrittenen Großmacht wurde und die in den folgenden Jahrhunderten ihre Spur hinterließ. Andererseits kann die Entwicklung des Osmanischen Reiches unter Sulaiman vielleicht zum größten Teil durch die Entwicklung des innerpolitischen Systems des Staates erklärt werden. Die Grundlagen zu dieser Entwicklung sind von den früheren Sultanen geschaffen worden, aber unter Sulaiman wurden die Staatseinrichtungen bis zu einem solchen Grade vervollkommnet, daß man mit Recht von einem »System« sprechen kann. Nach dem Beispiel seiner Vorgänger vertiefte Sulaiman dieses System durch die Gesetzgebung der »Kanune«, die später in den verschiedenen »Kanunnames« vereinigt wurden; diese Tätigkeit als Gesetzgeber hat ihm seinen Beinamen eingetragen. Die Kanune befaßten sich hauptsächlich mit der Organisation des Heeres und der Militärlehen, mit der Rege-

12 Die abendländischen Berichterstatter nennen sie Roxelane.
13 Am 6. 11. 1543.

lung des Grundbesitzes, mit der Stellung der Untertanen und mit dem Strafrecht. Einer der Grundsätze dieses Systems war die Ausbeutung der Christen im Reiche und andererseits die Übertragung hoher Staatsämter an zum Islam abgefallene Christen.

Die ungeheure Ausdehnung, die das Reich unter Sulaiman erfuhr, ist ebenfalls eine Folge des Systems, besonders seiner militärischen Seite. Denn ein dauerhafter Friede war eine Unmöglichkeit; das Land hätte nichts gehabt, um die Janitscharen und das andere wilde Kriegsvolk zu ernähren und zu bezahlen. Die großen Siege führten gleichzeitig zu einer grundlegenden Änderung in der internationalen Stellung des Reiches. Die christlichen Staaten hatten jede Hoffnung aufgegeben, die Türken aus Europa zu vertreiben.

Unter Sulaiman wurde auch das berühmte Bündnis mit Franz I. von Frankreich geschlossen, der die Verhandlungen eröffnete, als er sich als Gefangener Karls V. in Italien befand. Ein Ergebnis dieses Bündnisses war die bekannte Kapitulation von 1535, welche die Privilegien der Franzosen im Reiche regelte, besonders die konsularische Gerichtsbarkeit. Diese Kapitulation wird als Ausgangspunkt des Kapitularrechts der folgenden Jahrhunderte zwischen den christlichen Staaten und der Türkei betrachtet, obgleich ähnliche Privilegien schon vorher von den osmanischen Sultanen anderen Staaten, besonders Venedig, eingeräumt worden waren. Eine weitere Folge des französischen Bündnisses war, daß die Osmanen auf dem Mittelmeer eine rege Tätigkeit gegen die spanische Flotte unter Andrea Doria und gegen die Küsten Afrikas, Italiens und Dalmatiens entfalteten.

Neben dieser innen- und außenpolitischen Entwicklung nahm das Reich auch einen kulturellen Aufschwung, von dem man sagen kann, daß er unabhängiger war als in den früheren Jahrhunderten. Die osmanische Kultur erhielt ihren eigenen Charakter, sowohl auf dem Gebiete der Literatur als auch auf dem Gebiete der Kunst. Sultan Sulaiman hat an dem literarischen Leben als Dichter und als Beschützer der großen

Dichter seiner Zeit teil. Auch in der Baukunst verdankt die türkische Kultur viel der Initiative Sulaimans. Von den Moscheen, die er in seiner Hauptstadt Konstantinopel erbauen ließ,[14] ist an erster Stelle die Sulaimanije zu erwähnen, die zwischen 1550 und 1556 errichtet wurde und die die Türbe Sulaimans enthält,[15] sowie die Selimije, zur Erinnerung an Sultan Selim I. erbaut und im Jahre 1522 vollendet.

Zu den bedeutendsten Bauwerken, die auf Sulaimans Veranlassung in großer Menge in allen Provinzen errichtet wurden, gehören das Grab des Abu Hanifa in Bagdad, eine Moschee in Konya, die Wiederherstellung der Mauern von Jerusalem, die Restauration der Kaaba und die Wiederherstellung der Wasserleitungen in Mekka.

Um sich von der ganzen Pracht seines Hofes ein Bild machen zu können, muß man sich das Serail des Sultans mit seinen zahlreichen Höfen, Pforten, Galerien, Köschken,[16] Häuserreihen, Gärten und Esplanaden am Meere, mit seinen Kapudschis oder Pförtnern, Janitscharen, 1 000 Spachioglanen (berittene Soldaten), 1500 Silichdaren (Waffenträger), 200 Mutafarrikas (Wachkorps), die alle beständig hier hausten, mit Privatbeamten, 100 Eunuchen, Sklaven, Schulknaben, Edelknaben, Mohren, Zwergen, 300 Frauen und Sklavinnen – im ganzen unter Bayazid 18 000 und unter Sulaiman nicht weniger als 35 000 Personen –, mit den ins Türkische übersetzten hierarchischen Funktionen und für ewig festgelegten Zeremonien vor Augen zu stellen suchen.[17]

Für die Frauen bestand ein eigenes Serail;[18] es war mit starken Mauern ohne Türme umgeben und hatte zwei Tore, von denen nur eines, natürlich unter Bewachung, geöffnet war. Hier lebten in 25 einzelnen Häusern die Sultaninnen und die Söhne und Töchter des regierenden Sultans mit ihren Müttern.

14 Vornehmlich durch den berühmten Baumeister Sinan.
15 An seiner Seite ruhen die Sultane Sulaiman II. und Ahmed II.
16 Gartenhaus, Landhaus oder Pavillon.
17 N. Jorga. GOR II, S. 442 ff.
18 Gemeint ist das Eski-Saray, »das alte Serail«.

Inmitten prachtvoller Gärten, in denen Pfauen und Strauße zu sehen waren, erhoben sich zwei Köschke für den Herrn; hierher kam er, um durch Herabreichen eines feinen gestickten Taschentuchs, eines Fekel, das in der feinen türkischen Welt gewöhnlich zu Geschenken benutzt wurde, einer seiner Sklavinnen, die ihm dann zugeführt wurde, seine Gunst zu bezeigen.

Hier weilte Sulaiman Stunden, manchmal ganze Tage, wenn ihn eine neue wilde Schönheit fesselte. In seiner Abwesenheit führte der Kislar-Aga[19] mit seinen Eunuchen die Herrschaft, und unter den herkömmlichen Unterhaltungen, unter Plaudern, Musik und Beschauen der prachtvollen Natur dieses kleinen Paradieses lernten die Mädchen von eigens dazu bestellten Meisterinnen die Kunst der schönen feinen Stickerei des Morgenlandes.

Am Kap St. Dimitri erhob sich das vom Sultan selbst bewohnte Serail, das ebenso prachtvolle Gärten und auf den Höhen im Umkreise von zwei Meilen hinan viele Wohnungen umfaßte. Von den eisernen Toren der sechs Türme diente nur eins als öffentlicher Eingang – farbige Arabesken und eine goldene Inschrift in Marmor schmückten es –, der Sultan selbst benutzte ein anderes am Meere, dessen Turm mit Artillerie versehen war und vor dem 40 Geschütze aufgestellt waren. An jenem wachten 300 Kapudschis (Torwärter) mit ihren Stöcken in der Hand. Rechts lagen die Gärten mit Köschken, auf deren Dächer unaufhörlich kaltes Wasser niederrann; links befand sich die zur Küche umgewandelte kleine Kirche, die »die kleine Hagia Sophia« genannt wurde. Hier konnten bis zu 20 000 Reiter lagern. An der zweiten Pforte, die früher Janitscharen anvertraut gewesen war, standen jetzt Kapudschis; an ihr mußte jeder Besucher des Diwans, jeder Hofbeamte und Vertreter eines fremden Fürsten vom Pferde steigen. Auf einem zweiten kleineren Platze befand sich die Schatzkammer. In der Nähe lagen die Küchen, in denen man täglich 40

19 Wörtlich: Meister der Mädchen.

Schafe, 4 Ochsen und eine große Anzahl Hühner für die drei Mahlzeiten des Hofes schlachtete, und die Ställe, in denen der große und der kleine Imrochor[20] mit 900 Stallknechten und 1 000 christlichen Wojniklar,[21] die Futter für die Pferde zu mähen hatten, ihres Amtes walteten. Bei feierlichen Audienzen der Gesandten reihten sich hier auf einer Seite Janitscharen und Adschemoglane (junge Janitscharen), auf der anderen Spachioglane, Ulufedschis und andere goldstrotzende Hoftruppen auf. Im Hintergrunde war eine kleine, mit goldenem Halbmond geschmückte Loggia aus Marmor für den Sultan bestimmt, wenn er einmal im Jahre vor den Janitscharen, die ihre Geschenke erhalten hatten, feierlich erschien und sich zujubeln ließ. Daneben bewachten Eunuchen unter dem Kapi-Aga (Oberhofmeister) das Pförtchen, das ins Innere des Serails und in die Privatgemächer führte.

Hier befand sich die Serailschule, an der vier Schulmeister zahlreiche Kinder den Koran und andere heilige Bücher auswendig lernen ließen, um sie so für hohe Reichsämter vorzubereiten. Die Schüler, die sich durch Verlesung von Psalmen an der Bahre von Toten in der Stadt etwas verdienen konnten, erhielten vom Sultan Kaftane und andere Geschenke, und er zahlte den Doktoren, die ihre Zöglinge nur einmal am Tage schlagen durften, wenn sie ihre rechte Hand behalten wollten, 10 Asper täglich. Nach Beendigung ihrer Studien wurden die Zöglinge, die dann im Alter von 25 Jahren standen, dem Sultan beim Verlassen seines Serails mit goldenen Binden an der Adschemoglanenmütze vorgestellt und empfingen in einem Fekel 1 000 Asper und einige gute Ratschläge aus dem Munde ihres Vaters, des Padischah-Baba, des Kaisers der Erde und des Meeres.

Im Serail lebten, dem Sultan, seinem ganzen Hofe und Heere zur Verfügung, Tausende von Dienern, die verschiedene Klassen bildeten. Da besorgten, um von unten anzufan-

20 Stallmeister.
21 Christen als Stalleute.

gen, einige die aus weißem, grünem und schwarzem Marmor gebauten Bäder; Wasser brachten die Sakadschis[22] in Büffelfellen herbei; Holz fällten die Baltadschis; die Kleiderwäscher erhielten als Bezahlung die getragene Wäsche des Sultans; siebzig Gehilfen waren an den vier Backöfen beschäftigt, die das Brot buken; 200 Maimardschis, darunter auch Griechen, hatten die Bauten instand zu halten; 300 Nalbandschis oder Nalbants beschlugen die Pferde; den Dogandschis waren Vögel und Hunde, den Seimens nur die Jagdhunde, den Tschakirdschis wieder Vögel anvertraut; die Elefanten, Löwen, Leoparden, Wildkatzen, Affen, die man nach dem Beispiele der Soudane von Kairo in der einmal als Wasserleitung benutzten unterirdischen Galerie Binbirdirek hielt, hatten ihren besonderen Pfleger. Im Keller, wo Brot, Dschulep, Zukker, kandierte Früchte, Spezereien usw. aufbewahrt wurden, waltete der Kelerdschi-Bascha mit seinen 25 jungen Kelerdschis, die sich noch im Lesen und Schießen vervollkommneten; die Gärten unterstanden der Obhut des Bostandschi-Bascha und seiner 300 Bostandschis, die einen Teil der geernteten Früchte auf öffentlichem Markte verkauften – freute sich doch der Sultan über solchen Gewinn, der nicht den Schweiß des Volkes kostete, ganz besonders. Junge Janitscharen bereiteten das Eis für die Tafel ihres »Vaters«. Den Köchen zur Seite arbeitete ein Halwadschi, um die Halwa genannte süße Masse herzustellen.

Für die persönlichen Bedürfnisse des Sultans allein waren wiederum besondere Hofbeamte bestimmt, 30 Schneider, 70 Goldarbeiter, die auch im Basar Buden hatten, 50 Münzschläger, Schuhmacher, Schmiede, Schreiber und Priester gehörten dazu. Bartscherer warteten auf ein Zeichen des »Herrn«; jüdische oder arabische Ärzte, Dscherachs oder Hekims, hatten ihre Wohnung im Serail. Ein kundiger Perser, dem 200 Sklaven zugeteilt waren, sagte als Astrologe dem Herrscher die Zukunft voraus.

22 Nach der Saka, dem Karren benannt, der zum Transport benutzt wurde.

Indische Eunuchen bedienten den Sultan: Des Morgens kam der Tschohodar, um Wasser zum Waschen zu bringen; die Kleider, die er nur einmal zu tragen pflegte, reichte ihm der Keptar; der Silichdar trug für Schwert und Bogen Sorge und galt als erster unter den Favoriten. Mehrere Itschoglane unter Odabaschis, das heißt Edelknaben unter Kammerherren, leisteten die kleinen Handreichungen und hatten Sirup und Konfetti in Verwahrung. Wenn – dreimal im Sommer, zweimal im Winter – die Stunde der Mahlzeit kam, eilten, mit dem Stabe in der Hand, der Tschisnedschir-Bascha und sein Gefolge aus der Küche herbei. Die schon in kleine Stücke zurechtgeschnittenen Speisen lagen auf Porzellantellern und waren mit Silber zugedeckt. Vor dem auf Teppichen sitzenden Sultan wurden zunächst zwei Leintücher ausgebreitet, dann die althergebrachte, jetzt fein gearbeitete lederne Serviette, die Sufra. Kniend bot der Tschisnedschir seinem Herrn die Teller dar, während die drei männlichen Favoriten des Sultans ihm mit Sirup oder Dschulep in einer mit Silber eingefaßten und mit Smaragden oder anderen Edelsteinen besetzten Kokusnußschale aufwarteten. Oft war ein Arzt bei dem Mahle zugegen, um den Herrscher vor Gift zu bewahren.

Nach dem Essen las der Sultan aus dem Buche von Alexander oder philosophisch-religiöse Traktate. Oder er rief Zwerge, Narren, Pechlivans (das sind Kampfhelden) vor sich; letztere nur mit ledernen Hosen bekleidet, auf dem Kopf eine kleine schwarze oder weiße Lammfellmütze, und im Nacken ein Mäntelchen, das sie abwarfen, wenn das Ringspiel begann. Nach dem von der Etikette vorgeschriebenen Nachmittagsschlaf auf dem Diwan pflegte Sulaiman sich eine der vier goldgeschmückten Barken aus dem Arsenal bringen und sich mit Ibrahim oder einem anderen Freunde unter seinen Sklaven nach den asiatischen Gärten übersetzen zu lassen. Adschemoglane saßen am Ruder und der Bostandschi-Bascha vorn am Steuer.

Des Abends zeitig bereiteten Kammerherren dem Sultan in dem von ihm bezeichneten Raume – vorsichtshalber schlief er nie zwei Nächte nacheinander im selben Zimmer – das Lager. Tagsüber ruhte er auf zwei Matratzen, eine aus silbernem, die andere aus goldenem Brokatstoff, beide mit Edelsteinen besetzt, und stützte sich auf vier ebensolche Kissen. Der Nachtruhe dienten drei mit rotem Samt überzogene Matratzen, von denen zwei mit Baumwolle, die unterste aber mit Federn gefüllt waren; im Sommer deckte er sich mit einer Decke aus rotem Taffet, im Winter mit einem kostbaren Schwarzfuchsfell zu; von den Kissen hingen seidene Fransen mit goldenen Knöpfen herunter. Darüber spannte sich an Schnüren ein goldener Baldachin aus. Über das Hemd zog der Sultan nachts eine Jacke aus feinem Tuche. Wenn er sich niederlegte, wurde einer oder zwei zu beiden Seiten des Bettes aufgestellte silberne Kandelaber angezündet, deren Licht die Augen des Schlafenden nicht belästigte. Fünf Kammerherren hielten bis zum Morgen bewaffnet Wache.

Am Morgen empfing der Sultan seine höchsten Beamten, bevor sie selbst Audienzen erteilten. Dann begaben sich die Wesire, Kadilisker, Defterdare, der Janitscharen-Aga und später auch Khaireddin, der Beilerbei des Meeres, mit seinen Kollegen von Rum, Anatolien, Diarbekr, Karaman, Sulkadr, Syrien und Ägypten, soweit sie in Konstantinopel anwesend waren, und dem Dragoman zum Gerichte. Der Audienzsaal war reich mit Mosaiken ausgestattet und ruhte auf marmornen Säulen; goldene Arabesken, die in Blumenmustern Edelsteine umgaben, schmückten die Wände, Spahis, Mutafarrikas u. a. verliehen den Verhandlungen durch ihre Gegenwart höhere Würde. Ernennungen wurden vollzogen, falsches Geld untersucht, Staatsangelegenheiten jeder Art beraten und Prozeßberufungen, zu denen Tschausche die interessierten Teile vorriefen, endgültig entschieden; der Verurteilte erhielt auf der Stelle seine Stockhiebe oder wurde dem Henker zu ausgesuchten Folterqualen oder zur Hinrichtung – durch Köpfen, Erwürgen, Pfählen oder Festsetzen mit eisernen Klammern – überwiesen. Die Sitzungen wurden durch die Mahlzeiten der Mitglieder unterbrochen, denen man Hühner, Wildbret mit Gewürz- und

Safransaucen und Limonensaft vorsetzte; die Audienz ging dann im Sommer bis nachmittags, im Winter bis abends, zur Kindistunde, fort. Dem Sultan gaben anfänglich die Kadilisker, dann die Wesire und Beilerbeis durch ein Arz, das heißt einen schriftlichen Bericht, Kenntnis von den getroffenen Entscheidungen.

Viel feierlicher gestalteten sich die Audienzen, wenn der Sultan – statt hinter schwarzem Vorhange ungesehen an einem offenen Fensterchen zu lauschen – öffentlich erschien und auf seinem »mastabe«, dem goldenen Throne, Platz nahm. Kapudschis mit Stöcken aus schwarzem Ebenholz mit Silbereinlage gingen ihm voran; dann folgte in langsamem Zuge der Großwesir; zwei andere Wesire begleiteten ihn rechts und links. Die drei Favoriten mit goldenem Kissen und die Eunuchen ersten Ranges schlossen sich an. Die Hände auf der Brust gekreuzt und die Augen zur Erde gerichtet, standen die Anwesenden unbeweglich. Hatte sich der Sultan nach morgenländischer Art niedergelassen, so setzten der Großwesir und der Kadilisker von Rum sich auf die Bänke zur rechten Hand, zur linken der andere Kadilisker und die übrigen Wesire. Die Beratung ging vor sich, ohne daß der Sultan das Wort nahm; darauf speiste man gemeinschaftlich. Endlich teilten die Kapudschis, der Weisung des Herrn entsprechend, Brokatkleider oder Kaftane aus; derjenige Beamte, der bei solcher Gelegenheit einen Kaftan aus schwarzem Tuche erhielt, begab sich ohne einen Laut dahin, wo ihn der Strick des Henkers erwartete.

Fand der Diwan zum Empfang eines fremden Gesandten statt, so hatte die Audienz einen etwas anderen Charakter. Bei seiner Ankunft ritt der Gesandte auf einem Paradepferde, von 30 bis 40 Imrochoren begleitet, ein; am dritten Tage erst durften seine unwürdigen Augen den Sultan sehen. Er machte die Reverenz, die tiefe, vom Hofzeremoniell vorgeschriebene Verbeugung; der Sultan stand auf, was vor keinem Untertanen seines Reiches geschah, und reichte dem Gesandten die Hand zum Kusse. Auf einem kleinen roten Stuhl europäischer Art mußte der Fremde Platz nehmen, und der Dragoman verlas die Briefe seines Herrn. Nicht selten nahm Sulaiman selbst das Wort, stellte Fragen und erteilte Rügen, so daß er die Milde mit der Strenge oft wechselte. Darauf wurde der Gesandte zu den Wesiren geleitet, und diese bewirteten ihn in einem anderen Zimmer.

Der Gesandte teilte dann seine Zeit zwischen Verhandlungen, die oft absichtlich in die Länge gezogen wurden, und Spazierritten durch die Stadt, wobei ihn ein Tschausch (das sind Staatsboten oder Feldwebel) und eine Wache von Janitscharen, die ein Trinkgeld (Bakschisch) und Beförderung in ihrer militärischen Karriere erwarteten, begleiteten, um die Menge von ihm fernzuhalten. Täglich erhielt er aus dem Thronschatz bis 20 Golddukaten für seine Ausgaben. Am Tage der Abreise durfte er noch einmal vor dem Sultan sprechen und seine Antwort vernehmen, auch nahm er oft, neben ihm sitzend, noch an einem festlichen Mahle teil; wenn er von den zehn bis fünfzehn gleichzeitig gebrachten fremden Gängen gekostet hatte, erhielt der Fremde einen oder mehrere Kaftane aus Damast, Samt oder Brokat, die oft einen Wert von 2 000 bis 3 000 Dukaten hatten. Darauf nahm er die Antwort des Sultans in einem kostbaren gestickten Säckchen auf die Reise mit.

Jeden Freitag begab sich der Sultan in die Moschee: es war jedesmal der imposanteste Aufzug damit verbunden, den die Bevölkerung seiner Hauptstadt sehen konnte. Berittene Tschausche ließen ihren Ruf: »Zurück, der Herr kommt!« erschallen. Darauf kamen 2 000 Janitscharen, 2 000 Spahis, Solaken mit Schwertern und Beilen am Gürtel und Flinten auf dem Rücken, Spachioglane zu Pferde, mit Schwert und Bogen, den Buzdugan am Sattel, vorbei. In einiger Entfernung folgten zwei Imrochore, dann 15 bis 20 Pferde, die mit Perlen und Edelsteinen besetzte Zügel und wallende, rote Decken trugen. Die drei Agas des Gemaches des Sultans, der Silichdar-Aga und seine Gefährten schlossen sich mit den Zeichen ihrer Würde an. Das Volk grüßte schweigend, und allen, auch Christen und Juden, nickte der Sultan zu. Nachdem er gegen zwei

Stunden in seinem gläsernen Köschk gebetet hatte, kehrte er unter demselben Zeremoniell zurück.

Sonst erschien er öffentlich wohl auch, wenn ein mit weißen Buchstaben auf schwarzem Grund geschriebener Brief ihm den Tod eines Prinzen verkündete, mochte er auch auf seinen Befehl ermordet worden sein. Dann warf der Sultan seinen Turban zu Boden, legte alle Juwelen ab, ließ den Wänden ihren Schmuck nehmen und die Teppiche umkehren, und drei Tage lang durfte in der Hauptstadt keine Musik ertönen; Schafe wurden geopfert und bis zu 7 000 Asper wöchentlicher Almosen verteilt. Am Tage der Beisetzung ging der Herrscher hinter der Bahre des Verstorbenen her, und die Pferde, die ihn zogen, mußten »weinen« – man hatte ihnen tränenfördernde Reizmittel in die Augen gebracht. In der Trauer aber wie im Triumphe wurde dasselbe unvergleichliche, majestätische Schweigen bewahrt.

Wenn sich der Sultan zu einem Kriegszug in Bewegung setzte, hatten selbst die 1 000 Karipidschis, »arme Leute«, darunter Christen und Mohren, schöne, kostbare Uniformen an. Der Emir-Alem mit sechs Sandschaks trug ihm das Sultanszeichen, den Tug, voran. 4 000 glänzende Spachioglane, von denen je 500 um das Zelt des Sultans bei jedem Wetter im Freien schlafen mußten, waren ihm beritten zur Seite; je zehn Silichdare führten die Pferde. Diese auserwählten und hochbesoldeten Krieger hatten ihrerseits wieder, wie auch die Ulufedschis und Mutafarrikas, zwei oder drei Sklaven in prachtvollen Kleidern mit. Der Imrochor war von 1 000 Janitscharen und eigenen Sklaven umgeben. Alle Tschausche waren unter ihrem Führer zugegen: sie ordneten geräuschlos die Reihen des Heeres. Unter ihren zwei Agas und zwei Kjajas schritten die Solaks mit weißen und goldenen Mützen einher. In Gold und Seide prangten die Kapudschis, die auch als Massaladschis in der Nacht dem Herrn mit Windlichten den Weg wiesen. Schnelle Läufer eilten in ihrer eigentümlichen Kleidung voran. Das Janitscharenkorps, panzertragend und oft auch schon flintenführend, erregte die allgemeine Bewunderung.

Auf neuen, von spanischen Mohren nach dem Vorbilde der in ihrer Heimat gebräuchlichen Karren kam, von 1 000 Toptschis und häufig christlichen Meistern bedient, die bronzene und eiserne Artillerie; notwendige Reparaturen an Geschützen und anderen Waffen auszuführen war Sache der Dschebedschis. Den Beschluß des Zuges bildeten die Maultiere unter dem Katirdschi-Bascha und die seit Selims Tagen für den Transport des schweren Gepäckes benutzten Kamele.

So vereinigten sich Pracht mit numerischer Stärke, Disziplin, persönliche Tapferkeit, Treue gegen den Sultan, Hingebung an den Islam und Lebensverachtung, um aus diesem Heere das erste der Welt und mit ihm das Reich unüberwindlich zu machen.

IV. Der Staat verliert an Macht

3. Periode (1566 – 1703)

Der osmanische Staat behauptet sein Territorium, schließlich geht jedoch Ungarn verloren. Unter den Sultanen Selim II., Mehmed III. und Ahmed I. gewinnen erstmals Frauen, Eunuchen und Rechtsgelehrte bedeutsamen Einfluß auf die Staatsgeschäfte.

Die Jahre des Niedergangs werden eingeleitet.

Sultan Selim II.

Beiname: Mest = der Trunkenbold

Ein Säufer auf dem Thron

Wie schon mehrmals beim Tod eines Sultans geschehen, wurde auch der Tod Sulaimans I. zunächst verheimlicht. Dann aber ließ Großwesir Mehmed Sokolli die Kanonen des Leander- oder Mädchenturmes, welcher sich in der Nähe des Ufers von Skutari auf einem im Meer vereinzelten Felsen erhebt,[1] der Hauptstadt Konstantinopel die Ankunft des neuen Sultans Selim II. verkünden.

Nach der feierlichen Thronbesteigung im Jahre 1566[2] soll Selim nach altherkömmlichem Brauche die Gräber der Ahnen besucht haben – zuerst aber das Eyüps,[3] des Waffengefährten des Propheten. Bald schon gab es Ärger mit den Janitscharen, die sich über die kärglichen, unzureichenden Thronbesteigungsgeschenke empörten. Sie ließen den neuen Herrscher erst in sein Serail[4] ein, als ihnen die geforderte Erhöhung des Antrittsgeschenks versprochen worden war. Es blieb in der Schatzkammer sogar nicht mehr genug für die Löhnung der übrigen Truppen.

Wieder in seinem Schloß angelangt, gab sich Selim in Ruhe den Freuden einer sorgfältig bereiteten Tafel und des verbotenen süßen Weines hin. Zu einem neuen Feldzuge, einer Vergrößerung des Reiches, einer Rechtfertigung seiner Thronbesteigung fühlte er keine Verpflichtung in sich. Für ihn blieb die Jagd eine bevorzugte Unterhaltung zeit seines Lebens: 50 000 Dukaten gingen jährlich für prächtige Jagdveranstaltungen mit Tausenden von Soldaten, Pferden, Mauleseln,

1 Türkischer Name: Kis Kullesi.
2 Er regierte von 1566 bis 1574. Bei Regierungsantritt war er etwa 42 Jahre alt.
3 Andere Schreibweise »Ejub«.
4 Türkische Schreibweise: Saray.

Kamelen usw. drauf. Zum Oberbefehlshaber im Kriege war der kleine, beleibte Mann mit dem roten Gesicht, der einem Unholde ähnlicher als einem Menschen sah, wenig geeignet.[5] Sein Aussehen verriet untrüglich den Trunkenbold.

So erblickte die Welt nach einem Herrscher, der keinen Becher Weins je kosten wollte und seinen mosleminischen Untertanen den Wein unter Androhung harter Strafen untersagt hatte (Weinfässer wurden öffentlich verbrannt), auf dem osmanischen Throne einen moralisch gesunkenen Mann, der für die hohen und schweren Pflichten seines Amtes keinen Sinn mehr hatte. Nur seine religiösen Obliegenheiten vernachlässigte er ebensowenig wie sein Vorgänger, dessen größter Stolz gewesen war, daß sein Name bei dem Gebet in 2 060 Moscheen genannt wurde. Wenn schon Sulaiman auf neun Schiffen alle Dirnen aus Konstantinopel nach Zypern hatte überführen lassen, so wurde diese Maßnahme nach Selims Tode 1577 erneuert. Nur ein einziges Liebesabenteuer mit der Frau des Beilerbeis von Rum, der sich deswegen erhängte, wird Selim nachgesagt.

Selten erschien er im Diwan und beschäftigte sich mit Staatsangelegenheiten. Denn bereits in den ersten Stunden des Tages pflegte er berauscht zu sein; seine Stummen verschafften dem Herrn, der nur für sie nicht geizig war, Genuß und Zerstreuung. Im Winter mußten sie draußen im Schnee vor ihm tanzen, und mit umnebelten Augen schaute er ihren schmerzvollen Kunstproben zu. Im Zorne freilich schonte er diese niedrige Umgebung nicht, und sein Pfeil traf von Zeit zu Zeit einen der Günstlinge, Zwerge, Narren, Stummen, Gaukler, Ringer, um den er dann reuevoll weinte. Seine Ausdauer war staunenswert: drei Tage und drei Nächte hindurch konnte er mit dem Günstling Ali zechen.

Eine edlere Beschäftigung war es, wenn Selim mit der Mutter Ahmeds, seiner gewesenen Amme, die hübsch zu plaudern verstand, Schach spielte. Abends ließ er sich etwas vorsingen;

5 »Più simile ad un mostro che ad un uomo«: Badoer in Albèri (S. 361).

denn er war ein Freund von Musik und auch in die persische Poesie eingeweiht: unter dem Klange der orientalischen Weisen schlief er ein er, um frühmorgens zu neuem Gelage zu erwachen. Nur wenn er mit prachtvollem Gefolge von ungefähr 6 000 Menschen zur Jagd und von den entfernten Plätzen seiner Zerstreuung, Jamboli, Demotika, wieder zurückritt, wenn er seinen wöchentlichen Besuch in der Moschee abstattete, wenn ein fremder Vertreter ihn zu pomphafter Audienz im großen Diwan veranlaßte und endlich, wenn seine Galeote auf dem Goldenen Horne in der Richtung auf Siliwri oder die Süßen Wasser sichtbar wurde, nur bei solchen Gelegenheiten wurden seine trotz alledem getreuen Untertanen der Gegenwart ihres kaiserlichen Herrn gewahr.[6]

Die Regierung überließ er mit Freuden Mehmed Sokolli. Dieser war es, der die Tradition der glorreichen Zeit Sulaimans fortsetzte; es genügt daher, hier einen kurzen Überblick über die politischen und militärischen Ereignisse der Regierung Selims II. zu geben. Zunächst kehrte der Kapudan-Pascha nach der Verwüstung von Apulien mit der Flotte zurück; er wurde mit dem Wesirsrang belohnt. Zur selben Zeit begannen Verhandlungen mit Österreich; infolgedessen erschien eine Friedensgesandtschaft, die in Adrianopel am 17. Februar 1568 den Frieden zwischen Maximilian und dem Sultan schloß. Außer den Grenzberichtigungen stimmte der Kaiser der jährlichen Zahlung von 30 000 Dukaten zu. Im selben Monat langte ein persischer Gesandter mit großem Aufwand in Adrianopel an, um den Frieden zu erneuern. Die friedlichen Beziehungen zu Polen, Frankreich und Venedig wurden ebenfalls gefestigt. Die französische und die venezianische Kapitulation wurden erneuert. Im Jahre 1569 wurde der mißglückte Feldzug gegen Astrachan unternommen, um den Plan zu verwirklichen, einen Kanal zwischen Don und Wolga zu bauen. Das Unternehmen verlief erfolglos, hauptsächlich durch den geheimen Widerstand des Khans der Tataren. Im folgenden

6 N. Jorga. GOR III, S. 163 ff.

Jahr wurde mit den Moskowitern Frieden geschlossen. Von 1568 bis 1570 war ein türkisches Heer im Jemen, um dieses Gebiet von den Zaiditen wiederzuerobern, die 1567 alle osmanischen Garnisonen außer der Zabids vertrieben hatten.

Die Eroberung der Insel Zypern[7] war Selims eigener Initiative zu verdanken; sein Günstling, der portugiesische Jude Josef Nassy,[8] der von ihm zum Herzog von Naxos ernannt war, hatte ihm den Plan eingegeben. So mußten nacheinander Nicosia – am 9. September 1570 – und Famagusta – am 1. August 1571 – kapitulieren. Dabei kam es zu unmenschlichen Grausamkeiten. Gnadenlos brachten die türkischen Truppen bei der Plünderung dreißigtausend Einwohner um. Dem tapferen Kommandaten Bragadino zog man bei lebendigem Leibe die Haut ab und stopfte sie mit Heu aus.

Im selben Jahr hatten Venedig, der Papst und Spanien ein Bündnis geschlossen. Ihre gemeinsame Flotte vernichtete die osmanische Flotte im Golf von Lepanto fast vollständig;[9] dennoch reichte dies nicht aus, die Türkei ernstlich zu schwächen. Während des Winters wurde eine neue Flotte gebaut, und Venedig mußte bald darauf auf Zypern verzichten[10] und sich zur Zahlung einer Kriegsentschädigung verpflichten. Der Krieg mit Spanien wurde fortgesetzt. Die Spanier besetzten im Jahre 1572 Tunis, wurden jedoch im September 1574 vertrieben.

In der Moldau fanden Auseinandersetzungen mit Polen statt.[11] Mit Österreich wurde der Frieden im November 1574 erneuert, trotz der Unruhen an der Grenze und der Intrigen der Bewerber um die Krone von Siebenbürgen.

7 1570/71.
8 Eigentlich: José Miquez.
9 Die Schlacht fand am 7. 10. 1571 statt. Auf seiten der Spanier kämpfte auch Miguel de Cervantes, der berühmte Dichter des »Don Quijote«. Er verlor dabei seinen linken Arm.
10 Durch den Frieden vom 7. 3. 1573.
11 Grund hierfür war der Prätendent Iwonia, der zuerst von den Türken unterstützt, schließlich aber im Juni 1574 von ihnen geschlagen wurde, wobei er den Tod fand.

In diese Zeit fiel Selims Tod. Als Vorboten führen die osmanischen Geschichtsschreiber an: einen Kometen, ein Erdbeben, das vierhundert Häuser in Konstantinopel niederwarf, und eine Überschwemmung Mekkas, wo die Pilger im Wasser den Umgang um die Kaaba hielten und das Dach derselben gespalten wurde. Der abergläubische Selim selbst aber soll hauptsächlich durch ein in der Küche des Serails ausgebrochenes Feuer erschreckt worden sein, weil nach einem ähnlichen Küchenbrand im Serail zu Adrianopel sein Großvater Selim I. gestorben war.

Der Brand der Küche war indes ganz sicher eine bedeutungsschwere Begebenheit für Selim, denn zugleich waren auch die Speisekammer und der Keller abgebrannt. Der Kellermeister wurde sogleich nach Ägypten geschickt, um die Speisekammer von dort wieder mit den nötigen Gewürzen und Konfekten zu füllen. Bald darauf war das neue im Serail gebaute Bad[12] vollendet. Der Sultan besuchte es, noch ehe es ausgetrocknet war. Um die bösen Dämpfe zu verjagen, leerte er eine Flasche Weins. Die Dämpfe des Weins, die ihm natürlich rasch zu Kopfe stiegen, ließen ihn auf dem von den Dämpfen des Bades angelaufenen glatten Marmor unverhofft ausgleiten, und er fiel zu Boden. Man hob ihn auf, er legte sich zu Bett, begann zu fiebern und starb elf Tage später.

Sultan Selim hinterließ fünf Söhne[13] und drei Töchter. Für die Thronfolge kam Murad in Betracht.

An Bauten sind vor allem die Selimije-Moschee zu Adrianopel mit Akademie und Überlieferungsschule, die Stadtmauern von Adrianopel und das Schloß des Hafens von Navarino zu nennen. In Mekka hatte er die verfallenen Wasserleitungen wiederherstellen und den Vorhof des Heiligen Hauses mit 360 Kuppeln decken lassen. In Konstantinopel hatte er an der Moschee Hagia Sophia[14] den Bau von zwei neuen Akademien,

12 »Kussur Haman« genannt.
13 Sie hießen Murad, Sulaiman, Mustafa, Dschehangir und Osman.
14 Türkisch: Aya Sofia. Der Name bedeutet »Göttliche Weisheit«.

zwei Minaretts und zwei Strebepfeilern befohlen. Die Vollendung dieser Gebäude mußte er aber seinem Nachfolger überlassen.

Die Geschichte bewahrt Selim II. also kein sehr rühmliches Andenken. Er war der erste osmanische Sultan, der ein Serailleben geführt hat, wobei die Sultanin Nur Banu allmächtig war. Seine Leidenschaft für den Wein brachte ihm den Spitznamen »Mest Sultan Selim« ein – das heißt soviel wie »Sultan Selim, der Trunkenbold«. So verbreiteten sich unter seiner Regierung Verschwendungssucht und Bestechungswesen. Herrschergeist und Machtbewußtsein Sulaimans I. hatten sich auf den unwürdigen Sohn nicht vererbt.

Sultan Murad III.

Der Einfluß der Lieblingsfrauen

Der zwölfte Herrscher des Osmanischen Reiches wurde am 4. Juli 1546[1] als Sohn Selims II. und dessen Hasseki Nur Banu[2] geboren. Als man ihn im Dezember 1574 zum Sultan ausrief, wurde Selims Witwe automatisch zur Sultansmutter, und damit fingen die Machtkämpfe im Harem an. Sie dauerten an die hundert Jahre, und die Türken nennen diese Epoche »Kadilar Sultanati«, was soviel wie die Herrschaft der Lieblingsfrauen bedeutet. Es war eine Zeit, während der eine ganze Anzahl von Sultansmüttern und Sultaninnen zunächst heimlich, schließlich ganz unverhüllt um Reichtum, Vorrechte und Macht kämpften.

Selims erste Sultanin Nur Banu hatte am Ende des »Goldenen Pfades« in einer prachtvollen Zimmerflucht gewohnt, deren Wände mit Blattgold ausgelegt waren. Als sie jetzt Sultansmutter geworden war, nahm sie einen bedeutsamen Wechsel vor: sie zog in die Nähe der Räume ihres Sohnes um, so daß sie leicht die im Diwan stattfindenden Sitzungen belauschen konnte.

Murad III. war kein Sohn, der sich schwer lenken ließ. Er war schlank, mittelgroß und besaß einen dünnen, rötlichen Bart. Nach seinem Einzug in Konstantinopel, wo er zunächst seine fünf unmündigen Brüder – die möglichen Nebenbuhler des Thrones – erwürgen ließ, setzte man große Erwartungen in ihn. Man sprach von seiner Frömmigkeit, seinem gerechten Sinne, seiner Freigebigkeit und Mildtätigkeit und seinem Verständnis für die Staatsgeschäfte. Man erfuhr, daß er mit beson-

1 N. Jorga gibt als Geburtsdatum den 27. 8 .1546 an (GOR III, S. 174).
2 Der Name bedeutet »Lichtfrau«.

derer Vorliebe literarischen Studien oblag. Er gab das »Buch der Handfertigkeiten« heraus, das mit einigen seiner eigenen Miniaturen versehen war und das andere dazu anspornte, selbst Bücher zu schreiben, um sich bei ihm beliebt zu machen; er schrieb selbst Gedichte und einen mystischen Traktat. Seine Mutter Nur Banu hatte für diese Art Beschäftigung nur wenig Verständnis. Sie hatte mit ihrer einzigen Rivalin zu tun, die ihr gefährlich werden konnte: dabei handelte es sich um die Lieblingsfrau ihres Sohnes, die Sultanin Baffo, die Mutter von Murads einzigem Sohn aus dieser Verbindung. Im Harem war sie als »Safiye« bekannt, was die »Blonde« oder »Helle« bedeutet. Ihr Ehrgeiz war grenzenlos. Die Sultanin Baffo entstammte der vornehmen venezianischen Familie Baffo. Sie war groß und blond und hatte die Figur einer Tänzerin. Im Alter von dreizehn Jahren war sie Murad geschenkt worden, und die Sultansmutter spürte sofort eine heftige Abneigung gegen sie. Am Tage der Thronbesteigung Murads war der Krieg zwischen den beiden Frauen erklärt. Es war ein Kampf mit dem Harem im Hintergrund, der von nun an blutig ausgetragen wurde.

Murad entfernte zunächst die unwürdigen Diener seines Vaters vom Hofe, bestrafte korrupte Beamte hart, enthielt sich des Trinkens und lebte mit seiner Hasseki, einer Sklavin, häuslich, sehr einfach, ohne jeglichen Luxus in der Kleidung. Der kleine blonde melancholische Mann mit langem Halse, einer Habichtsnase und träumerischen mattblauen Augen schien die guten Traditionen auf den Thron zurückzubringen. Die blasse Gesichtsfarbe und seine Magerkeit wurden übrigens dem Opium zugeschrieben; beides verlor sich, als er das Laster aufgab und statt dessen mäßig Wein trank. Das Verhängnis aber wollte, daß der neue Sultan Epileptiker war, und die furchtbare Krankheit machte ihn zurückhaltend und menschenscheu. Nur in der ersten Zeit seiner Regierung ließ er sich auf Jagdzügen mit zahlreichen Soldaten, die nach persischer Mode glänzende Panzer trugen, auf dem Wege zur Moschee oder bei Spazierritten auf dem Kanale vor seinen

Untertanen sehen, wobei er, der nie einen Krieg mitgemacht hatte, sich am lauten Lärm der Geschütze ergötzte. Sehr bald aber entzog er sich der Öffentlichkeit, um 1590 vergingen sechs Monate, ohne daß er ein einziges Mal sein neues Serail verlassen hätte, wo er, von seiner Familie und seinen Günstlingen umgeben, elend dahinsiechte.

Wenn Murad bei Audienzen fremder Gesandten widerwillig erscheinen mußte, blieb er stumm und unbeweglich, »wie ein lebloses Standbild«; und Wehmut sprach aus den sonderbaren, müden, blauen Augen.[3]

In seiner Jugend war er als Feind der Christen, besonders der Venezianer, bekannt gewesen; jetzt haßte er keine Nation mehr, auch die Perser nicht, die ihm große Schwierigkeiten bereiten und manche bittere Stunde verursachen sollten; aber er liebte und bevorzugte auch keine; seinen schwachen Händen waren die Zügel der Regierung, was die auswärtigen Beziehungen betraf, zu schwer. In seine Zimmer gebannt, verschmähte er es zwar, sich wie Selim zu betrinken, aber er war dafür unmäßig im Essen: bis zu fünfzig Gerichte wurden ihm auf silbernen Schüsseln aufgetragen. Die Mutter und die albanesische oder bosnische Hasseki waren seine gewöhnliche Gesellschaft; aber sehr bald hatte er den Ausschweifungen des Harems Geschmack abgewonnen. Seinen ältesten Sohn Mehmed, einen schönen, aber grausamen und ehrgeizigen Jüngling, duldete Murad nicht in seiner Nähe, weil er der Liebling der Janitscharen war; er verlieh ihm nicht einmal das übliche asiatische Sandschakat, sondern hielt ihn in Asien unter strenger Aufsicht und sandte ihm Frauen allein in der Absicht, den lebhaften und aufrührerischen jungen Geist zu verwirren; im Alter von zwanzig Jahren hatte Mehmed schon drei Söhne, deren ältestem der bedeutungsvolle Name Sulaiman gegeben worden war.[4]

3 Albèri XIII, S. 237; XIV, S. 330.
4 N. Jorga. GOR III, S. 176.

Dagegen stand Ibrahim Aga als Musaip, als Günstling, dem mürrischen, in Träumen versunkenen Herrn zur Seite. Ein Dichter, der vorgab, aus dem Geschlechte Osmans zu sein, ließ vor den Ohren des melancholischen »Verwandten« persische Verse ertönen; ein Astrologe aus Kairo und ein Jude aus Saloniki deuteten ihm die Zukunft, die den Furchtsamen schreckte; ein maurischer Arzt bewachte den Kranken.

Nur selten ging er noch im Garten der Jagd auf Löwen, Bären, Wildschweine und Hirsche nach; noch seltener kümmerte er sich um den gutbesetzten Tiergarten. Papageien, kleine Hunde, jüdische Tänzer und Stumme, wie Nasuf, der Mörder der Söhne Selims, vertrieben dem Einsamen und Mißtrauischen die Zeit.

Dazu kam, daß er gleich nach Antritt seiner Regierung von einer unstillbaren, krankhaften Gier nach Geld befallen wurde. Um seine zweieinhalb Millionen Dukaten jährlich zusammenzubekommen und in eigener Münze umschmelzen und in seiner Nähe vergraben lassen zu können, forderte er von den Anwärtern auf den Thron der Moldau und der Walachei ungeheure Summen; sein Gewinnanteil bei Verleihungen geistlicher Würden an Griechen und bei Vergebung von Staatsämtern war öffentlich bekannt. Die Skrupellosigkeit dieses Sultans ging so weit, daß er die ihm dargebrachten Ehrenkleider aus Goldbrokat an Leute, die solche brauchten, um sie ihrerseits wieder zum Geschenke zu machen, verkaufen ließ. Erst 1594[5] kam der gewöhnlich gleichgültige Fürst endlich einigermaßen zur Besinnung und traf Maßregeln gegen die furchtbare Korruption, die beinahe alles überschwemmt hatte. Dieser »Bußakt« sollte der Beschluß seiner unglücklichen Regierung sein.

Gegen Mehmed Sokolli zeigte Murad gleich nach seiner Thronbesteigung Mißtrauen und Übelwollen, worin ihn seine Mutter Nur Banu noch kräftig bestärkte. Der bisherige Großwesir mußte erleben, daß einige seiner Schutzbefohlenen und

5 Beim Ausbruche des neuen ungarischen Krieges.

Helfer, wie der reiche Grieche Michael Kantakuzenos, verfolgt, eingesperrt und später sogar ermordet wurden. Sokolli beugte sich vor dem wilden und stürmischen Charakter des neuen Herrn, der keinen Anstand nahm, seinen Wesiren mit entehrenden Strafen zu drohen. Aber er sollte der schwierigen Situation bald enthoben werden. Der von Soldaten und Volk gleichermaßen gehaßte Lenker des Reiches wurde während einer öffentlichen Sitzung des Diwans von einem gedungenen Soldaten erdolcht.[6] Ihm einen Nachfolger zu finden war nicht leicht. Keinem von denen, die nach Sokolli die Leitung der Staatsgeschäfte übernahmen, schenkte Murad völliges Vertrauen. Das Wesirat bestand fort; ein wirklicher Großwesir aber fehlte, obgleich der Sultan alles durch den Großwesir erfahren und anordnen wollte. Jeder der sechs und später acht obersten Paschas mußte sich vor seinen Kollegen fürchten und zu schützen suchen. Der unsichtbare Sultan ließ jede ihrer Bewegungen überwachen; sie waren nicht einmal der nächsten Zukunft sicher. Als Murad eines Abends verkleidet den Basar besuchte, blieb er stehen, um einem Koch namens Ferhat zuzuhören, der lauthals die Mißstände in der Regierung tadelte. Er unterhielt sich mit ihm, fand seine Antworten treffend und geschickt und seine Gedanken klug. Er zitierte den verblüfften Mann am folgenden Tage in den Palast, wo er ihn sogleich an die Stelle dessen setzte, über den er tags zuvor sich so abfällig geäußert hatte. Der Koch brachte es später bis zum Großwesir.[7]

Sinan, der einzige, den der Einsiedler im Serail fürchtete, der unentbehrliche Ferhat und eine kurze Zeit lang auch Mustafa, dem schon Selim viel zu verdanken hatte, bildeten Ausnahmen. Murads eigentliche Wesire aber, die er selbst zu ihren hohen Stellungen erhoben hatte, waren unbedeutende Persönlichkeiten. Die übrigen waren ebensowenig durch irgendwel-

6 Nach N. Jorga (GOR III, S. 178) soll die feige Tat durch einen tollen Derwisch ausgeführt worden sein, den Sokolli mit einer Bitte abgewiesen hatte – und zwar auf offener Straße (11. 10. 1579).

7 N. Barber. The Sultans. New York, 1973.

che Talente ausgezeichnet: der kleine, bucklige Slawe Mesih, der Beilerbei von Kairo gewesen war, geizig und fromm, einfach und ärmlich im Äußeren, verstand die Schuldner meisterlich zu bedrängen; der gierige Eunuche Hassan, der sich in Ägypten, Jemen und Persien militärisch hervorgetan hatte und dem der Auftrag zuteil wurde, Demirkapi am Kaukasus zu befestigen; Haidar, ebenfalls ein Slawe, der den bald abgebrochenen Zug gegen Polen leitete und auch in Georgien gekämpft hatte; der milde Eunuche Dschafar, der am persischen Kriege teilnahm; der grausame Yussuf, den die Seinigen ermordeten; der reiche Armenier Mehmed, der durch die Hände der Spahis umkam, weil er ihnen in schlechter Münze zahlen wollte; der Albanese Khalil, der Schwiegersohn des Sultans war, und insbesondere der Günstling Ibrahim, der auch eine Tochter seines Herrn heiratete, aus Prepolje in der Herzegowina, angeblich von türkischen Eltern gebürtig, die ihn statt eines rekrutierten Christenkindes verkauft hatten; als feinerer Geist suchte er allen zu gefallen und gefiel auch; im Grunde aber war er falsch, betrügerisch und feig. Solchen Schlages waren die sogenannten leitenden Persönlichkeiten des Reiches zu einer Zeit, wo alle raubten und alle beraubt wurden.[8]

Allmählich kamen allerhand Mißbräuche in dieser Zeit auf, besonders in der Verwaltung der Lehen und bei der Anwerbung der Janitscharen. Die Regierung dieses Sultans sah zum erstenmal Janitscharenaufstände, die sich gegen den Diwan selbst richteten. Die erste Meuterei im April 1589 war die Folge einer Münzentwertung und konnte nur durch das Opfer des Lebens hoher Beamter beigelegt werden. Im Jahre 1592 ereignete sich eine ähnliche Spahirevolte. Mehr als eine Empörung in den Provinzen mußte mit Waffengewalt unterdrückt werden. Murads Regierung kann als der Anfang der inneren Schwächung der osmanischen Macht bezeichnet werden. Der Sultan war keine solch starke Persönlichkeit wie sein Großva-

8 »Tutti in quel governo rubano e sono anche rubati« (Albèri XIV, S. 336).

ter. Seine erotischen Neigungen wurden von seiner Mutter und seiner Frau Safiye sehr gefördert, und er hatte angeblich hundertunddrei Kinder. Wenn die Baffo auch nicht mehr das Nachtlager des Sultans teilte, so blieb sie doch weiterhin seine ständige Gefährtin. Als Nur Banu im Jahre 1583 starb, herrschte die Baffo uneingeschränkt über den Harem. Es paßte ihr ganz gut, ihren Gatten bei seinen allnächtlichen Vergnügungen gewähren zu lassen. Ihr genügte es, wenn sie bei den öffentlichen Angelegenheiten ihren Einfluß auf ihn geltend machen konnte.

Murads Regierung zeichnet sich nicht durch große Eroberungen in Europa aus. Die friedlichen Beziehungen zu Österreich wurden offiziell aufrechterhalten. Der Frieden wurde mehrere Male[9] durch einen neuen Vertrag und durch außerordentliche österreichische Gesandtschaften bestätigt. Nichtsdestoweniger machten die Türken ständig Einfälle in österreichisches Gebiet, besonders in Kroatien im Jahre 1578, wo sogar ein neuer Sandschak (= Lehenszusammenschluß) gebildet wurde, woran sich Siegesfeiern in der Hauptstadt anschlossen, bei denen die österreichischen Gesandten Zeuge sein mußten. Erst im Jahre 1593 brach ein regelrechter Krieg aus, in dem der damalige Großwesir Sinan Pascha die Stadt Raab nahm.[10] Die Beziehungen zu Venedig waren genau so wie die zu Österreich; trotz mehrerer ernsthafter Zusammenstöße zur See wurde der Friede gewahrt.

In den Donaufürstentümern und in Siebenbürgen nahmen die niemals endenden dynastischen Streitigkeiten ihren Fortgang. Sogar Polen wurde mehr oder weniger als ein tributpflichtiger Vasallenstaat des Osmanischen Reiches betrachtet; der polnische König Stephan Bathory verdankte seine Krone dem Schutze des Sultans, und sein Nachfolger Sigismund war König nur von Murads Gnaden.

Die Pforte (vgl. S. 153, Anm. 1) mußte sich verschiedentlich in die Wirren einmischen, die von polnischen Kosaken in der

9 In den Jahren 1574 und 1584.
10 1594.

Moldau und im Tatarenkhanat und durch tatarische Einfälle in Polen hervorgerufen wurden.

Auf der Krim war die osmanische Intervention sogar noch stärker, da der persische Krieg in den Jahren 1581 und 1583 Feldzüge über Kaffa und die Krim gegen Daghistan und Transkaukasien nötig machte.

Die bedeutendste militärische Unternehmung war der Krieg mit Persien, der vom Jahre 1577 bis 1590 dauerte. Persien machte nach Schah Tahmasps Tod im Jahre 1576 schwere innere Unruhen durch, was den Türken eine günstige Gelegenheit bot, ihr Gebiet zu vergrößern.

Obwohl man von Murad erhofft hätte, nach dem Beispiel seiner kriegerischen Vorfahren die türkische Herrschaft weiter auszudehnen, hatte er für derlei Unternehmungen nichts übrig. Es ist möglich, daß er den Ausbrüchen des mohammedanischen Fanatismus innerlich nahestand, die mehrfach unter seiner Regierung vorkamen und die zur Umwandlung mehrerer Kirchen der Hauptstadt in Moscheen führten.[11] Dies Vorgehen veranlaßte die Vertreter Frankreichs und anderer katholischer Mächte zu energischen, aber zwecklosen Vorstellungen. Der äußerliche Aufwand seiner Hofhaltung war ungeheuer; das Fest änläßlich der Beschneidung[12] seines Sohnes Mehmed im Juni 1582 hat anscheinend alle ähnlichen Feierlichkeiten in der osmanischen Geschichte in den Schatten gestellt.

Der Orientalist Hammer-Purgstall gibt uns eine genaue Beschreibung, die ich nachstehend gekürzt wiedergeben möchte:[13]

»... Am ersten Junius (1582) zog der Sultan, am zweiten der Kronprinz in feierlichem Aufzug aus dem Serail in das auf dem Hippodrom vorbereitete Serail Ibrahim Paschas. Voraus

11 Darunter auch die Kirche des griechischen Patriarchats.

12 Die Entfernung der Vorhaut geschah in Gegenwart von Imam und Koranlesern und ging – im Unterschied zu einfachen Leuten – als prunkvolles Zeremoniell vonstatten.

13 Vgl. Hammer, GOR, IV, S. 121 ff.

die Tschausche (Staatsboten) und Mutafarrikas (Wachkorps) in Goldstoff, dann die Agas des Hofstaates und der Truppen; die künstlichen Palmen oder Hochzeitskerzen, je zehn oder zwanzig zwischen den großen, deren vier, zwanzig und mehr Ellen hohe von achtzig und mehr Janitscharen getragen wurden. Der Kronprinz in rot-atlas-farbenem Kleide mit handbreiter goldener Stickerei verbrämt, mit zwei schwarzen Reihern auf dem Bunde, einem Rubin am rechten Ohr, einem Smaragd an der rechten Hand, mit Edelsteinen besetztem Säbel und stählernem Streitkolben ... Sobald er angekommen (war) und dem Vater die Hand geküßt (hatte), wurden die Hochzeitspalmen dem Palaste gegenüber aufgepflanzt und der Musik lärmender Gruß durchwirbelte die Luft. Drei Tage hernach zogen die Sultaninnen im Geleit des Zuckerwerkes auf, wie der Sultan im Geleit der ... Palmen gekommen war... Den Zug schlossen zehn bis zwölf Gefangene der ungarischen und böhmischen Grenze, tollwackere Waghälse, die sich mit Säbeln zerfleischten, mit Spießen durchstachen, einer gar den Schaft einer Fahne durch Haut und Fleisch gesteckt trug, die Arme mit Pfeilen durchstochen, auf dem Rücken Hufeisen mit allen sechs Nägeln aufgenagelt, so daß sie von Blut überströmten; ein jämmerliches Schauspiel verzweifelter Bravour. Sie wurden nach ihrem Range mit Geld begnadigt; der Vornehmste unter ihnen mit einem Tima von viertausend Aspern belohnt.... Das Zuckerwerk stellte vor: neun Elefanten, siebzehn Löwen, neunzehn Leoparden, zweiundzwanzig Pferde, einundzwanzig Kamele, vierzehn Giraffen, neun Sirenen, fünfundzwanzig Geierfalken, elf Störche, acht Kraniche, acht Enten, einen Springbrunnen ganz aus Kandiszucker, von zwanzig Mann getragen, und von ebensovielen ein Kastell, ein Diw oder Waldteufel, fünf Pfauen und so viel Leuchter, sechzehn Krüge und so viele Gießkannen, acht Affen, zwei Schachspiele, dreiunddreißig Schüsseln mit Früchten, sieben mit Meerfischen ... endlich das eßbare Konfekt auf fünfzehn Saumrossen, deren acht mit rotem, sieben mit silbernem Damast bedeckt (waren)... Dann kamen die großen Palmen, welche jene des ersten Aufzuges bei weitem an Größe übertrafen, jede zwanzig bis dreißig Ellen hoch, in sieben Stockwerke aufgeteilt; ihre Bestandteile sieben große, künstlich aus vielfarbigem Wachs geblasene Hohlkugeln, deren unterste vier bis fünf Ellen im Umfange, eine über der anderen in abnehmendem Maße; um dieselben Vögel, Tiere, Früchte, Spiegel... Um dem Aufzuge dieser Palmen gehörig Raum zu geben, mußten Gassen erweitert, Dächer abgetragen, Häuser eingerissen werden. Tags darauf brachten die Wesire ihre Beschneidungsgeschenke dar...

An jedem dieser Tage und auch an dem folgenden, drängten sich über hundert Griechen, Albaneser und Raizen zu, um sich für den Islam zu entscheiden, mit entblößtem Kopfe reckten sie einen Finger in die Höhe, worauf sie sogleich ins Serail geführt und dort beschnitten wurden; die Menge beschnittener Christen war das Vorspiel zur Prinzenbeschneidung. Jeden Abend wurden über tausend Schüsseln gekrüllten Reises, jede mit einem Brote bedeckt, auf dem Platze ausgesetzt, auch sechzehn bis zwanzig ganz mit Hörnern und Klauen gebratene Ochsen, über welche das Volk herfiel... Sobald es dunkelte, wurden einhundertfünfzig große Lampen und der .. Lampenbaum angezündet und Feuerwerke abgebrannt, die Helligkeit nicht nur über dem Hippodrom sondern auch über die ganze Stadt verbreiteten... Derwische, Gaukler, Ringer, Seiltänzer, Affentreiber, Musikanten aller Art belustigten und unterhielten am folgenden Tag das Volk mit Drehen, Springen, Ringen und Kunststücken aller Art... Tags darauf wurden die Botschafter eingeladen, dem Fest beizuwohnen... Dichter lasen dem Großwesir des Nachts Hochzeitsgedichte vor, maurische Tänze und jüdische Komödien verlängerten die Festlichkeiten... An den folgenden Tagen wurden die Gesetzgelehrten und die Vertreter der geistlichen Stände, später auch die Spahis (berittene Soldaten) bewirtet und unterhalten...Dann waren die obersten und höchsten Beamten des Heeres und der Flotte an der Reihe... Die Zünfte zogen auf, Turniere fanden statt. Schauspiele, Pferderennen und Wettbewerbe wechselten einander in bunter Folge ab... Am siebten Juli endlich fand die

Beschneidung selbst statt... Das Ergebnis der Beschneidung wurde in goldener Schale der Sultanmutter Mehmeds, das blutige Messer der Sultanmutter Murads, zugesandt. Für die glückliche Beschneidung erhielt der Wesir ... bis an die achttausen Dukaten (als Geschenk)...«

Das lasterhafte Leben beschleunigte schließlich Murads Tod. Im Jahre 1595 erlag er mitten in der Nacht während eines epileptischen Anfalls einem Nierenleiden. Der venezianische Gesandte berichtete, daß er zuletzt nur noch von derbem Fleisch, dicken Suppen, dem Mark aus Schafsknochen und anderen die Liebeskraft steigernden Nahrungsmitteln gelebt und ihn ständig sein Geschlechtstrieb gequält habe. Er war nur fünfzig Jahre alt geworden; zwanzig seiner Söhne und siebenundzwanzig Töchter überlebten ihn. Bei seinem Tode waren sieben seiner Frauen schwanger.

Sultan Mehmed III.

Erste Risse im Staatsgefüge

In Mehmed III. hatten sich die besten Beobachter getäuscht. Der einst so energische Jüngling ließ schon bald nach seiner Thronbesteigung erkennen, daß er den Lasten der Regierung nicht gewachsen war. Die frische Lebenskraft hielt nicht vor, und der erst neunundzwanzigjährige Sultan erschien als »ein dicker, finster, grobköpfiger, unbeweglicher, schwartzlanbardiger Man, von Natur diemutich, nit tyrannisch«.[1] Meist war er gegen jedermann liebenswürdig, gerecht und »defendierte den armen Paursman sehr«.[2]

Darauf beschränkten sich aber auch seine guten Eigenschaften, die nicht ausreichten, ein zerrüttetes Reich zu festigen und zu retten. Einmal gelang es seinen Truppen und den Ulema[3] – den Mufti[4] an der Spitze –, ihn zu zwingen, am ungarischen Kriege persönlich teilzunehmen; eine Schöne des Serails, die ihm von dem Zuge abriet, soll er damals erdolcht haben.[5] Aber schon vor der Schlacht von Keresztes gab er untrügliche Zeichen seiner »Demütigkeit«, denn er fragte, ob es möglich sei, alles dem Großwesir zu überlassen und nach Konstantinopel zu seinen gewöhnlichen Vergnügungen zurückzukehren.[6] Die herbeigebrachten Hofnarren, Possenreißer, Seiltänzer, Pferdespringer, Taschenkünstler und Gaukler genügten nicht, ihn von der schwerlastenden Melancholie zu

1 Siehe den französischen Bericht in Hurmuzaki. Suppl. I, S. 143, und XII, S. 234.
2 Ebenda.
3 Die Gesetzesgelehrten.
4 Jeder entscheidende Gesetzesgelehrte.
5 Brown I, S. 217.
6 Vgl. Hurmuzaki XII, S. 131, Anm. 1, S. 235–236, Nr. CCXLVIII; S. 433, Nr. DCLXIV.

befreien. Seine Hauptstadt sollte er dann niemals mehr verlassen. Die Frauen hatten ihn bezaubert,[7] und bei ihnen verbrachte er seine Zeit, nur mit ihnen verschwendete er, der ebenso geizig war wie sein Vater, sein Geld. Sechsmal am Tage huldigte er den Freuden des Mahles.[8] Selten, immer seltener nahm er, der einmal kräftig und männlich dreingeschaut hatte, Bogen und Schwert zur Hand. Die Wesire suchten ihn über die Tragweite unglücklicher Kriegsnachrichten zu täuschen; es war der Wunsch der eigentlichen Regentin, der Walide, die alle Aufregungen und Anstrengungen von ihrem Sohn fernzuhalten bemüht war; der Überbringer einer Trauerkunde fiel in schwere Ungnade; und mancher wurde in aller Stille ertränkt, weil er die heitere Ruhe am Hofe des jungen, aus Korpulenz bequemen Herrn durch eine Hiobsnachricht zu stören das Ungeschick besessen hatte.[9] Seine Minister erschienen wohl bei ihm, um sich seine Befehle in die Feder diktieren zu lassen;[10] noch leichter aber wurden sie ihres Herrn habhaft, wenn sie ihm in ihren Gärten ein festliches Mahl bei künstlichem Feuer und Kanonendonner gaben; die Niederlage von Călugărenĭ erfuhr der Sultan, während er mit der Mutter in Skutari bei Mahmud Pascha zu Gaste weilte.[11] Es wurde Mode, glänzende Aufzüge zu veranstalten; die Gesandten gingen »mit Trommetten und Pauggen, von zahlreichen kleinen Pramen« gefolgt, zur See; sie luden die Wesire zu Festmahlen ein und ließen sich wieder von diesen einladen.[12] Einmal, 1596, hielt der Sultan auf dem Schiffe des Kapudan-Pascha, von der ganzen Flotte umgeben, eine große Parade ab: der Pomp des Krieges sagte ihm zu; an seinen Gefahren und Anstrengungen teilzunehmen verschmähte er aber.[13]

7 »Quelle donne l'hanno faturado«; Hurmuzaki XII, S. 1253, Nr. VI.
8 Barozzi und Berchet I, S. 31.
9 Ebenda.
10 Vgl. Brown I, S. 441.
11 Hurmuzaki IV, S. 198, 205; vgl. Brown I, S. 269; Barozzi und Berchet S. 95, 101.
12 Bericht Herbersteins vom Jahre 1608; ungedruckt.
13 Vgl. Brown I, S. 196.

Im Charakter des trägen Herrschers, den fremde Gesandte wohl als einen Idioten hinstellten,[14] fehlte es vor allem nicht an Zügen furchtbarer Grausamkeit. Bei seinem Regierungsantritt ließ er – wohl auf den verderblichen Einfluß seiner Mutter hin[15] – seine neunzehn Brüder als mögliche Nebenbuhler um den Thron ermorden. Der Älteste war erst elf Jahre alt. Hohe Geistliche mußten sie mit seidenen Bogensehnen und großer Geschicklichkeit erdrosseln.[16]

Die von seinem Vater hinterlassenen sieben schwangeren Witwen ließ er in Säcke stecken, die man oben zuband und in den Bosporus warf.[17]

Als der rumänische Fürst Michael, der ihn lange in Unruhe versetzt und mit dem Schreckbild eines allgemeinen Aufstandes seine christlichen Untertanen geängstigt hatte, endlich fiel, ließ er dessen Vertreter, den Levantiner Dimo Tschelebi, auf scheußliche Weise ermorden. Der Unglückliche mußte, mit abgeschnittenen Ohren und mit Messern in den bloßen Armen, zwischen zwei Lichten, die ihm das schmelzende Wachs in die blutenden Wunden träufelten, durch die Straßen Konstantinopels reiten; Hafiz Ahmed, den Michael angeblich durch listige Friedensanerbietungen in Dimos bei Nikopolis besiegt hatte, war der Veranstalter dieses entsetzlichen Schauspiels zum Vergnügen der Stambuler Plebs.[17] Als der Sterbende auf seinem Wege dem mürrischen Sultan begegnete, hielt dieser sein Pferd an und nickte befriedigt mit dem Kopfe.

Während alle, die das Schicksal des Reiches mit Sorge erfüllte, die doch gewiß traurigen Zeiten eines Murads zurückersehnten und ein angeblicher Sohn Selims II., Sulaiman, in der Nähe von Konstantinopel als Kronprätendent auftauchte, kümmerte ihn der Nebenbuhler wenig, der geköpft und an einen Baum genagelt wurde; aber als sein Sohn Mehmed 1603

14 »Di ingegno stupido«: Barozzi und Berchet I, S. 37; »falls of idioty«, Brown a. a. O., S. 421.
15 Gemeint ist die Venezianerin Baffo.
16 N. Barber. The Sultans. New York, 1973.
17 N. Jorga. GOR III, S. 409 ff.

ihm offen erklärte, daß im Reiche keine Ordnung mehr herrsche, und das Kommando über die asiatischen Truppen verlangte, um an ihrer Spitze die dortigen Rebellen zu besiegen, stieß ihm der Vater den Dolch in die Brust; und der Ermordete wurde heimlich, von kaum dreißig Mann begleitet, in Sinans Moschee beigesetzt.[18]

Das Großwesirat wurde nicht weniger als zwölfmal unter diesem Sultan gewechselt. Der hervorragendste Großwesir war Damad Ibrahim Pascha, sein Schwager und der Schützling der Walide. Ibrahim führte dreimal das Siegel des Sultans; drei andere Würdenträgern wurden während ihrer Amtszeit hingerichtet. Auf der Krim herrschte damals zwischen zwei Rivalen ein Krieg um das Khanat, in den die osmanische Regierung sich einmischen mußte. Die Beziehungen zu den europäischen Mächten waren friedlich. Frankreich begann schon einen mächtigen Einfluß durch seinen Botschafter auszuüben. Mit Persien herrschte bis zum September 1603 Frieden, als ein Krieg mit der Einnahme von Täbris durch Abbas I. begann.

Das Reich hielt sich immer noch durch die Traditionen der Sulaimanischen Zeit. Aber mangels einer strengen Regierung waren zahlreiche Mißbräuche eingerissen, besonders in der Verwaltung und den Finanzen. Eine der Folgen war die gefährliche Revolte der Spahis in Konstantinopel im Jahre 1603; diese verlangten die Beseitigung des Haremregimes in der Hauptstadt und die Wiederherstellung der Autorität der Regierung in Anatolien. Zwei hohe Haremswürdenträger fielen als Opfer dieser Revolte. Dem Großwesir Jemischdschi Hassan gelang es, sich mit Hilfe der Janitscharen den Spahis entgegenzustellen; dies schuf eine dauernde Fehde zwischen den beiden Truppenkörpern; aber im Oktober desselben Jahres verursachte diese ruchlose Politik seinen eigenen Fall und seine eigene Hinrichtung.

Im Alter von zweiundfünfzig Jahren starb Mehmed schließlich an einem Schlaganfall, vom Hofe unbeweint. Er wurde in

18 Ebenda.

einer Türbe der Aya Sofia (Hagia Sophia) beigesetzt. Man war froh, daß es mit einem Herrscher ein Ende nahm, der sich in seinem Leben ausschließlich sinnlichen und seichten Vergnügungen hingegeben hatte; sein schwerfälliger, aufgedunsener, ungeschlachter und viel zu schwerer Körper war eine ständige Erinnerung an sein ausschweifendes Leben.

Er war der letzte Sultan, der sich schon zu Lebzeiten seines Vorgängers gewisse Freiheiten herausnehmen durfte. Und seine Halbbrüder, die er hatte ermorden lassen, waren die letzten Prinzen, die dem »Gesetz der zugelassenen Brudertötung« zum Opfer fielen. Dies schloß freilich nicht aus, daß auch noch später einige zukünftige Erben der Sultane nicht ganz ohne Grund in Furcht vor der »Bogensehne« lebten.

Sultan Ahmed I.

Stagnation

Mehmeds Nachfolger war der vierzehnjährige Knabe Ahmed, der die allmächtige Walide ins alte Serail schickte, wo sie später unter Osman II. ermordet wurde. Dem Kapudan-Pascha Cicala gab er den Oberbefehl über die Truppen. Seinen Bruder Mustafa ließ er seiner Beschränktheit halber am Leben, berief ihn auch ins Serail und plauderte mit ihm. Er war stark gebaut und galt mit seinem runden jugendlichen Gesicht, das ihm blieb, für schön – nur der Bart seines Vaters fehlte ihm, und er wünschte sich ihn wohl im Scherz; er war unruhig wie sein Ahne Selim »und ein guter Bogenschütze«. Ahmed unterhielt sich gern mit Bauern und ließ ihnen Gerechtigkeit zuteil werden. Sehr fromm, wie seine Großmutter, die am Ufer des Meeres die große Moschee der Walide hatte erbauen lassen, stiftete er die Ahmedije und gab riesige Summen – 1 830 000 Skudi jährlich[1] – dafür aus; in ihr lebt der Gedanke, die Hagia Sophia, wenn nicht durch die Höhe der Kuppel, so wenigstens durch die Zahl der Minarette zu übertreffen. Er schmückte auch das Grab der Propheten und die bescheidene Beerdigungsstätte des Prinzen Sulaiman, der die Osmanen nach Europa geführt hatte. Das Budschak (Kreisamt) und wohl auch den Tribut der Moldau schenkte er den heiligen Stätten.[2]

In manchen Zügen ähnelte Ahmed dem Vater; wie dieser war er geizig, zum Umgang mit Frauen, Zwergen, Narren, Stummen und Eunuchen, die ihn überallhin begleiteten, neigend. Außer einer Tscherkessin, die ihn durch ihre Liederkunst gefesselt hatte, gehörten noch sechs andere Favoritin-

1 Barozzi und Berchet I, S. 180–182.
2 Vgl. Naima, S. 409.

nen zu seinem Harem.[3] Der Eunuche Kapi-Aga war ein Grieche, der Kislar-Aga aus Afrika trug dieselbe Kleidung wie sein Herr und spielte Schach und Tavole mit ihm;[4] man sagte Ahmed eine unerlaubte Leidenschaft für die schöne Tochter des Wesirs Murad, die Gemahlin Ali Paschas von Bagdad, nach.[5] Er aß gern und reichlich, war aber kein Trinker wie Murad und besonders Selim. Er suchte die in der Nähe gelegenen Gärten Dawud Paschas[6] und Stawros auf, wo er sich sorglos jugendlichen Zerstreuungen hingab, und ließ sich von den Wesiren prunkvoll bewirten. Im Garten seines Serails hatte er bei dem kostbaren Sommerköschk einen Teich graben lassen, auf dem er sich mit den Günstlingen umherrudern ließ und Vergnügen daran fand, die armen Diener zum Spaß ins Wasser zu werfen. Auch die Jagd in der Umgebung von Adrianopel pflegte er mit Vorliebe.

An Grausamkeit stand Ahmed hinter Mehmed III. nicht zurück: Kriegsgefangene wurden vor seinen Augen von einer Anhöhe hinuntergestürzt; ins eiskalte Wasser eines Teiches warf er Dukaten, um arme Leute zu versuchen, und lachte, wenn einer der danach Tauchenden ertrank. Keiner seiner Diener war je seines Amtes, seiner Habe, seines Lebens sicher; ihr Schicksal hing immer an einem ganz feinen und schwachen Faden, und sie hatten »Köpfe von Glas«.[7] Die Berufung vor den Herrscher war wie ein Todesurteil: hinter den Gardinen lauerten die Stummen, denen das entsetzliche Amt oblag, einen in Ungnade gefallenen Wesir diskret verschwinden zu lassen. Bis Anfang 1605 war Mustafa Kjaja, dem der Sultan sogar eigene Kleidungsstücke abtrat, weil er meisterlich verstand, die Vergnügungssucht seines Herrn zu befriedigen und die Mittel dazu ausfindig zu machen, seiner Stellung durchaus sicher gewesen; am 10. Januar des Jahres erhielt er eine Ein-

3 Barozzi und Berchet I, S. 133–134, 302.
4 Barozzi und Berchet I, S. 38, 147–148, 302.
5 Ebenda, S. 131.
6 Auch: Daud-Pascha.
7 N. Jorga. GOR III, S. 412.

ladung und stellte sich, ohne Schlimmes zu ahnen, ein; nach einigen Augenblicken wurde seine Leiche an der Eintrittspforte des Serails den Hunden vorgeworfen; die Sultanin hatte ihn beschuldigt, das für die Truppen bestimmte Geld angetastet zu haben. Im Dezember 1606 mußte sich der Großwesir Derwisch durch eine heimliche Tür in den Palast führen lassen; hier fand er den wütenden Sultan, der ihn zu ermorden befahl, und fiel nach erbittertem Kampfe unter den Augen des befriedigt zuschauenden Herrschers.

Auch die einflußreichen Kapi-Aga und Kislar-Aga (die Agas der Torhüter und Frauenaufseher) ereilte dieses Schicksal, als die Spahis ihren Tod verlangten.[8] Den hochangesehenen Wesir Nasuf, dem schon im Alter von drei Jahren eine Sultanin verlobt worden war, umgaben, als er sich krank stellte, die Janitscharen in seinem eigenen Hause, und die Bostandschis des Serails ermordeten ihn.[9] Ebenfalls bei einer Audienz fand der Kaimakam[10] Sarukdschi Mustafa den Tod, weil er angeblich den Truppen den Sold nicht ausgezahlt hatte. Auch Sinans Sohn Mehmed mußte, aus Syrien zurückberufen, im Diwan in Gegenwart Ahmeds verbluten.

Ahmed schloß Frieden mit Persien unter Verzicht auf den von den Safawiden gezahlten Tribut von 200 Ballen Seide und auf die seit Selim I. eroberten und später wieder verlorengegangenen Länder und stellte in Kleinasien den Frieden wieder her. Iskandar Pascha (auch: Iskender Pascha) eroberte die aufrührerische Moldau zurück und schloß am 27. September 1617 mit den Kosaken den Frieden von Bussa.

Ahmed hatte viele Söhne gehabt; die erstgeborenen aber, die in Konstantinopel sehr beliebt gewesen waren, starben jung, und als der Vater am 21. November 1617 nach zweimonatigem Leiden im Alter von nur achtundzwanzig Jahren einer Magen-

8 Brief Cesare Gallos an Erzherzog Maximilian, 5. 1. 1618: »Cosa insolita fin all di d'hoggi frà Turchi, ne' quali suol succeder il maggior figliolo.«
9 Im Oktober 1614.
10 Wörtlich »Stellvertreter«. Funktions-, Rang- und Amtsbezeichnung. Hier bezeichnet das Wort den mit der Vertretung des abwesenden Großwesirs am Hof oder in der Hauptstadt betrauten Beamten.

krankheit erlag,[11] konnte ihn der 1604 geborene jüngere Osman, der also erst im Alter von kaum dreizehn Jahren stand, nicht beerben. Der sterbende Sultan mußte seinen 26 Jahre alten schwachsinnigen Bruder Mustafa als Nachfolger bezeichnen; der Mufti Isaad sollte die Vormundschaft über ihn führen.

Ahmed hatte die Reichsvorschriften neu ordnen lassen und unter dem Titel Kanunname (Gesetzbuch) kodifiziert. Ihm verdankt man die große Fontäne von Tophane; auch ließ er damals zum ersten Male die Kaaba-Hülle in Konstantinopel anfertigen, die bis dahin aus Kairo kam. Während seiner Regierungszeit griff auch in der Türkei die Leidenschaft für den Tabak um sich.

11 N. Barber spricht von Schwindsucht (The Sultans. New York, 1973).

Sultan Mustafa I.

Die Erfindung des Käfigs

Der Kafas, das heißt Käfig, war eine Erfindung des Sultans Ahmed I., um sich dadurch gegen die Sitte des erlaubten Brudermordes zu wenden. Es war ein zweistöckiges graues Gebäude, das hinter einer hohen Mauer im Herzen des Großen Serails verborgen war, den Räumen der ersten Sultanin fast gegenüber. Es hatte hübsche Höfe und Gärten, und mit seinem Ziegeldach gehörte es zu den schönsten Bauten des Serails. Aber es machte irgendwie einen düsteren Eindruck. Im Erdgeschoß gab es keine Fenster, während die des zweiten Stockes an der Seeseite lagen.

Der erste Thronerbe, der hier eingekerkert wurde, war der bedauernswerte junge Mustafa, sein Bruder. Während Ahmeds Regierungszeit brachte er so mehr als zehn Jahre in der Absonderung zu und wurde zum ersten Beispiel für die katastrophalen Folgen dieser Gefangenschaft. Aus seinem kleinen, blassen, traurigen Gesicht mit spärlichem schwarzem Barte und Schnurrbarte, aus seinen großen, glotzenden, aber erstorbenen Augen sprach deutlich der Schwachsinn. Er bestimmte zwei kaum dem Kindesalter entwachsene Günstlinge aus den Reihen seiner Pagen zu Gouverneuren von Kairo und Damaskus. Einen hochgestellten Beamten entließ er, um dessen Posten einem Bauern zu übertragen, der ihm einen Schluck Wasser gegeben hatte, als er gerade auf der Jagd war. Unter fadenscheinigem Vorwand sperrte er den französischen Gesandten in die Burg mit »den sieben Türmen« ein.

Schon nach drei Monaten wurde Mustafa sehr taktvoll und zurückhaltend abgesetzt. Um ihn zu zerstreuen, war eine fünftägige Jagd veranstaltet worden, und als er zurückkam, war er nicht mehr Sultan. Er ging in die Absonderung zurück.

Dennoch sollte er ein zweites Mal an die Macht gelangen: als nämlich am 16. Mai 1622 ein Aufstand der Janitscharen gegen Osman II. ausbrach. Mit Gewalt wurde er aus seiner Zurückgezogenheit im Harem geholt, und die Janitscharen zwangen die Ulema, ihn als Sultan anzuerkennen. Doch schon am 10. September 1623 wurde er zum zweiten Male abgesetzt.

Während seiner ganzen Regierungszeit gab Mustafa fortgesetzt Beweise seiner vollständigen geistigen Umnachtung. Im Jahre 1638 wurde er in aller Stille erdrosselt in der Aya Sofia begraben. Die einzige wichtige internationale Handlung während seiner Regierungszeit war der Frieden, der im Februar 1623 mit Polen geschlossen wurde. Sonst weiß man von ihm, daß er gewöhnlich melancholisch auf den Friedhöfen umherirrte und sich damit vergnügte, Dukaten ins Meer oder in den Staub des Weges zu werfen.

Während des letztvergangenen halben Jahrhunderts hatte die leitende Klasse sich wie gewöhnlich durch Kriegsgefangene, freiwillige Renegaten und die im Serail erzogenen Opfer des Knabenzehnten (vgl. S. 169, Anm. 21) erneuert; aber ein doppelter Umstand machte sich immer fühlbarer: die Zahl der durch den Krieg gewonnenen Personen sank beständig, und das Milieu, in dem die Knaben im Serail ihre Erziehung fanden, wurde immer verdorbener.

Der Mangel der »Hohen Pforte«[1] an wirklich berufenen Staatsmännern wurde schon vor dem Schlusse der Regierung Mehmeds III. offen erkannt. »Kein Wesir«, schreibt Naima, »erschien würdig, den Kaftan des ersten Wesirs zu tragen, und die Staatssiegel mußten in der Moschee Sulaimans«, also auf dem Grabe der großen Ahnen, »deponiert werden.«
»Es fehlt hier an allem«, schrieb der französische Gesandte 1607, »besonders an Leuten, die zu befehlen imstande sind, und an Geld.«[2]

1 Unter »Sulaiman dem Prächtigen« erhielt der Sultanspalast die Bezeichnung »Hohe Pforte«, unter der man fortan die türkische Regierung verstand.
2 N. Jorga. GOR III, S. 415.

Sultan Osman II.

Beiname: Der junge Osman

Ein Staatsstreich

Der am 15. November 1603 geborene sechzehnte Herrscher des Osmanischen Reiches gelangte mit Hilfe des Muftis und des Kislar-Agas am 26. Februar 1618 durch einen Staatsstreich auf den Thron, indem er die Geistesschwäche seines Onkels eiskalt ausnutzte. Das jugendliche Alter des neuen Herrschers sicherte zuerst den am Staatsstreich Beteiligten einen überwiegenden Einfluß. Auf ihr Betreiben wurde im Januar 1619 der Großwesir Khalil Pascha durch Öküz Mehmed Pascha ersetzt; Khalil hatte gerade mit Schah Abbas I. von Persien nach einem unentschiedenen Feldzug Frieden geschlossen. Die Beziehungen zu den anderen Mächten, Österreich und Venedig – dessen Kapitulation erneuert wurde –, waren gleichfalls friedlich. Aber nachdem im Januar 1620 Mehmed Pascha durch den sehr einflußreichen Günstling Güzeldsche Ali Pascha, der alle möglichen Rivalen vom Hofe entfernte, ersetzt war, nahmen die Kriegsaussichten zu. Diesmal war es ein Krieg mit Polen, der durch die Intrigen des Woiwoden der Moldau hervorgerufen wurde. In der Schlacht bei Yassy am 20. September 1620 wurde die polnische Armee durch den Serasker Iskandar Pascha vernichtet. Der Großwesir, der im Amt blieb, weil er die Habgier des jungen Sultans befriedigte, verpaßte außerdem keine Gelegenheit, um die Feindschaft Österreichs und Venedigs zu entfachen und zu schüren. Er starb am 9. März 1621, und unter seinem Nachfolger Hussein Pascha aus Okhri nahm Osman II. selbst an dem Feldzug dieses Jahres gegen Polen teil. Dieser endete mit einer Niederlage der Türken und Tataren, die unter großen Verlusten vergebens versucht hatten, das befestigte polnische Lager am Dnjestr bei Choczim zu stürmen. Ein vorläufiger Friede wurde unter denselben Bedingungen geschlossen wie vorher unter Sulaiman I., und der Sultan ernannte einen neuen Großwesir in der Person des Dilawer Zade Hussein Pascha. Seitdem Osman, der noch sehr unter dem Einfluß des Kislar-Aga Sulaiman und seines Hodscha Molla Ömer stand, selbständig zu handeln begonnen hatte, konnte er weder die Sympathie des Heeres[1] noch das Volk[2], noch die Ulema für sich gewinnen. Letztere ereiferten sich vor allem über das Verlangen des Sultans, sich aus den freien Ständen seiner Umgebung vier legitime Frauen zu nehmen; tatsächlich heiratete er die Tochter eines Muftis. Seine Unbeliebtheit nahm noch zu, als er sich an die Spitze eines Heeres stellen wollte, um Fakhr al-Din, den Emir der Drusen, zu bekämpfen und daran anschließend die Pilgerfahrt nach Mekka zu machen. Die Vorbereitungen für diese Expedition waren schon getroffen, als am 18. Mai 1622 ein Aufstand der Janitscharen und Spahis ausbrach, die das Haus Molla Ömers plünderten. Am folgenden Tage sicherten sich die Rebellen die Mithilfe der führenden Ulema und verlangten die Köpfe des Kislar-Aga, des Hodscha, des Großwesirs und noch drei anderer hoher Beamter. Osman weigerte sich zuerst, aber als die Aufständischen bis zur dritten Mauer des Palastes vorgedrungen waren, mußte er den Großwesir und den Kislar-Aga opfern. Aber inzwischen hatte man schon seinen Onkel Mustafa aus seiner Haft im Harem befreit, um ihn zum zweiten Male zum Sultan auszurufen.

Osman versuchte sich während der Nacht durch den Einfluß des Janitscharen-Agas zu halten, aber nachdem dieser am folgenden Morgen getötet worden war, wurde er der Gefangene der Janitscharen. Wohl hatte der »junge Osman«, dem man wegen seiner Bartlosigkeit diesen Spitznamen gegeben hatte, zu fliehen versucht. Doch es half ihm nichts. Die Janitscharen holten sich im ersten Hof von dem dort aufgeschichteten Brennholz Latten und Balken, die sie vor die »Pforte zur

1 Wegen seiner brutalen Behandlung der Janitscharen.
2 Besonders wegen seines Geizes.

Glückseligkeit« und in den heiligen Bereich des dritten Hofes warfen. Dort entdeckten sie das Zimmer im Harem, in dem Osman sich verbarrikadiert hatte. Sie schlugen die Tür ein und schleppten ihn zum Gefängnis mit den Sieben Türmen (Yedikule) – das sich außerhalb der Hauptstadt befand. Osman war ein Mann von schwerem Körperbau, und mit der oft bei Wahnsinnigen zu beobachtenden zusätzlichen Körperkraft kämpfte er um sein Leben. Sechs seiner Angreifer soll er getötet haben,[3] ehe ihn ein Säbelhieb zu Boden streckte. Es war die erste Ermordung eines Herrschers in der Geschichte der Osmanen.

Als man seinen geweihten Leib auf eine alte Strohmatte gelegt hatte, schnitt ihm der Dschebedschibaschi Kafir Aga das rechte Ohr und ein Janitschar einen Finger ab, um sich den daran befindlichen Ring anzueignen.[4] Den Leichnam setzte man heimlich in der Ahmedije bei.[5]

Schuld am Tode Osmans II. traf vor allem Dawud Pascha, einen Günstling und Schwiegersohn Mah-Peykers, der Mutter des Sultans Mustafa, der zum Großwesir ernannt wurde. Die Mörder erfreuten sich der Früchte ihrer entsetzlichen Tat nicht lange. Auf Dawud folgte Mere Hussein als Wesir; dieser war der Lage sowenig wie sein Vorgänger gewachsen, und als er die Truppen nach Asien schicken wollte, verlangten sie seine Absetzung.

Die Walide stellte ihnen frei, sich den Nachfolger aus drei ihnen genannten Personen auszuwählen: Mustafa möge die Wahl treffen, lautete die Antwort. Aber der so ernannte Wesir war der Miliz nicht genehm, und im Herbst gelangte Gurdschi Mehmed in diese höchste Stellung. Er unternahm es, der Anarchie, die so weit gediehen war, daß die Spahis die Verwaltung der heiligen Güter beanspruchten und auch erhielten, ein Ende zu setzen.

3 N. Barber. The Sultans. New York, 1973.
4 N. Jorga. GOR III, S. 445.
5 Hammer-Purgstall. GOR II, S. 798 ff.

Zu Anfang des Jahres 1623 brach ein offener Aufruhr der Spahis gegen Gurdschi Mehmed aus. Sie behaupteten, Dawud wolle alle Prinzen aus Osmans Haus beseitigen, um das eine seiner beiden mit der Sultanin, der Schwester Mustafas, gezeugten Kinder an Stelle des blödsinnigen Schwagers zu setzen,[6] und stelle eine Gefahr für das Reich dar. Er und alle Teilnehmer an dem Sultansmord sollten am Ort ihres Verbrechens den Sühnetod finden. Am 8. Januar erschien Sultan Mustafa I. am Fenster seines Palastes und erklärte sein Einverständnis mit Dawuds Bestrafung; ja, er versprach dem, der ihm dessen Kopf überbringen werde, ein Spahilehen von 400 Skudi jährlichen Einkommens.

Im Diwan wurde der Dschebedschi-Pascha, einer der Henker Osmans, geköpft. Dawud fand man unter einem Haufen Stroh versteckt; als ihm der Todeshieb drohte, wies er einen schriftlichen, im Namen Sultan Mustafas erteilten Befehl vor, den abgesetzten Osman hinzurichten. Darauf nahmen ihn die Janitscharen in ihre Mitte, und einen Augenblick schien es, als sollte er von neuem zum Großwesir aufsteigen. Doch brachte ihn eine Anzahl Veteranen zu den Sieben Türmen, wo er auf schriftlichen Befehl Mustafas geköpft wurde.[7]

Außer daß man Osman wegen seiner großen Tüchtigkeit im Reiten und wegen seiner Intelligenz gerühmt hatte (er dichtete auch unter dem Maklas Farisi), ist über diesen Sultan nichts zu sagen. Die vier Jahre seiner miserablen Regierung waren ohnehin eigentlich überhaupt keine Regierung.

6 Vgl. Evliya I, S. 115. – Von der Absicht Dawuds, einen von seinen und der Sultanin Söhnen zum Herrscher einzusetzen, spricht auch Evliya: »Actually entered into a plan to raise his own son Soleiman-beg to the throne of the Ottomans«; er stellte den Janitscharen in Aussicht, daß sie unter der neuen Regierung Sulaimans in feines rotes Tuch gekleidet werden sollten; S. 154.

7 N. Jorga. GOR III, S. 447.

Sultan Murad IV.

Beiname: Der blutigste aller osmanischen Sultane

Blut und Tränen unter Murad IV.

In dem erst zwölfjährigen Murad[1] sahen die Truppen einen »hohen und starken jungen Mann, mit vollem Gesicht, schwarzem Bart, grauen Augen, breiten Schultern und einer Hand wie die Tatze eines Löwen« vor sich.[2] Die Hauptstadt nahm ein neues Aussehen an, und alle, jung und alt, waren froh.[3] Das Reich hatte wieder einen Sultan.[4]

Murad IV. war sorgfältig erzogen worden, und man setzte die besten Hoffnungen in ihn. Nicht eigentlich fromm, da er während des Ramadans nicht fastete, Moscheen nur selten besuchte und die Anzahl der Muezzins und die für Almosen ausgesetzte Summe herabsetzte,[5] hielt er streng auf öffentliche Moral; er verbot den Besuch von Kaffeehäusern als »Häusern des Verderbens« allen wahren Beobachtern des Korans,[6] er untersagte den Tabakgenuß[7] und schloß die Verkaufsbuden, in denen »Buza« oder Schnaps feilgehalten wurde, obgleich er selbst schon in der Jugend kostbare Weine durchaus nicht verschmäht hatte.[8] Er war ein gelehrter Mann, der die Bücher der Weisheit kannte und fleißige Studenten, die ihm in acht oder neun Stunden den Koran auswendig hersagen konnten, mit Kaftanen, Wertgegenständen, Goldstücken und Stellungen am Hofe beschenkte, wie den bekannten Reisenden Evliya;

1 Hammer und Jorga. GOR. Nach N. Barber war Murad IV. gar erst 10 Jahre alt (a. a. O.).
2 N. Jorga. GOR IV, S. 448 (Evliya. S. 116).
3 Ebenda.
4 Hurmuzaki. Suppl. I, S. 221–222.
5 Barozzi und Berchet II, S. 98. Jorga GOR IV, S. 449.
6 »Coffee-houses are houses of confusion«; Evliya II, S. 137; Barozzi und Berchet II, S. 92; Hammer GOR III, S. 119–121. Jorga GOR IV, S. 450.
7 Evliya II, S. 28. Jorga GOR IV, S. 450.
8 Ebenda.

Tifli-Tschelebi wurde zu ihm berufen, um ihm das persische Epos, das Schah-Name, vorzulesen,[9] und er las die Satiren Nefi-Effendis mit Vergnügen, bis ein während der Lektüre neben ihm einschlagender Blitz ihn belehrte, daß der witzige Verfasser gehängt werden müsse. Auch hinterließ er einen Band eigener Gedichte und lauschte mit Wehmut, wenn man ihm die Verse vorsang, die er auf seinen von der Soldateska ermordeten Günstling Musa gedichtet hatte.

Er übertraf den Nischandschi (vgl. hierzu S. 44 Anm. 4) in kalligraphischer Ausführung seines kaiserlichen Namens, des Tughra.[10] An den Abenden, die er im Serail verbrachte, ließ sich der Padischah von Veteranen aus der Vergangenheit erzählen, hörte Musikern und Dichtern zu und ergötzte sich an den Kunststücken von Tänzern. Eine beliebte Zerstreuung des Sultans war es, in den schönen Gärten in Konstantinopel und dessen Umgebung zu weilen: man sah ihn oft bei Göksu, Tokat, Tschengelköy und Sariyar. Er ließ die Köschke (Kioske oder Köschke sind Landhäuser oder Pavillons) von Kandili-Bachtsche, Stawros und Eriwan in Skutari erbauen, obwohl er sonst geizig war und riesige Summen zu ersparen wußte, indem er nicht einmal eine Moschee zu einem Gedächtnis hinterließ. Als geschickter Reiter, als starker Ringer, der seine Gegner meist besiegte, und als geübter Bogenschütze, der weit entfernten Moscheen bis nach Ägypten hin und befreundeten Herrschern, ja dem Kaiser von ihm durchschossene Schilde schenkte, war er der Typus des echten Tschelebis alter Rasse.[11] Es hieß, daß niemand es schaffte, die starken Finger seiner geballten Faust zu lösen. Der Bailo[12] rühmte den friedlichen Charakter des Sultans, den später seine eigenen Untertanen den »blutigsten aller osmanischen Sultane« nennen sollten.[13]

9 N. Jorga. GOR IV, S. 450. Schah-Name bedeutet »Königsbuch«.
10 Barozzi und Berchet II, S. 96 ff. Jorga GOR IV, S. 450.
11 Evliya I, S. 138. Jorga a. a. O.
12 Gesandter Venedigs.
13 »Uno dei maggiori imperatori che la Casa ottomana giammai abbia o sia per avere«; Barozzi und Berchet I, S. 366. Jorga GOR IV, S. 451.

Die Regierung Murads begann unter traurigen Vorzeichen. Der Staatsschatz war vollständig erschöpft – man fand nur sechs Geldbeutel und einige Kisten mit wertvollen Waren darin vor; die Soldaten verlangten dringend ihr Thronbesteigungsgeschenk, das sie nicht in Silber, sondern, wie üblich, in reinem Golde beanspruchten. Man erniedrigte sich so weit, die benötigten 4 000 000 Dukaten von den christlichen Gesandten zu erbitten, die sie nicht geben konnten noch wollten. Die Beschneidung Murads mußte im Innern des Serails äußerst einfach vor sich gehen. Der jugendliche Herrscher ersann gegen die Mißstände im Lande ein einfaches Allheilmittel: er ließ jedem den Kopf abschlagen, der auch nur den leisesten Verdacht erregte, daran mitschuldig zu sein. Im Jahre 1637 ließ er fünfundzwanzigtausend Untertanen »im Namen des Rechts« hinrichten; oft sogar mit eigener Hand. Sein Wahlspruch war: »Rache wird niemals altersschwach, mag sie auch noch so grauhaarig aussehen.«[14] Er richtete den Großmufti hin, weil er mit dem Zustand der Straßen unzufrieden war. Er ließ seinen Obermusikmeister köpfen, weil dieser eine persische Weise spielte. Er verbot den Genuß von Opium und liebte es, wie der berühmte Kalif Harun al Raschid nachts verkleidet die Schenken aufzusuchen, und wenn er jemanden beim Rauchen erwischte, gab er sich zu erkennen und tötete den Übeltäter auf der Stelle. Als er einen Gärtner und dessen Frau beim Rauchen ertappte, schnitt er ihnen die Füße ab und stellte beide Übeltäter öffentlich zur Schau, bis sie verbluteten.

Schließlich wandte er sich gegen Mißstände, die er sich lediglich einbildete. Als ein Venezianer namens Zanetti auf dem Dach seines Hauses sich ein zusätzliches Zimmer einrichtete, war er überzeugt, daß der Mann dies nur getan hatte, um die Haremsdamen heimlich beobachten zu können, und er hängte den nur mit seinem Hemd bekleideten Mann auf. Als ein französischer Dolmetscher eine heimliche Verabredung

14 Jouamin/Van Gaver. Historia de la Turquia. (Übers. ins Span.) Barcelona, 1840. Vgl. N. Barber. The Sultans. New York, 1973.

mit einer türkischen Frau traf, ließ Murad den unglückseligen Mann pfählen. Viele Stunden saß er im Alai-Köschk, einem Pavillon an der am weitesten nach Westen zu gelegenen Ecke der Serailsmauer, um dort das ihm zustehende Vorrecht des Herrschers in die Tat umzusetzen, jeden Tag zehn unschuldigen Menschen das Leben zu nehmen. Er tat dies dadurch, daß er seine Kräfte an der Arkebuse übte und auf Vorübergehende schoß, die den Palastmauern zu nahe kamen. Bei einer anderen Gelegenheit ertränkte er eine Anzahl Frauen, die ihm zufällig auf einer Wiese begegneten, weil er an dem Lärm Anstoß nahm, den sie machten. Er ließ die Küstenbatterien auf eine Bootsladung von Frauen im Bosporus feuern und sie versenken, als ihr Fahrzeug sich den Mauern des Serails zu sehr näherte. Wenn er ausritt und irgendein armer Teufel seinen Weg kreuzte, der ihm mißfiel, dann wurde dieser unverzüglich getötet. Oft genug fiel er auch, von einem Pfeil des düsteren Despoten durchbohrt, zu Boden.

Wohin der Sultan auch ging, stets folgte ihm sein höchster Scharfrichter Kara Ali, dessen Gürtel sich vor Folterinstrumenten wie Nägel, Nagelbohrer und Keulen bauschte. Er brauchte diese Dinge, um Hände und Füße zu brechen. Er hatte einige Behälter mit verschiedenen Pulvern bei sich, die er zum Blenden verwandte.

Wenn Murad einmal weniger grausamer Stimmung war, dann war er darauf aus, den Haremsdamen einen Streich zu spielen. Wie Sir George Courthop berichtete, der damals in Konstantinopel war, besaß der Sultan ein ganz aus Porphyr angefertigtes Bassin mitten in einem dicht mit Bäumen bestandenen Hain. An diesen Bäumen hängte er Teppiche auf, so daß niemand in den Teich hineinsehen oder es wagen konnte, ihm zu nahe zu kommen. Hier stellte er seine Konkubinen splitternackt auf und schoß mit kleinen Kugeln auf sie, die an ihnen haftenblieben, ohne Schaden anzurichten. Manchmal begoß er sie auch mit außerordentlich viel Wasser und weidete sich daran, wenn sie vor Kälte zitterten. Sobald er von diesem Spaß genug hatte, ließ er das Wasser ab und rief die Eunuchen, die sich dann um die Frauen zu kümmern hatten.

An die Bestrafung der asiatischen Rebellen war vorderhand übrigens nicht zu denken: zu diesen hatte sich auch Bekir von Bagdad gesellt, der den gegen ihn abgeschickten Pascha Hafis von Diarbekr schlug und, als man ihn belagerte, die Perser nach Bagdad rief, das durch die Gräber des von den Schiiten hochverehrten Ali und des Imams geheiligt war.[15] Es gelang ihm, seine Ernennung zum Pascha durchzusetzen und Hafis von Bagdad zu entfernen, aber als er die persische Herrschaft abzuschütteln trachtete, griff ihn im Sommer 1623 Kartschghai an; die osmanischen Truppen verloren ihren Führer, die der Perser in eine Falle zu locken wußte. Zuletzt öffnete Bekirs Sohn, Mohammed, den Persern ein Tor: entsetzliche Greueltaten gegen die ketzerischen Sunniten, die die Ruhestätte Alis entweiht hatten, folgten; Bekir wurde vor den Augen seines Sohnes an einem langsamen Feuer gemartert und endlich auf einem mit Naphtha gefüllten Boote auf dem Tigris verbrannt. Gleich darauf ergab sich auch Mossul, während Hafis im Norden gegen die Truppen Abbasas kämpfte. Diese zweite Hauptstadt des Irak wurde aber noch im selben Jahre wieder von den Türken besetzt.

Unterdessen stand der Sultan unter dem Einfluß des Wesirs Kermankesch und seiner Mutter, der schönen, energischen Tscherkessin Kösem.[16] Um die Stellung des ersteren zu verstärken, mußte er den Mufti absetzen und Khalil und Gurdschi Mehmed, die tüchtigsten Männer des Reiches, in Haft nehmen lassen, weil sie angeblich unter den Truppen eine Verschwörung angezettelt hatten. Unter demselben Verdacht wurde der neue Pascha Bekir von Ofen ins Serail gerufen und heimlich ermordet, weil er Kermankesch hatte stürzen wollen. Der Defterdar mußte in den Kerker der Sieben Türme (Yedikule) wandern. Seinem eigenen Schwager, Bairam, mußte

15 Vgl. hierzu S. 16, Anm. 7, und S. 21, Anm. 5.
16 Nach Hammer soll ihr eigentlicher Name »Mah-Peyker«, d. i. »Mondgestalt«, gewesen sein.

Murad die Würde eines Janitscharenagas wieder absprechen, weil er den Truppen nicht genehm war.

Kösem, die Sultanwalide, traf übrigens eine ungewöhnliche Maßnahme: sie unterstützte nämlich seine Neigung zur Homosexualität. Sie nahm an, daß sie ihm dadurch die gefährliche Einmischung der Haremsdamen in seine Angelegenheiten ersparen konnte. Für eine gewisse Zeit hatte sie damit auch Erfolg, aber als Murad erwachsen wurde und im Jahre 1632 die Macht ergriff, war dieser Teil seines Lebens schnell vergessen.

Allmählich begann sich Murad auf seinen eigenen Willen zu besinnen. Immer mehr wurden Redscheb und seine Frau, die Schwester Murads, die maßgebenden Ratgeber des Sultans. Im April 1624 hatte auch Kermankesch, wie etliche Monate vorher sein Opfer Bekir Pascha, seinen letzten Gang in den Palast antreten müssen; er wurde ebenfalls unter der Anklage, sich mit den Soldaten verschworen zu haben, hingerichtet.

Nicht nur ein mächtiger Vertreter des Renegatengeistes; sondern auch die Allmacht des Großwesirats ging damit zugrunde. Einen Stellvertreter, wie Khosrew (Khusraw), der über seine Kriegführung an den Sultan nicht einmal berichten zu müssen glaubte, einen Großwesir, dessen Willen im Staatsleben mehr galt als der des Herrn, so daß die von diesem getroffenen Maßregeln sogleich hinfällig wurden, und in dessen Hause verbindlich über auswärtige Angelegenheiten mit den Gesandten beschlossen wurde – solche Ratgeber war Murad nicht mehr bereit neben sich zu dulden. Von nun an sollte sein Großwesir mit gefalteten Händen ihm an der Tür aufwarten.[17]

Ein neuer Janitscharenaga unternahm es, die Truppe von widerwilligen Elementen zu säubern, und manche Soldaten fielen als Opfer dieser Bestrebungen. Der Sultan erschien beritten unter seinen Kriegern und sprengte jeden Auflauf auseinander.[18] Den ungehorsamen Spahis einiger Städte Klein-

17 N. Jorga. GOR IV, S. 464.
18 Vgl. Hammer-Purgstall III, Barozzi und Berchet II und N. Jorga, IV.

asiens erging es nicht besser als den Rädelsführern in Konstantinopel. In Meraasch wurde Rum Mehmed eingeschlossen, gefangengenommen und hingerichtet. Der Pascha von Damaskus fiel in Konstantinopel unter dem Beil des Scharfrichters. Den mächtigsten asiatischen Aufrührer, den Pascha Elias von Karasi, der Magnissa erobert hatte und sich der Insel Lesbos bemächtigen wollte, griffen der karamanische Beilerbei und Kütschük Ahmed an, nachdem man ihm das Paschalik Damaskus verliehen hatte, um seinen Argwohn einzuschläfern. In Pergamos eingeschlossen, mußte er sich ergeben. Aber der Sultan war nicht gewillt, Abmachungen und Eide zu halten, und ließ ihn vor seinen Augen im Diwan erwürgen. Den Leichnam des neuen Defterdars (Kammerpräsidenten) fand man eines Tages auf der Straße. Als die Moldauer ihren Fürsten Alexander Ilias entthront hatten und den aus der polnischen Verbannung wieder aufgetauchten Flüchtling Miron Barnowski an seiner Statt zum Fürsten verlangten, wurde dieser am 2. Juli 1633 als Staatsverbrecher hingerichtet, und der Sultan stand am Fenster, um dem Schauspiel wohlgefällig zuzusehen.

Er begann an solchen blutigen Szenen mehr und mehr ein fast krankhaftes Vergnügen zu finden: 76 polnische Gefangene, die ihm geschickt wurden, ließ er ebenfalls in seiner Gegenwart köpfen; vom Fenster des Diwans aus befahl er wohl, einen falschen Ankläger an Ort und Stelle niederzumachen; vom Pavillon in Skutari aus warf er einen Emir herab; den Pascha Ahmed zwang er, zwei Todesurteile mit eigener Hand zu vollstrecken; auf sein Geheiß hingerichtete Soldaten ließ er wieder ausgraben, um sich an ihrem Anblick zu weiden; seinen Weg bei festlichen Aufzügen bezeichneten abgeschnittene Köpfe und frische Leichen.[19] »Keiner seiner Vorfahren war jemals so gefürchtet worden wie er, was die äußerste Strenge seines Schwertes bewirkte... Sein Name allein brachte Schrecken... Niemand hatte den Mut, den Finger zu erheben,

19 Vgl. Barozzi und Berchet II, S. 90; N. Jorga IV, S. 466.

einen Blick zu wagen, ein Wort gegen Seine Majestät auszusprechen... Noch heute leben alle unter dem Bann der Furcht vor Sultan Murad, obgleich er nicht mehr unter den Lebenden weilt.«[20]

Murad faßte den Entschluß, sich persönlich an die Spitze seines Heeres zu stellen und nach Asien überzusetzen. Es kam ihm dabei weniger auf Wiedereroberung der in Georgien, Armenien und Mesopotamien verlorenen Plätze und Provinzen als auf Wiederherstellung der Ordnung durch Hinrichtungen und Konfiskationen an. Überall wollte er erscheinen, um den an untätige Herrscher, untreue Wesire, zügellose Soldaten und geizige Verwalter gewöhnten Einwohnern wieder die Majestät des Sultans in Erinnerung zu bringen.

Vor diesem ersten kriegerischen Auszuge hatte Murad sich ein neues Heer geschaffen. Denn die Janitscharen liebte er nicht; zwölf Jahre hindurch wurde der Knabenzehnte nicht erhoben und keine Adschemoglane (=Janitscharen-Rekruten) eingebracht.[21] So ging die stark angewachsene Zahl derselben – sie bestanden aus 60000 Mann – bald zurück: 1634 waren es kaum 30000 bis 40000. Mit ihren Privilegien war gänzlich aufgeräumt worden: der Aga wurde dem Serail entnommen und war also kein früherer Janitschar mehr; die Odabaschis und Tschorbadschis hatten das Recht verloren, selbständig Strafen zu verhängen; wie alle unterstanden die Janitscharen jetzt ebenfalls der Gerichtsbarkeit der Kadis; nicht mehr nächtlich durch Ertränken im Meere und unter dem Donner der Geschütze wurden sie aus dem Wege geräumt, sondern

20 »Nessuno de suoi antenati è mai stato tanto stimato e tanto temuto quanto lui, il che hà conseguito coll'estremo rigore della spada... Il solo nome rende spavento... Che ardisca di levar un dito, d'alzar uno sguardo o pronunziar una parola contro la Maiestà Sua... Anche al giorno d'oggi vivono sotto la temenza di Sultan Murat, benchè morto ed estinto«; Barozzi und Berchet II; N. Jorga, IV.

21 Knabenzehnt oder Knabenlese = Brauch, einen Teil der christlichen Knaben als eine Art Steuer auszuheben und zu Moslems zu erziehen. Sie waren dazu bestimmt, entweder als Janitscharen oder in der Verwaltung verwendet zu werden. Vgl. übrigens Zinkeisen IV, S. 166/167; Evliya II, S. 210, und N. Jorga IV, S. 467.

am hellen, lichten Tage durch das Beil des Henkers gerichtet und die Geköpften oder Gehängten öffentlich zur Schau gestellt; Bairam Pascha setzte sein Leben aufs Spiel, als er solche Szenen vermeiden wollte. Die Veteranen sollten jetzt ebenso wie die jüngeren Soldaten am Kriege teilnehmen müssen. Nicht glimpflicher behandelte man die Spachioglane (berittene Soldaten). Nur 20 000 bis 25 000 Mann statt der früheren 40 000 wurden noch besoldet.

Der Sultan zog der meuternden Palastmiliz, die nicht mehr wie früher von den siegreichen Heeren und besonders von den überall Beute suchenden Schiffen nach Konstantinopel zusammengebracht wurde und sich so immer gleichwertig neu ergänzen konnte, die rohen Spahis der Provinzen vor. Die Stammrollen derselben sah er selbst mit größter Sorgfalt durch und strich die Untauglichen mit eigener Hand nach Inspektionen im Lager. Neue zuverlässigere Truppen wurden gebildet, die Dschebedschi, Bostandschi und namentlich die Segban.[22] Das notwendige Kapital wurde durch harte finanzielle Maßnahmen zusammengebracht, u. a. durch die Einziehung großer Vermögen. Jeder Versuch des Widerstandes wurde grausam unterdrückt; im Jahre 1633 wurde sogar der Scheik ul Islam[23] Akhi-Zāde hingerichtet. Im Oktober 1633 verließ ein Heer unter dem Großwesir Tabani Yasi Mehmed Pascha Konstantinopel.

Am 13. April 1635 verließ auch Murad seine Hauptstadt, um den Krieg gegen Persien voranzutreiben. Auf dem Wege ließ er, wie gewöhnlich, Nachlässige, Säumige und Verdächtige in Menge köpfen; die Konfiskationen waren so zahlreich, daß sie die Kosten des Zuges bestritten und dem Sultan noch einen Überschuß abwarfen.

Am 3. Juli hielt Murad, nachdem er sich mit dem Großwesir vereinigt hatte, seinen glänzenden Einzug in Erzurum. Von hier aus wandte sich das Heer gegen Eriwan, das Ende Juli

22 Zeugschmiede, Gartenwachen und Landjäger.
23 Auch: Shaik al-Islam (vgl. Enzyklopädie des Islam). Er ist das Oberhaupt der mohammedanischen Geistlichkeit.

erreicht wurde. Am siebten Tage der Belagerung schritt man unter der persönlichen Leitung des Sultans, der in eisernem Panzer unter den Kriegern erschien und sie als seine »Brüder«, »Wölfe«, »Löwen« mit feurigen Worten begeisterte, zum Sturme vor.

Am 8. August übergab Emirguneh, dem der Schah die Eroberung zahlreicher Grenzfestungen zu verdanken hatte, das Schloß; er erhielt unter dem Namen Yussuf die Statthalterschaft Aleppo, später kam er an den Hof des Siegers und belustigte ihn durch witzige Antworten. Nach Murads Tod wurde er übrigens von Wesir Kara Mustafa erdrosselt.

In Eriwan, wo sieben Tage lang Freudenfahnen wehten, unterzeichnete Murad den Befehl zur Ermordung seiner in Konstantinopel gebliebenen Brüder Bayazid, Sulaiman und Kasim.

Noch vor Ende des Monats erreichte man das reiche und blühende Täbris. Kein persisches Heer verteidigte die weltberühmte Stadt, die seit den Tagen Sulaimans so oft aus persischem in osmanischen Besitz übergegangen war. Murad ließ alle Paläste, Khane (Gasthäuser) und Gärten der vielbesuchten Handelsstadt zerstören und kehrte anschließend wieder zurück.

Im folgenden Jahr nahmen die Perser Eriwan wieder ein. Im Jahre 1638 schließlich rückte Murad zum zweitenmal ins Feld mit dem Großwesir Taiyar Mehmed Pascha. Bagdad wurde im Dezember von ihnen genommen, wobei Tausende von Schiiten niedergemacht wurden. Dies war das Ende des Perserkrieges. 1639 wurde der Friede geschlossen; Bagdad verblieb der Türkei und Eriwan Persien.

Im Vergleich zu den Ereignissen in Asien waren die europäischen Vorgänge von sekundärer Bedeutung. Der Friede mit Österreich wurde verschiedene Male erneuert,[24] dennoch hörten auf beiden Seiten die räuberischen Überfälle nicht auf. Eine ernsthafte Störung gab es im Jahre 1624, als Korsaren-

24 1625 in Gyarmath und 1627 in Szön.

schiffe im Bosporus erschienen. Erst 1626 wurden sie geschlagen. Ein anderer Unruheherd war die Krim, wo die Pforte von 1624 bis 1628 gegen ihren Willen den Khan Mehmed Giray und seinen Bruder Schahin Giray, der sogar für einige Zeit Kaffa nahm, dulden mußte. Nach 1628 wurde der tatarische Mirsa Kantemir, das Oberhaupt der Noghay, der mächtigste Mann im Khanat. An den Grenzen kam es zu ernsthaften Zwischenfällen mit Polen[25] und in der Moldau. Zuletzt wurde Kantemir im Jahre 1637 in Konstantinopel hingerichtet.

Die friedlichen Beziehungen zu Venedig und den westlichen Seemächten dauerten an. Im Jahre 1624 wurden die Kapitulationen erneuert; da aber die Pforte (vgl. S. 153 Anm. 1) in den Barbareskenstaaten Algier und Tunis keine Autorität hatte, schlossen England, Holland und Frankreich mit ihren Herrschern Sonderverträge, um soweit wie möglich den Schaden abzuwenden, der ihrem Handel durch die Korsarenschiffe zugefügt wurde. 1638 fand in der Adria eine ernsthaftere Schlacht statt zwischen der venezianischen Flotte und den Korsaren. Murad befahl zunächst die Niedermachung aller Venezianer in seinem Reich, aber im Jahre 1639 wurde der Frieden wiederhergestellt. In Konstantinopel intervenierten die Botschafter von Holland und England[26] erfolgreich in den Streitigkeiten zwischen der Pforte und dem griechischen Patriarchat.

Murad IV. war der letzte kriegerische Sultan des Reiches. Durch seine Willenskraft stellte er für einige Zeit das militärische Ansehen des Reiches wieder her; aber seine Reformen überdauerten ihn nicht. Murad war ein Mann von beträchtlicher Körperkraft und hoher persönlicher Bildung; er liebte den Umgang mit Dichtern. Seine Zuneigung zum Dichter Tifli ist in der Literaturgeschichte bekannt. Er hatte vier Söhne, die aber alle jung starben. Schon im September 1639 war der Sultan, der an epileptischen Anfällen litt,[27] von einem Schlagan-

25 Friedenserneuerung im Jahre 1634.
26 Holland: Cornelius Haga; England: Sir Thomas Roe.
27 Vgl. Zinkeisen IV, S. 22.

fall heimgesucht worden, der ihn zwei Stunden lang ohne Bewußtsein gelassen hatte.[28]

Murad war mit der Zeit immer grausamer geworden und soll 1639 geschworen haben, er würde all seine christlichen Nachbarn unterwerfen.

Sein letzter Befehl war typisch für ihn: Als er im Februar 1640 nach einem Trinkgelage von einer bösartigen Krankheit befallen wurde und nach einem Fieberanfall im Sterben lag, befahl er, seinen Bruder Ibrahim hinzurichten, der sein Nachfolger werden sollte. Wahrscheinlich wollte er lieber als der letzte große Sultan der Osmanen in der Geschichte gelten als das Reich einem unfähigen Nachfolger überlassen. Doch Kösem, seine Mutter, wußte diesen Mord zu verhindern. Als Mutter beider Brüder ahnte sie, daß ihre Macht mit Ibrahims Tod zu Ende sein würde. So schickte sie eine falsche Nachricht zu Murad, daß Ibrahim erwürgt worden sei, worauf Murad nach einem schrecklichen und schauerlichen Gelächter seinen Geist aufgab.

Er wurde in der Türbe der Moschee seines Vaters Ahmed beigesetzt.

28 Vgl. Hurmuzaki VIII, S. 485.

Sultan Ibrahim

Beinamen: »Der Zobelkönig« und »der tolle Sultan«

Ausschweifungen

Ibrahim, der jüngste Sohn Ahmeds I., war zum Zeitpunkt seiner Thronbesteigung – am 8. Februar 1640 – etwa fünfundzwanzig Jahre alt. In strenger Haft und beständiger Todesfurcht vor den Anschlägen seiner Brüder aufgewachsen, dazu von kränklicher Konstitution und furchtsamem Gemüt, fehlten ihm alle Eigenschaften zum Herrscher eines großen Reiches. Die Leitung der Regierungsgeschäfte überließ er zunächst dem tüchtigen Großwesir Kara Mustafa. Dieser erneuerte durch den Vertrag von Szön[1] den Frieden mit Österreich, eroberte die Festung Asow wieder und unterdrückte außer anderen kleinen Unruhen einen gefährlichen Aufstand.[2] Gleichzeitig vermehrte er die Staatseinnahmen durch eine Reform des Münzwesens, Einschränkung der Ausgaben und strenge Steuererhebung. Nach vier Jahren fiel er den Intrigen der Palastclique zum Opfer und wurde im Januar 1644 hingerichtet. Der Sultan, der wie keiner seiner Vorgänger und Nachfolger den Freuden des Haremslebens frönte, geriet nun vollständig unter die Herrschaft seiner Odalisken[3] und Günstlinge.

Rasch zeigte es sich, daß Ibrahim der verabscheuungswürdigste und verdorbenste aller osmanischen Sultane war. Ein Bild von ihm zeigt den trüben Gesichtsausdruck eines Säufers; sein Turban ist verrutscht und sitzt ihm schief auf dem Kopf. Vom Augenblick seiner Thronbesteigung an schien er von der Absicht besessen zu sein, die verlorene Zeit nachholen zu wol-

1 15. 3. 1642.
2 Gemeint ist der Aufstand der Nasuhpaschazāde 1643.
3 Weiße, meist aus dem Kaukasus stammende Haremssklavinnen.

len. Er war ein Mann, der den Geschlechtsverkehr beinahe als eine Art Pflichtübung ansah, die täglich verrichtet werden mußte, und seine Ausschweifungen nahmen Formen an, die sogar den Harem dagegen aufmucken ließ, von den Mitgliedern der Regierung ganz zu schweigen.

Seine machtgierige Mutter war keineswegs unerfahren in der Kunst, die Regierung in die Hände zu nehmen. Sie sorgte für Zerstreuung des Herrschers, indem sie ständig neue Jungfrauen für den Harem besorgte; auch wollte sie ihrem Sohn, der zeitweilig an Anfällen von Impotenz litt, zu einem Erben verhelfen. Schon zwei Jahre danach hatte sie erstmals Erfolg mit ihren Bemühungen, als das erste von insgesamt zehn Kindern geboren wurde.

Zufällig war das erstgeborene Kind kurz nach der Bekanntschaft Ibrahims mit einem »Zauberer« empfangen worden, den ihm seine Mutter zugeführt hatte. Er hieß Dschindschi Hussein[4] und brüstete sich damit, verschiedene Zauberformeln zu kennen, die Fruchtbarkeit garantieren. Als es ganz so aussah, als ob der Zauberer und die Geburt miteinander im Zusammenhang standen, wurde Dschindschi mit Geschenken überhäuft. Er erhielt ein wichtiges geistliches Amt und wurde zu einem reichen Mann gemacht. Ibrahims Anfälle von Impotenz wiederholten sich während seines ganzen Lebens regelmäßig. Ihre Ursache war eine eigenartige Veranlagung in seiner Natur – eine unersättliche Gier nach solchen Frauen, die für ihn unerreichbar waren.

Eine Todfeindin und Rivalin der Sultanwalide Kösem war Setschir Para, »Süßer Zuckerklumpen«, eine von Ibrahims Sultaninnen. Zuckerklumpen teilte nicht nur mit Erfolg Ibrahims Bett, sondern sie war auch eine geborene Kupplerin, die sich darüber im klaren war, daß sie ihren hochgeborenen Liebhaber noch mehr an sich fesseln konnte, wenn sie für ihn außerhalb des Harems hübsche Mädchen auftrieb. So berichtet Hammer-Purgstall z. B., daß Ibrahim eines Tages den Befehl gegeben

4 Auch: Cinci Hussein (türkische Schreibweise).

habe, in ganz Konstantinopel nach dem größten und dicksten Weibe zu suchen, das dann auch in einer riesenhaften Armenierin gefunden wurde. Sie stieg rasch in der Gunst des Sultans und erhielt, was immer sie begehrte.[5]

Mit Hilfe seiner Mutter Kösem gelang es Ibrahim, die Mitglieder seiner Regierung auszuwechseln. Als Kösem sich darüber beklagte, daß nicht genug Holz für die Feuerungsanlagen des Harems vorhanden war, erhob er eine schwerwiegende Anklage gegen den Großwesir, der später hingerichtet wurde. Als einige seiner Eunuchen anläßlich einer Pilgerfahrt nach Mekka von Seeräubern gefangengenommen wurden und als die Korsaren daraufhin in Kreta Unterschlupf suchten, brach Ibrahim einen unsinnigen Krieg gegen die Insel vom Zaun, die zur Republik Venedig gehörte, mit der die Türkei einen Friedensvertrag besaß. Der Krieg hatte seinen Höhepunkt in der Belagerung von Candia, der wichtigsten Festung der Insel, die den Türken fast fünfundzwanzig Jahre lang Widerstand leistete.

Alle diese Sinnlosigkeiten konnte nur ein geistesschwacher Herrscher tun. Er verzierte seinen Bart mit Diamanten. Er hatte eine krankhafte Vorliebe für Ambra und rieb seinen Bart, seine Kaftane und seine Vorhänge mit diesem zu Kopf steigenden Duftstoff ein. Als ihm eine seiner Konkubinen die Geschichte eines Königs erzählte, der ständig in Zobelfelle gekleidet war, entschloß sich auch Ibrahim, ein »Zobelkönig« zu werden, und brachte überall an seiner Kleidung Zobelfelle an. Auch die Wände und Vorhänge seines Lieblingszimmers stattete er mit Zobelfellen aus. Sogar seinen Katzen ließ er Mäntel aus Zobelfellen überziehen. Aber es war schwierig, Zobelfelle in so großen Mengen heranzuschaffen, bis Ibrahim sich dadurch half, daß er den Diwan zu einer Sitzung einberief und eine allgemeine Ablieferung von Zobelfellen anordnete.

In seinem Harem gab es z. B. ein Zimmer, in dem Ibrahim Spiegel an den Wänden hatte anbringen lassen, die ihm dazu

5 Hammer, GOR V, S. 359.

verhelfen sollten, seine Geschlechtslust zu steigern. Eines der von ihm dort praktizierten kleinen Spielchen bestand darin, daß sich alle seine Frauen nackt ausziehen und seine Stuten darstellen mußten. Er selbst spielte dann bei ihnen die Rolle des Hengstes, bis ihm die Kraft ausging.[6]

Doch all dies war nicht mit den schrecklichen Vorgängen zu vergleichen, die schließlich etwa um die Mitte seiner achtjährigen Regierungszeit zu einem Massenmord im Harem führten. Das Trauerspiel begann damit, daß Zuckerklumpen dem Sultan berichtete, eine Konkubine sei in einer verfänglichen Situation mit einem Mann ertappt worden. So etwas schien völlig unmöglich zu sein. Den Namen des betreffenden Mädchens wußte sie freilich nicht. Aber Ibrahim brauchte keine Beweise.

Freilich war es bisweilen vorgekommen, daß Mädchen in irgendwelche Liebesangelegenheiten verwickelt waren. Niemand konnte jeden Klatsch im Harem nachprüfen, nicht einmal der scharfäugige Kislar-Aga. Es war natürlich, daß es sich dabei vor allem um lesbische Liebesverhältnisse handelte. Aber es kam auch vor, daß manche Konkubinen das tödlich langweilige Warten auf den Gunstbeweis des Despoten satt hatten. Dann geschah es manchmal, daß sie sehr enge Beziehungen oder sogar sexuelle Bindungen zu Eunuchen anknüpften. Dabei handelte es sich entweder um die im Kriege gefangenen weißen Kastraten, die man außerhalb der Stadt entmannt hatte, da der Koran das Kastrieren verbot, oder es waren die schwarzen Eunuchen, die in der Gegend des oberen Nils und südlich vom Tschadsee als Sklaven gekauft worden waren. Nicht bei allen diesen Eunuchen war die Operation so gründlich gewesen, daß von ihrer Männlichkeit nichts mehr übriggeblieben wäre. Den meisten schwarzen Eunuchen hatte man zwar sowohl den Penis als auch die Hoden abgeschnitten. Aber bei einigen hatte man entweder durch Herausreißen oder durch Zerquetschen nur die Hoden entfernt, so daß die

6 Vgl. hierzu N. Barber. The Sultans. New York, 1973.

Samendrüsen für immer unfruchtbar blieben. Bei einigen hatte man nur den Penis abgeschnitten, so daß bei diesen Männern das sexuelle Empfinden erhalten blieb.
Es wird nie bekannt werden, ob eines dieser unglücklichen Geschöpfe ein Verhältnis zu einer Konkubine aus dem Harem Ibrahims unterhielt. Aber verschiedene Quellen wollen wissen, daß der Sultan davon überzeugt war. Der Kislar-Aga versuchte herauszubekommen, um welches Mädchen es sich handelte, und deshalb folterte er einige von ihnen. Aber der Name blieb unbekannt. Drei Tage lang lief Ibrahim voller Wut im Harem umher. Als sein Sohn Mehmed, der für die Absonderung im Käfig noch zu jung war, eine scherzhafte Bemerkung machte, die seinem Vater nicht paßte, zog der wütende Sultan seinen juwelenbesetzten Dolch und verletzte seinen Sohn im Gesicht. Die Wunde war nicht gefährlich, aber Mehmed behielt sie sein Leben lang.

Schließlich entschloß sich Ibrahim zum Handeln. Wie ein Schulvorsteher, dem sich der Schuldige nicht offenbart hat, entschied er sich dafür, die gesamte »Schule« zu bestrafen. Aber niemand, nicht einmal der Kislar-Aga , hätte ahnen können, wie furchtbar diese Strafe sein sollte: Ibrahim beschloß, mit Ausnahme von Zuckerklumpen alle seine *zweihundertachtzig* Konkubinen ertränken zu lassen.

Schubweise wurden die Odalisken des Harems umgebracht. Man steckte sie in mit Steinen beschwerte Säcke und brachte sie zum Tor am Wasser, wo jeder Sack in ein kleines Boot verladen wurde, das an einem etwas größeren Boot angebunden war. So konnten die Eunuchen das beladene Boot vom Ufer abstoßen, und durch einen Ruck mit dem Seil kippten die Säcke mit den Frauen ins Wasser.

Alle Odalisken ertranken, bis auf eine. Ihr Sack war nicht fest genug zugebunden, und so konnte sie sich herauswinden. Als sie an der Wasseroberfläche dahintrieb, schrie sie um Hilfe und wurde von einem nach Frankreich fahrenden Schiff aufgenommen, das gerade vorbeikam. Sie konnte der Mannschaft alle Einzelheiten über den Massenmord berichten und gelangte dann wahrscheinlich später nach Paris. Doch lange vorher schon machten schlimme Gerüchte in der Stadt die Runde, besonders nachdem es noch ein geradezu gespenstisches Nachspiel gegeben hatte: einer der dreihundert in Konstantinopel ansässigen Taucher wurde von einem Boot aus ins Meer hinuntergelassen, um ein Wrack im Bosporus zu untersuchen. Obwohl er keine Maske hatte, konnte er dennoch alle Gegenstände erkennen, die im Wasser umherschwammen. Er berichtete, daß er eine »große Zahl von Säcken gesehen habe, die im Wasser dahintrieben und sich auf und nieder bewegten. In jedem habe sich eine auf dem beschwerten Unterteil des Sackes aufrecht stehende Frauenleiche befunden, und die Säcke seien mit der Strömung hin und her geschwommen.«

Da Ibrahim fortfuhr, die Staatseinnahmen zu verschleudern, um seine unsinnigen Launen zu befriedigen, Ämter und Würden nach Gunst und Gaben, d. h. nach der Höhe der Bestechungsgelder verlieh, die Großwesire und andere hohe Würdenträger fast jedes Jahr wechselte und immer neue drükkende Auflagen ersann, die lediglich für den unsinnigen Luxus des Palastes bestimmt waren, kam es schließlich zur offenen Empörung der Janitscharen, die von den Ulemas und dem Scheik ul-Islam unterstützt wurden.

Nachdem zunächst der Großwesir Hezārpāre Ahmed Pascha der Volkswut zum Opfer gefallen war, wurde Ibrahim am 8. August 1648 abgesetzt und wenige Tage darauf, am 18. August, im Tschiniliköschk, wo er eingesperrt worden war, durch den Henker erdrosselt.

So endete ein Irrsinniger, der einen Badediener zum Pascha, den Sohn eines Reishändlers zum Janitscharenaga, einen Zigeuner, der ihn durch Athletenstücke belustigte, zum Großwürdenträger des Reiches, einen Fackelträger zum Beilerbei machte, ohne daß sie eine Vorbereitung hätten genießen oder ihm Beweise besonderen Talentes hätten geben können. Einen jeden schätzte er nach den Geschenken, die sich von ihm erwarten ließen, und »wurde«, wie Evliya sagt, »von seinen eigenen Wesiren bestochen«.[7] Er war von Natur toll, und als er die Herrschaft angetreten hatte, wurde er immer toller – schreibt eine rumänische Chronik des Osmanischen Reiches.[8] Die kaiserliche Würde sank durch ihn tiefer, als sie sein Bruder, der große Murad IV., hatte erhöhen können.

Aber auch Kösem, die Sultanwalide, und Setschir Para, die Sultanin, ereilte das Schicksal. Kösem wurde im Serail ermordet, wobei man sie nackt auszog, an den Füßen bis zu einem der Tore schleppte und mit einem Vorhangstrick erdrosselte. Das Blut, das ihr aus Ohren und Nase quoll, befleckte dabei die Kleidung ihrer Mörder. Zuckerklumpen hatte nach dem Tode Ibrahims wieder geheiratet und war, nachdem auch ihr zweiter Mann gestorben war, Kupplerin geworden. Überall war sie als »schmutzige Sultanin« bekannt. Sie wurde schließlich von einem ihrer vielen Feinde getötet, indem man ihr eine Tasse Kaffee servierte, in die man kleingehacktes Haar und winzige Glassplitter gegeben hatte. Dadurch wurden ihre Gedärme zerrissen, und sie starb einen langsamen und qualvollen Tod.

Als Ibrahim den Thron bestiegen hatte, war er der letzte männliche Sproß aus dem Hause Osman; bei seinem Tode hinterließ er vier Söhne und ist so der Stammvater der nachfolgenden Sultane dieser Dynastie geworden; das einzige Verdienst, das ihm die Geschichte nachrühmt.

7 »He received bribes from his own Vezirs.« Das Haus seines letzten Wesirs glich einem Basar, in dem die Launen der Serailfrauen jederzeit fanden, was sie begehren mochten. Vgl. Hammer III, S. 324; Jorga IV, S. 53.

8 Vgl. Jorga a. a. O.; Nani S. 316 ff; Ricaut, Histoire II, S. 219 ff.

Sultan Mehmed IV.

Beiname: »Der große Jäger«

Die Wesire an der Macht

Mit nur sieben Jahren bestieg Mehmed IV. am 8. August 1648 den Thron der Osmanen. Die Macht im Staate war geteilt zwischen dem Hofe, wo die Sultanwalide Tarkhan die Zügel in Händen hatte, und zwischen der rebellischen Miliz der Janitscharen und Spahis. Das Fehlen einer festen Regierung zeigte sich schon darin, daß bis zur Ernennung des Großwesirs Köprülü Mehmed im Jahre 1656 nicht weniger als dreizehn Großwesire einander ablösten. Im Jahre 1651 wurde der Widerstand der Janitscharen gebrochen.

Das nun folgende Regime der Hofpartei unter der Mutter des Sultans verbesserte die Lage nicht. Das Großwesirat Ibschir Paschas, der anfangs der erwünschte starke Mann zu sein schien, hatte durch seinen Rivalen Murad Pascha ein frühes Ende; und inzwischen erschöpfte der Kretische Krieg gegen Venedig die Kräfte des Reiches. Im März 1656 zwang ein Militäraufstand den Sultan, der Hinrichtung verschiedener Höflinge zuzustimmen.

Als der wirklich gegebene Mann erwies sich Köprülü Mehmed Pascha,[1] der sofort den Einfluß des Harems auf die Staatsangelegenheiten ausschaltete und bis zu seinem Tode der wirkliche Herrscher des Reiches war. Seine Amtsführung begann mit einer türkischen Seeschlappe an den Dardanellen im Kampfe gegen die Venezianer. Aber schon im folgenden Jahre errang er als Serasker[2] Erfolge in Transsylvanien, und es glückte ihm gleichzeitig, die türkische Autorität in den Donaufürstentümern zu festigen; die Zusammenarbeit mit

1 15. 9. 1656 bis 31. 10. 1661.
2 Heerführer.

dem Khan der Krim war dabei von großem Wert. In den Jahren 1658 und 1659 konnte er Aufstände in Kleinasien unterdrücken, und im Venezianischen Krieg hatte eine große Flotte venezianischer Schiffe und anderer christlicher Verbündeter keinen Erfolg gegen die türkischen Streitkräfte auf Kreta. Nach seinem Tode folgte ihm im Amte sein Sohn Köprülü Ahmed Pascha, der das Werk seines Vaters vollendete, indem er die Eroberung Kretas zu Ende führte.[3] Darauf folgte der Friede mit Venedig. Im Jahre 1661 begann der Krieg mit Österreich erneut, in dessen Verlauf Sultan Mehmed an verschiedenen Feldzügen teilnahm, besonders an dem des Jahres 1663, in dem Ujvár[4] genommen wurde. Im Jahre 1664 fand die berühmte Schlacht bei St. Gotthard statt, in der die Türken durch eine verbündete Armee geschlagen wurden, die zum Teil aus französischen Truppen bestand. Der Frieden, der mit Österreich im Jahre 1665 geschlossen wurde, war noch günstig für die Türkei.

Im Jahre 1672 nahm der Sultan an dem Feldzug gegen Polen teil, nachdem die ukrainischen Kosaken die osmanische Hilfe gegen den Polenkönig angerufen hatten. Der polnische Krieg, der mit dem Friedensvertrag von 1676 endete, verstärkte noch die Stellung des Reiches im Norden. Köprülü Ahmed Pascha starb am 30. Oktober 1676. Obgleich der extrem faule Sultan, der inzwischen einen eigenwilligen und launischen Charakter entwickelt hatte, ihm gegenüber niemals so nachgiebig wie gegenüber seinem Vater gewesen war, hatte sich Ahmed doch leicht gegen die Feinde im Innern behaupten können, nicht zuletzt durch die Bildung neuer Truppenkörper,[5] die weit zuverlässiger wurden als die Janitscharen und die Spahis. Es war ihm jedoch nicht gelungen, dem übermäßigen Luxus am Hofe ein Ziel zu setzen, der gewaltige Summen verschlang. Der finster blickende, blasse Sultan, von dem es heißt, daß er homosexuell gewesen sein soll, hielt die großen Augen stets

3 Übergabe von Candia am 4. 9. 1669. Vgl. Jorga, GOR IV, S. 137.
4 Deutsch: Neuhäusel.
5 Die Beschli und die Gönüllü; das sind berittene Leibwachen und Freiwillige.

zu Boden gesenkt oder rollte sie wild wie ein Tier. Als Sproß einer alten dekadenten Familie hatte er eine ungewöhnliche Vorliebe für große Jagden, die ihn nicht einmal am Todestage seiner Mutter davon abhielt, mit großem Kostenaufwand in der Umgebung von Adrianopel eine Jagd zu veranstalten. Diese Stadt zog er übrigens als Residenz Konstantinopel vor.

Der »große Jäger«, wie er genannt wurde, unterhielt eine Mannschaft von 800 Falknern, die die Jagdvögel zu betreuen hatten. Jeder der Falken trug entweder einen Diamanten oder einen anderen wertvollen Stein als Schmuck am Hals, und ihre Kopfhauben waren mit Perlen bestickt. Der Sultan kümmerte sich nicht um das Wetter, wenn er auf die Jagd ging, und eines Nachts erfroren mehr als zwanzig Falkner. Als der Anführer der Falkner vorsichtig darauf anspielte, war die einzige Reaktion des Sultans die, daß er ihm befahl, besser für die Hunde zu sorgen. Bei einer anderen Gelegenheit holte sich Mehmed aus verschiedenen Teilen des Landes dreißigtausend Bauern zusammen, die ihm als Treiber während einer großen Jagd dienen sollten. Das Wetter war kalt und stürmisch und fegte die behelfsmäßigen Unterkünfte der Treiber hinweg. Dreißig von ihnen erfroren. Der Sultan besah sich die Leichen und bemerkte lakonisch: »Diese Leute hätten sicher irgendwann einmal einen Aufstand gegen mich angezettelt. Jetzt haben sie eben im voraus ihre Strafe erhalten.«

Mehmed war ein Bewunderer der Künste. Er hatte ein großes Interesse daran, daß die Geschichtsschreiber die Ereignisse während seiner Regierungszeit festhielten. Besonders lag ihm an solchen Historikern, die schöngefärbte Berichte über jeden Vogel und jedes Tier schrieben, das seiner Jagdlust zum Opfer gefallen war. Unter seinen Günstlingen war der türkische Historiker Abdi, der sehr vorsichtig sein mußte, denn der Sultan hatte einen etwas grimmigen Humor. Als Mehmed ihn eines Abends danach fragte, was er an diesem Tage über seine Regierung geschrieben habe, entgegnete Abdi unvorsichtigerweise, daß nichts Besonderes geschehen sei. Ohne einen Augenblick zu zögern, schleuderte der Sultan einen Jagdspeer nach dem Chronisten und verwundete ihn leicht. »Jetzt hast du etwas, worüber du schreiben kannst«, soll er dabei ausgerufen haben.

Nach Köprülü Ahmeds Tode nahm der Sultan die Staatsangelegenheiten nicht selbst in die Hand, sondern ernannte Kara Mustafa Pascha zu seinem Großwesir. Dieser setzte die traditionelle Kriegführung fort. In den Jahren 1677 und 1678 kämpfte er erfolgreich gegen die Kosaken, hinter denen sich allmählich die moskowitische Macht erhob, die später zum Hauptantipoden der türkischen Macht werden sollte.

Im Jahre 1682 brach wiederum ein Krieg mit der österreichischen Monarchie aus und führte zu der zweiten Belagerung Wiens – vom 13. Juli bis 12. September 1683. Sie endete mit der Flucht der Türken, dank dem Dazwischentreten des polnischen Königs Sobieski. Die Niederlage kostete Kara Mustafa Amt und Leben; um dieselbe Zeit wurde der Einfluß des Serails wieder vorherrschend.

Die nun folgenden Großwesire zeigten sich ihrer Aufgabe nicht gewachsen, und in den Jahren von 1685 bis 1687 ging fast ganz Ungarn an die österreichische Armee verloren.[6] Um dieselbe Zeit wurden die Feindseligkeiten mit Venedig in der Morea und dem Archipel wieder eröffnet.

All diese Niederlagen riefen einen Aufstand der Truppen im Felde hervor. Im September 1687 marschierten sie unter Siawusch Pascha von Aleppo gegen die Hauptstadt. Dieses Mal fiel der Sultan selbst zum Opfer; er wurde am 8. November 1687 durch den Kaimakam[7] Köprülü Mustafa Pascha abgesetzt und lebte zurückgezogen in Adrianopel bis zu seinem Tode am 17. Dezember 1692. Er wurde neben seiner Mutter in der Yeni Dschami[8] beigesetzt.

6 Türkische Niederlage bei Mohács am 22. 6. 1687.
7 Vgl. hierzu S. 148, Anm. 10.
8 Der Name bedeutet »Neue Moschee«.

Sultan Sulaiman II.

Niederlagen

Dem Kaimakam Köprülü Mustafa Pascha hatte es Sulaiman II. zu verdanken, daß er nach Absetzung seines Bruders Mehmed IV. am 8. November 1687 auf den Thron erhoben wurde. Zu diesem Zeitpunkt war er 45 Jahre alt.[1] Er war ein schöner Mann mit blauen Augen und blonden Haaren, starken Leibes, verständig und entschlossen; er schien durchdrungen von der Mission, die ihm der Name seines großen Ahnherren auferlegte.[2]

In der bedrängten Lage, in der das Reich sich befand, setzte man auf ihn große Hoffnungen. Sulaiman wird als ein Mann von kriegerischem Wesen geschildert, und in der Tat hat er zweimal an der Spitze der Truppen gestanden; seine Kränklichkeit verhinderte ihn indessen, seine guten Vorsätze zu verwirklichen.

Bald nach seiner Thronbesteigung kehrte das meuternde Heer aus Ungarn zurück, fiel in die Hauptstadt ein und gab sich unerhörten Ausschweifungen hin, bei denen der neue Großwesir Siawusch Pascha getötet wurde.[3] Ein selbständiges Eingreifen der hauptstädtischen Bevölkerung brachte die Aufständischen endlich zur Ruhe, und der alte Nischandschi Ismail Pascha wurde Großwesir.[4] Eine neue Militärrevolte räumte Ismail Pascha in gleicher Weise beiseite; sein Nachfol-

1 Nach Hammer ist Sulaiman II. am 15. 4. 1637 geboren (GOR VI).
2 N. Jorga. GOR IV, S. 225.
3 Am 24. 2. 1688.
4 Jorga spricht noch von einem anderen Großwesir, dem Spahi Ali Aga, der zwischen beiden das Amt bekleidet haben soll, aber die Hadikat al Wuzara erwähnt ihn nicht (vgl. N. Jorga IV, S. 227).

ger wurde der ehemalige Janitschare Tekfur Daghli Mustafa Pascha.[5]

Inzwischen erlitten die Türken in Ungarn[6] und in Dalmatien eine Niederlage nach der andern, während Yegen Osman Pascha, der Beilerbei von Rumeli, sich gegen die Regierung empört hatte; in Anatolien hatte er in Gedik Ahmed Pascha einen Parteigänger. Nach großen Anstrengungen zur Beschaffung des nötigen Geldes verließ im Juli 1688 ein Heer die Hauptstadt. Der Sultan begleitete es, kam aber nicht viel weiter als bis Adrianopel, weil in der Zwischenzeit die Österreicher und ihre Verbündeten Belgrad und Semendra erobert hatten.

Im September sandte die Pforte Maurokordatos und Dhu l'Fakar Effendi nach Wien, mit dem Auftrag, über einen Frieden zu verhandeln. Während aber die Verhandlungen sich hinzogen, ging der Krieg weiter. Schließlich gelang es, die Rebellen Gedik Ahmed und Yegen Osman entscheidend zu schlagen und zu töten. Im Dezember 1688 wurde großer Kriegsrat gehalten, in dem u. a. beschlossen wurde, einen bestimmten Teil der Bewohner Konstantinopels in das Heer einzustellen. Andererseits erblickte man in der Hilfe Frankreichs, das den Kaiser von Deutschland angriff, eine Möglichkeit, die Macht der Türkei wiederherzustellen. Im Juni 1689 stellte sich Sulaiman an die Spitze eines Heeres, das er nur bis Sofia begleitete, als er von dem Verlust Sighets benachrichtigt wurde. Redscheb Pascha wurde Serasker. Nach einigen Erfolgen endete dieser Feldzug am 24. September mit einer großen Niederlage der Türken bei Nisch.

Die Folge dieser Niederlage war die Hinrichtung Redscheb Paschas; an seine Stelle trat der Großwesir Köprülü Mustafa Pascha.[7] Dieser ergriff energische Maßnahmen, um in der Armee und in den Finanzen wieder Ordnung zu schaffen, indem er u. a. eine Reihe neuer Steuern festsetzte. In der Tat

5 Im Mai 1688.
6 Verlust von Erlau im Dezember 1687.
7 7. 11. 1689.

wendete sich im Jahre 1690 das Glück den Türken wieder zu, die von einer tatarischen Armee unterstützt wurden. Sie nahmen Nisch, Semendra und Belgrad wieder ein, desgleichen mehrere Städte Transsylvaniens. In Albanien mußten die Venezianer ihre Eroberungen im Stich lassen. Der Feldzug von 1691 begann so unter günstigen Umständen. Er endete indessen mit der Niederlage bei Szaiánkemen, wo Köprülü Mustafa den Tod fand.

Wegen einer ernstzunehmenden Wassersucht begab sich der Sultan auf Empfehlung des Staatsrates nach Adrianopel. Kaum angekommen, starb Sulaiman II. im dortigen Serail – nämlich am 23. Juli 1691, kurz vor dem Aufbruch des Großwesirs.

Sulaiman II. ist in der Türbe Sulaimans I. in der Sulaimanije zu Konstantinopel beigesetzt. Es war ihm nicht gelungen, sich während seiner Regierung als Herrscher hervorzutun. Sein Großwesir Köprülü Mustafa Pascha war der eigentliche Machthaber gewesen.

Sultan Ahmed II.

Mehr Rückschläge

Bereits 49 Jahre alt war Ahmed II., als er den Thron der Osmanen bestieg. Er folgte seinem Bruder Sulaiman II. in der Regierung und empfing in der alten Moschee von Adrianopel die Huldigung.[1] Ahmed liebte die Musik und die Dichtkunst; er war schwermütig und bigott.[2] Sobald das neue Reichssiegel mit seinem Namenszug zu Konstantinopel gestochen war, wurde es mit dem Handschreiben des Sultans gesandt. Der Großwesir Köprülü Mustafa wurde dadurch in seiner Würde bestätigt.

Die Kundmachungsschreiben der Thronbesteigung und die Fermane zur Erneuerung aller Diplome auf den Namen des neuen Sultans ergingen ins ganze Reich. Der Leibarzt des vorigen Sultans wurde abgesetzt und in die Sieben Türme gesperrt, weil er den Sultan zu ängstlich gehalten, ja ihm sogar destilliertes Wasser untersagt habe. Nach allgemeiner Meinung wäre dieses der Wassersucht heilsam gewesen, während sie wahrscheinlich der unmäßige Alkoholgenuß herbeigeführt hatte.

Schon einen Monat nach Ahmeds Thronbesteigung kam es zu der Schlacht gegen die Kaiserlichen bei Szalánkemen. Sie brachte dem Großwesir Köprülü Mustafa Niederlage und Tod.[3] Seinem Nachfolger Ali von Merzifun gelang es, Belgrad zu entsetzen,[4] aber ein dritter Minister, Surmeli Ali von Demotika, wurde gezwungen, die Belagerung von Peterwardein aufzugeben.[5]

1 Ahmed II. wurde am 1. 8. 1642 geboren.
2 Hammer. GOR VI, S. 561.
3 19. 8. 1691.
4 19. 9. 1693.
5 Im Jahre 1694.

In Dalmatien wurden die osmanischen Waffen ebensowenig vom Glück begünstigt wie in Polen; Chios, von den Venezianern belagert, mußte kapitulieren.

Der schwarzäugige, sympathische Ahmed starb nach nicht ganz vierjähriger Regierungszeit im Februar 1695 tatsächlich an der Wassersucht. Er war melancholisch und sehr jähzornig gewesen; er liebte die Musik, die Jagd und den Trunk und hatte kein Interesse an Regierungsgeschäften.

Sultan Mustafa II.

Der Friede von Karlowitz

Ahmeds II. früher Tod rettete das Osmanentum vor schlimmeren Folgen seiner oft wiederkehrenden krankhaften Launen. Der Wunsch des Wesirs war es, den dreijährigen Sohn des Verstorbenen als seinen Nachfolger ausrufen zu lassen. Noch aber lebte in manchem das Andenken an den tatkräftigen Sultan Mehmed IV., der wenige Jahre nach seiner Absetzung im Elend hingeschieden war und dessen ältester Sohn, Mustafa, sowohl in den diplomatischen Kreisen wie im Volke vorteilhaft bekannt war – wenngleich er bis zu diesem Zeitpunkt in der Absonderung gelebt hatte. Der Khasnadarbaschi Nasir befreite den jungen Prinzen, und einige Stunden darauf war er im Besitz des Thrones, von dem auch ein mächtigerer Reichsverweser als Tarabulos Ali ihn nicht mehr so leicht hätte herabstoßen können. So war dieser schließlich froh, von Mustafa II. den Kaftan als Bestätigung im Amte zu empfangen.[1]

Gleich in den ersten Tagen seiner Regierung entwickelte der einunddreißigjährige neue Sultan[2] Eigenschaften, die man lange vergebens auf dem Throne gesucht hatte: etwas von Murads IV. Art schien in ihm aufleben zu wollen. Auf seinen eigensten Befehl traf man Maßnahmen, um ein großes Heer, dessen Leitung er selbst übernehmen wollte, zusammenzubringen, und Mustafa mischte sich verkleidet unter die Soldaten, um sie aus eigener Anschauung besser kennenzulernen. Bald büßte auch der Wesir für sein Komplott: seit vielen Jahren zum erstenmal wurde wieder das Blut eines Reichsvikars

1 Vgl. N. Jorga. GOR IV, S. 258.
2 Mustafa II. wurde im Jahre 1664 geboren.

vergossen, und der Leichnam Alis lag drei Tage lang auf dem Sirik-Meidan-Platz. Ein Günstling des verstorbenen Sultans, der junge Elmas Mehmed, der unter Ahmed in Bosnien befehligt hatte, übernahm an seiner Stelle das Reichssiegel.

Durch einen neuen Feldzug[3] gedachte Mustafa alles bisher erlittene Ungemach an den Deutschen zu rächen.[4] Die Österreicher, die unter der kraftlosen Führerschaft des Kurfürsten Friedrich August II. von Sachsen Temesvár einnehmen wollten, ließen sich durch die Nachricht überraschen, daß der im Juni aufgebrochene Sultan bereits Anfang August vor Belgrad sein Lager aufgeschlagen habe. Ohne Widerstand zu finden, setzte das osmanische Heer über die Donau, um durch das Banat in Siebenbürgen einzudringen, das man immer noch wiederzugewinnen hoffte.

Lippa, Lugos und Sebes wurden genommen. Die Venezianer wurden im Februar bei Chios geschlagen und im September wiederum besiegt. Im Oktober wurde Asow von der russischen Belagerung befreit, im nächsten Jahre hatte der Sultan mit seiner Armee wiederum Erfolg bei der Entsetzung von Temesvár, aber kein Teil des verlorenen Gebietes konnte den Österreichern wieder entrissen werden. In jenem Jahre nahmen jedoch die Russen Asow. Der Feldzug von 1696 ist denkwürdig durch die schwere Niederlage, die den Türken bei Zenta an der Theiß zugefügt wurde[5]; Elmas Mehmed verlor dabei sein Leben, während der Sultan, der schon den Fluß überschritten hatte, nach Temesvár fliehen mußte. Das kaiserliche Siegel fiel in die Hände der Österreicher. Von Temesvár aus ernannte er Amudscha Zāde aus der Familie Köprülü zu seinem Großwesir. Unter diesem sehr fähigen Staatsmann wurde schließlich Frieden geschlossen. Im Jahre 1698 ging der Großwesir an die Front, während sich der Sultan in Adrianopel aufhielt; aber die Friedensverhandlungen wurden ernstlicher betrieben als der

3 Hurmuzaki V, S. 430/31. Vgl. das Zeugnis des französischen Gesandten. Ebenda, S. 484.
4 Vgl. über Tököly »Documente Brincoveanu«, S. 119, Nr. XIV.
5 11. 9. 1696.

Krieg. Im Oktober begannen die Verhandlungen in Karlowitz an der Drau, wo am 26. Februar 1699 mit Österreich, Polen und Venedig Frieden geschlossen wurde. Mit Rußland wurde nur ein Waffenstillstand geschlossen, dem im Jahre 1700 ein endgültiger Frieden folgte. Der englische und holländische Gesandte nahmen an den Verhandlungen als Vermittler teil. Der Friedensvertrag bestimmte den Verlust Ungarns und Transsylvaniens mit Ausnahme des Gebietes von Temesvár; Polen erhielt Kameniecz zurück, während Venedig auf Lepanto und einige andere Städte in der Morea verzichten mußte. Der Dnjestr wurde die Grenze gegen Rußland.

Der Frieden machte es dem Großwesir möglich, Ordnung in die Staatsangelegenheiten zu bringen, die durch den langen und unheilvollen Krieg gelitten hatten. Der Reis Effendi Rami und der Mufti Feizullah, die beim Sultan großen Einfluß besaßen, waren seine Mitarbeiter. Einige innere Unruhen wurden schnell beigelegt. Nur im Jahre 1701 war ein Feldzug in den Irak nötig, um Basra aus den Händen einer lokalen Partei zu befreien, die sich Persien unterworfen hatte. Festungen wurden in einen besseren Verteidigungszustand gebracht, und ein neues Kanunname für die Flotte wurde erlassen. Hussein Pascha verzichtete im September 1702 auf sein Amt und starb bald danach. Seine Ablösung war teilweise das Werk des Muftis Feizullah, der den Sultan veranlaßte, an seiner Stelle Daltaban Mehmed Pascha zu ernennen. Als sich dieser zu kriegsliebend zeigte und um dieselbe Zeit durch Begünstigung der Ansprüche des Khans der Tataren Unruhe in der Hauptstadt hervorrief, ließ der Mufti ihn absetzen und hinrichten.[6] Rami wurde Großwesir. Ramis Maßnahmen, die Autorität der Zentralregierung zu stärken, waren heilsam, schufen ihm aber viele Feinde; überdies waren die Janitscharen nicht mit einem Großwesir zufrieden, der kein Soldat war. Die allgemeine Unruhe wuchs noch durch den dauernden Aufenthalt des Sultans Mustafa in Adrianopel. All diese Umstände riefen im Juli

6 Januar 1703.

1703 eine Janitscharenrevolte in Konstantinopel hervor, die zunächst gegen Rami Pascha und gegen den Mufti gerichtet war; letzterer wurde ohne große Schwierigkeiten abgesetzt; aber die Empörung dauerte unter der Leitung und Organisation eines gewissen Hassan Aga an. Eine Deputation der Rebellen, die nach Adrianopel ausgesandt war, wurde gefangengenommen und unverschämt behandelt. Zu spät versprach der Sultan, persönlich nach Konstantinopel zu kommen. Die Ulema wurden zu einem Fetwa[7] gezwungen, das die Absetzung des Sultans guthieß.

15 000 Mann marschierten nun am 12. August 1703 unter der heiligen Fahne, die Reliquien voran, gegen Adrianopel, wo sich Mustafa II., obgleich von einer starken Armee umgeben, furchtsam versteckt hielt. Rami, in dem der holländische Gesandte freilich den künftigen Wiederhersteller des alten osmanischen Ruhmes erblicken wollte, und Maurokordatos waren gewiß keine geborenen Heerführer. Haß gegen die neue Hauptstadt und ihre entnervenden Festlichkeiten erfüllte die Empörer. Zuerst verlangten sie die Häupter der Verräter, die zunächst sogar einem unparteiischen Gericht überantwortet werden sollten. Das von Hassan und dann von Rami selbst befehligte Heer des Sultans ging am 20. August zu den Rebellen über, und kaum vermochte der Wesir das nackte Leben nach Warna zu retten. Nun verlangte aus dem Lager von Solaktscheschmedschi die ganze Armee den Wesir, den Mufti, diesen ketzerischen »Perser«, und seine vierzig vorzeitig in hohe Stellungen ernannten Söhne wie auch Maurokordatos zum Opfer; aber nur der Vertreter des Glaubens, der schon einige Tage vorher abgesetzt worden war, büßte für die Sünden der ganzen Partei mit seinem Leben; er wurde durch die Stra-

7 Fetwa (auch: Fatwa) ist eine formelle gesetzliche Auskunft, erteilt von einem Mufti oder Rechtsgelehrten von Ruf in Beantwortung einer Frage, die ihm entweder von einem Richter oder einer Privatperson vorgelegt wird. Aufgrund einer solchen Auskunft kann ein Richter einen Rechtsfall (meist Eheschließung, -scheidung oder Erbrecht betreffend) entscheiden oder ein Privatmann sein Leben einrichten.

ßen Konstantinopels auf einem Esel, den ein Jude führte, zur Schau herumgeführt, dann geköpft und ausgestellt; sein verstümmelter Leichnam, den armenische Priester wieder zum Hohn begleitet hatten, wurde zur Strafe dafür, daß er dem nachteiligen Frieden seine Bestätigung gegeben hatte, in die See geworfen. Die Aufständischen, die dank dem Janitscharenaga Tschalik Ahmed die beste Disziplin beobachteten, setzten dann auf durchaus friedliche Weise Sultan Mustafa ab, der, nur noch an Frauen und Jagd interessiert, ruhig in den Kerker übersiedelte. Hier beschloß er am 31. Dezember 1703 sein Leben.[8]

Mustafa II. wurde in der Aya Sofia beigesetzt. Er wird mit Recht als weiser und guter Herrscher betrachtet, wie seine unvoreingenommene Wahl fähiger Staatsmänner beweist. Er schrieb Gedichte,[9] unter ihm erschien die kaiserliche Tughra (vgl. S. 44, Anm. 4) zum erstenmal auf den osmanischen Münzen.

8 Vgl. N. Jorga. GOR IV, S. 289.
9 Unter den Takhallus Meftuni und Ikbali.

Die Jahre des Verfalls

4. Periode (1703 – 1839)

Der Staat verliert allmählich seine Macht und gerät in die Hände mächtiger Vasallen. Dennoch ermöglicht die große osmanische Tradtition den Staatsmännern, die die Zentralisationspolitik fortsetzen, die politische Einheit des Reiches noch für ein weiteres Jahrhundert aufrechtzuerhalten.

Sultan Ahmed III.

Krieg mit Rußland

Ahmed III. bestieg den Thron am 23. August 1703 zu Adrianopel. Den aufrührerischen Janitscharen lieferte er die Opfer aus, die sie forderten; aber sobald er wieder in Konstantinopel war, entließ er das Korps der Bostandschi und ersetzte es durch eine Aushebung, die letzte in ihrer Art, von tausend Christenknaben. Mehrere Janitscharenführer ließ er hinrichten oder schickte sie in die Verbannung. Den unfähigen Baltadschi Mehmed setze er ab, um ihn durch Ali Pascha von Tschorlu zu ersetzen.[1] Die Muntafik verheerten die Gegend von Basra und schlugen die türkischen Truppen. 1709 suchte Karl XII. von Schweden, der nach der Schlacht bei Poltawa die Flucht ergriffen hatte, auf osmanischem Gebiet Schutz. Wie es scheint, hatte dieser König, den die Türken Demir Basch, das heißt »Eisenkopf«, nannten, seinen letzten Feldzug auf die eitlen Zusicherungen des Großwesirs hin unternommen, daß der Khan der Krim ihn mit seinen Tataren unterstützen werde.

Als der Baltadschi die Staatsgeschäfte wieder aufnahm, kam es zum Kriege mit Rußland. 1711, gleich zu Beginn des Feldzuges, hätte sich Peter I., der in seinen Verschanzungen von Horsiesti bei Kusch, zwischen dem Pruth und Sümpfen, eingeschlossen war, beinahe ergeben müssen. Aber Katharina I. opferte alle Kleinodien, die sie hatte herbeischaffen können, sandte sie dem Großwesir zum Geschenk und erlangte so Frieden gegen die Rückgabe von Asow und die Schleifung mehrerer Festungen. Freilich wurde der Vertrag nicht in seinem vollen Umfange ausgeführt, da schon im nächsten Jahre darin Änderungen getroffen wurden. Die Frage der montenegrini-

1 3. 5. 1706. Türkische Schreibweise: Čorlu.

schen Flüchtlinge in Cattaro führte zum Ausbruch des Krieges mit Venedig.

Der Sultan befehligte die Truppen persönlich. Tinos und Korinth kapitulierten; Argos, Nauplia wurden genommen, ebenso der Rest von Morea und die letzten venezianischen Besitzungen im Archipel. In dem Kriege mit Österreich wurden die Türken unter den Mauern von Peterwardein am 5. August 1716 von Prinz Eugen geschlagen.

Großwesir Damad Ali Pascha, ein grausamer Christenfeind, fiel dort; Temesvár ergab sich den Kaiserlichen, ebenso Belgrad nach einer unglücklichen Schlacht am 16. August 1717. Damad Ibrahim Pascha machte dem Kriege durch den Friedensvertrag von Passarowicz ein Ende.[2] Das Vordringen der Afghanen in Persien und der Russen in Schirwan ausnutzend, besetzten die Türken Georgien mit Einschluß von Tiflis[3] und ergriffen Besitz von Khoi in Persien.[4] Mit Rußland kam es am 24. Juni 1724 zu einem Teilungsvertrage, aber um dessen für die Türkei günstige Bestimmungen zu verwirklichen, war es notwendig, den Krieg gegen Persien fortzusetzen. Hassan Pascha eroberte Hamadan.[5] Eriwan kapitulierte; Täbris wurde erfolglos belagert, aber im Jahre darauf genommen. Durch die Niederlage des türkischen Heeres unter dem Oberbefehl Ahmed Paschas in der Ebene von Andschedan[6] wurde dem Feldzuge ein Ziel gesetzt, doch kam ein Frieden unter ehrenvollen Bedingungen zustande.

Unter der Herrschaft Ahmeds III. wurde im Goldenen Horn der erste in der Türkei gebaute Dreidecker vom Stapel gelassen; in den Ruinen von Hebdomon[7] wurde eine Fabrik für persisches Steingut eingerichtet; fünf neue Sammelbehälter wurden erbaut, um die Hauptstadt mit Wasser zu versorgen; der

2 21. 7. 1718.
3 1723.
4 1724.
5 Huart. Hist. de Bagdad. S. 145.
6 1726.
7 Türkisch: Tekfur Saray.

ungarische Renegat Ibrahim gründete die erste türkische Druckerei.

Die ersten Erfolge, die Tahmasp Kuli Khan,[8] der General Schah Tahmasps, davontrug, führten eine Empörung der Janitscharen herbei. Selbst die Hinrichtung des Großwesirs und noch zweier angesehener Persönlichkeiten genügte den Rebellen nicht.[9] Ahmed III. dankte ab, und sein Neffe Mahmud I. bestieg den Thron. Ahmed starb am 30. Juni 1736, wie man glaubt an Gift.

Er war leichtlebig, liebte Vögel und brachte seine Zeit damit zu, seine Frauen, von denen er einunddreißig Kinder hatte, durch Feste und Feuerwerk zu unterhalten. Jedoch besaß er die Gabe, sich hervorragende Minister auszusuchen.

In den turbulenten Jahren seiner Regierung hatte sich in einer Beziehung überhaupt nichts geändert: das Große Serail mit seiner zügellosen Verschwendungssucht blieb, was es war. Ahmed selbst neigte zu den seltsamsten Absonderlichkeiten. Als seine Tochter heiratete, bereiteten 1 500 Köche das Fest vor. Der Sultan dachte sich neuartige Zuckergärten aus, die ungefähr fünf Meter lang waren; sie wurden in Zelten angelegt, wo die Gäste von diesen Gärten knabbern konnten, wenn sie einmal eine Pause beim Anschauen von Gauklern machen oder sich beim Anhören von Konzerten erholen wollten, an denen mehr als zweitausend Musiker beteiligt waren.

Seine größte Leidenschaft waren die Tulpen,[10] die zu Tausenden in den Steppen der Mongolei wuchsen. Jetzt wurden sie noch mehr veredelt, denn in der Mitte des 16. Jahrhunderts hatte ein Kaufmann aus Amsterdam die ersten Tulpenzwiebeln nach Holland mitgenommen und später Hunderte von verschiedenen Abarten der Gartentulpen entwickelt und gezüchtet. Ahmed führte zwölfhundert verschiedene Tulpenarten für die Gärten des Serails ein. Die seltenen Blumen wur-

8 Nadir Schah.
9 1. 10. 1730.
10 Der Name »Tulpe« ist vom türkischen Spitznamen »Tulbent« abgeleitet, das einen Turban bezeichnet.

den listenmäßig erfaßt, und bei Strafe der Verbannung durfte außerhalb der Hauptstadt niemand Tulpen verkaufen.

Jeden April veranstaltete Ahmed ein Tulpenfest, wenn es möglich war, in hellem Mondschein. Meilenweit wurden im Serail auf eigens angefertigten Regalen abwechselnd Vasen mit Tulpen und mit verschieden gefärbtem Wasser gefüllte Glaskugeln aufgestellt. Dazwischen stellte man noch Lampen aus farbigem Glas. Gäste durften sich nicht in Farben kleiden, die miteinander nicht harmonisierten. Dutzende von Kanarienvogelkäfigen hingen in den Bäumen, Ahmed saß in der Mitte, wo er die Hofbeamten empfing, und an einem Abend arrangierten ausschließlich die Damen des Harems einen Wohltätigkeitsbasar, bei dem die Odalisken als Verkäuferinnen auftraten, für den Sultan natürlich, der ihr einziger Kunde war.

Sultan Mahmud I.

Beiname: »Der Gelobte«

Mächtige Vasallen

Mahmud I. wurde am 2. August 1696 als Sohn Mustafas II. geboren.[1] Bis zu seinem Regierungsantritt hatte er in Zurückgezogenheit gelebt. Eine Revolte der Janitscharen im Jahre 1730 unter Patrona Khalil hatte ihn auf den Thron gebracht. Die Revolte kostete den Großwesir Ibrahim Pascha, den Kapudan-Pascha (Admiral) und den Kjaja-Bei das Leben.

Erst einige Zeit nachher gelang es unter der Leitung des Kislar-Aga Beschir, diese Revolte, welche die Sympathie der meisten Ulema hatte und die einen sozialrevolutionären Charakter gehabt zu haben scheint, zu unterdrücken. Man hatte schon einige wichtige Ernennungen, die von den Rebellen diktiert waren, anerkennen und die Plünderung zahlreicher Lustschlösser, die unter der luxuriösen Regierung Ahmeds III. erbaut waren, zugeben müssen. Nachdem aber die Janitscharen durch ein reiches Geschenk bei der Thronbesteigung zur Ruhe gebracht waren, gelang es Beschir, ein Komplott gegen Patrona Khalil anzuzetteln. Am 15. November 1730 wurde Khalil ermordet.

Der Kislar-Aga (Chef der Frauenaufseher) übte auch weiterhin bedeutenden Einfluß auf die Staatsgeschäfte aus. Der Sultan, oft kränklich, blieb in den inneren Zimmern des Serails und beschäftigte sich mit der Lektüre der Bücher, die in der Buchdruckerei zu Konstantinopel erschienen, ferner mit Fernrohren, den aus Frankreich von Mehmed Said mitgebrachten Orgeln, mit der Musterung der europäisch geschulten Soldaten, mit den glänzenden Beleuchtungsanlagen in der Stadt

1 Das Sidjill-i 'othmani des Mehmed Thüreiya gibt übrigens den 10. 4. 1696 (= 7. Ramadan 1107) an.

und auf dem Meere, mit Besuch der Gärten seiner Serails und mit dem Verkosten der ihm feierlich vom Wesir und Obermautner Isaak-Aga dargebotenen Leckerbissen.[2] Das Zeitalter Mehmeds IV. und Mustafas mit seinen prunkvoll ausgestatteten kaiserlichen Jagden und kostspieligen Kriegszügen war längst vorüber.[3]

In der Folge kam es zu sehr häufigem Wechsel der Großwesire – unter Mahmud waren es nicht weniger als sechzehn –, aber der Staat hatte eine Reihe fähiger Männer, die als Großwesir, als Reis-Effendi, als Kjaja-Bei für das Wohl des Landes arbeiteten. Man wußte die Staatsfinanzen in guter Ordnung zu halten, sowohl durch die Konfiskation der von hohen Beamten angehäuften großen Vermögen als auch durch eine Finanzverwaltung, die zwischen dem Staatsschatz und den persönlichen Einkünften des Sultans nicht unterschied. Auch die äußeren Umstände waren günstig, namentlich nach dem Frieden von Belgrad im Jahre 1739.

Zu Beginn der Regierung befand man sich mit Persien im Kriegszustand. Dieser Krieg führte zu einem Konflikt mit Rußland, weil der Khan der Krim durch den Kaukasus marschierte, um die türkischen Truppen gegen Persien zu verstärken. Die in Konstantinopel angeknüpften Verhandlungen zeigten mehr und mehr, daß ein Krieg mit Rußland unvermeidlich sein würde; sie wurden schließlich durch die Belagerung und Einnahme von Asow im März 1736 durch die Russen abgebrochen. Inzwischen war der Krieg mit Persien, der im Jahre 1734 durch einen mit dem Pascha von Bagdad geschlossenen Waffenstillstand aufgehört hatte, im Jahre 1735 wieder-aufgenommen, als Ahmed Köprülü zum Feldherrn ernannt war. Dieser Feldzug war für die Türken unglücklich. Sie verloren eine Anzahl Städte im Kaukasus. Nichtsdestoweniger war die Entwicklung der Dinge in Persien, wo Tahmasp Kuli,

2 Vgl. Jorga. GOR IV, S. 456. Hammer GOR IV, S. 399 ff.
3 Vgl. auch Turkey. Its history and progress from the journals and correspondence of Sir James Porter, fifteen years ambassador at Constantinople, by Sir George Larpent. London 1854; Porter, Observations on the religion, law, government and manners of the Turks; deutsch Leipzig 1768.

von nun an Nadir Schah, in seinem Lager an der kaukasischen Grenze sich zum König aufwarf,[4] für die Friedensverhandlungen günstig, die zur selben Zeit angeknüpft wurden. Auf diese Verhandlungen folgte ein in Konstantinopel am 17. Oktober 1736 unterzeichneter Frieden. Die Grenzen der beiden Länder blieben dieselben, wie sie zur Zeit Murads IV. festgelegt waren.

Im gleichen Jahre fiel ein russisches Heer in die Krim ein und verwüstete sie, obwohl man zuerst in Konstantinopel und schließlich im Felde mit den Verhandlungen fortfuhr. Österreich nahm als vermittelnde Macht starken Anteil an diesen Verhandlungen, die schließlich im August 1736 auf dem Kongreß von Niemirow abgebrochen wurden. Dort wurde es klar, daß Österreich in Wirklichkeit der Verbündete Rußlands war, sodaß sich die Türkei zwei Gegnern gegenübersah. Der Krieg begann mit Nachteilen für die Türken; sie verloren Nisch an die Österreicher und Otschakow (Oczakow) an die Russen; Nisch wurde indessen im Oktober 1737 zurückerobert. In den beiden folgenden Jahren begünstigte das Glück die Türken unter Yegen Mehmed Pascha mehr. Das Ende des Krieges bezeichnete das Erscheinen der Truppen unter dem Großwesir Hadschi Mehmed vor Belgrad im Juli 1739. Vor dieser Stadt wurde unter Mithilfe des französischen Gesandten, des Marquis de Villeneuve, der berühmte Frieden von Belgrad geschlossen,[5] durch den die Türkei von neuem Herr dieser Stadt wurde. Rußland war in denselben Friedensvertrag einbegriffen; es mußte versprechen, die Befestigungen von Asow niederzureißen.

Auf diesen für die Pforte (vgl. S. 153 Anm. 1) sehr günstigen Kriegsausgang folgte eine lange Periode des Friedens mit den europäischen Staaten, die infolge des Siebenjährigen Krieges keine Zeit mehr hatten, sich für eine Teilung der Türkei zu interessieren. Die junge türkische Diplomatie bot sogar in Europa ihre Vermittlung an, was nicht wenig Erstaunen hervorrief. Allein in den Jahren von 1743 bis 1746 kam es zu

4 1. 12. 1735.
5 18. 9. 1739.

einem neuen Krieg mit Persien. 1746 fiel der türkische Heerführer, der ehemalige Großwesir Yegen Mehmed, in der Schlacht bei Murad Tepe in Kurdistan. Während dieser ganzen Zeit hatte man in Konstantinopel sowie durch Vermittlung der Oberkommandierenden der türkischen Truppen über den Frieden verhandelt. Man einigte sich schließlich auf Gundlage der Grenzen Murads IV.[6] Im Juli des gleichen Jahres starb der allmächtige Aga Beschir im Alter von 96 Jahren. Trotz der Maßnahmen des Großwesirs al-Saiyid Hassan Pascha gelang es seinem Nachfolger Beschir Aga dem Jüngeren, den gleichen Einfluß auf die Staatsgeschäfte zu erlangen. Dies neue Regime dauerte bis 1752, als man eine neue Unzufriedenheit der Janitscharen sowie der Ulema zu befürchten hatte. Der Sultan hat damals anscheinend die Initiative ergriffen und den Kislar-Aga geopfert, indem er ihn gleichzeitig mit einigen anderen Günstlingen durch List ermorden ließ.[7]

Zwei Jahre später, am Freitag, dem 13. Dezember 1754, starb Mahmud selbst auf dem Heimweg von der Moschee; er wurde in der Yeni Dschami beigesetzt.

Dieser Sultan hat ein gutes Andenken hinterlassen; es wird sogar von ihm gesagt, daß er selbst an den Staatsgeschäften Anteil nahm, obwohl die Quellen davon wenig Zeugnis ablegen. Er entwickelte am Hofe nicht den Glanz seines Vorgängers, ganz im Einklang mit der Volksstimmung, die den Sturz des letzteren hervorgerufen hatte. Mahmud ist vor allem durch seine zahlreichen Bauten bekannt, und er begann mit dem Bau der Moschee Nur-i 'Osmani. Diese Bautätigkeit zeigte sich in gleicher Weise in den Provinzen. Außerdem erwarb sich Mahmud Verdienste um die Wissenschaft durch die Gründung von vier Bibliotheken in der Hauptstadt.[8]

Die Regierungszeit ist ferner durch die Entfaltung einer sehr geschickten diplomatischen Tätigkeit der Pforte gekennzeich-

6 4. 9. 1746.
7 10. 7. 1752.
8 Es waren dies die Bibliothek der Aya Sofia, die der Walide Dschamii, die der Fatih-Moschee und die des Galata Saray.

net, die von einigen fähigen Reis-Effendis wie Raghib Pascha geführt wurde; man hatte von den europäischen Diplomaten ebenso wie von dem französischen Renegaten Bonneval gelernt, der sich von 1729 bis zu seinem Tode im Jahre 1747 in Konstantinopel aufhielt und einige gute Heeresformen einführte. Aber obwohl es den Anschein hatte, war das Osmanische Reich doch weit davon entfernt, eine starke Macht zu sein, wie schon der Historiker Dschewdet Pascha zutreffend bemerkt. So hielt sich die Pforte in der Zeit der Anarchie, die auf den Tod Nadir Schahs in Persien folgte, von einer Einmischung in die persischen Angelegenheiten völlig zurück. Von Zeit zu Zeit trugen kleinere Revolten zur Schwächung des Reiches bei; infolge des stets gefährlichen Einflusses der Janitscharen kam es zu mehreren Aufständen in Anatolien; unter Mahmud I. begannen auch die Wahhabiten die Regierung zu beunruhigen. In Ägypten gelang es den Mamelucken-Beis, eine fast unabhängige Herrschaft zu führen, trotz der energischen Maßnahmen Raghib Paschas, die er als Gouverneur dieser Provinz ergriffen hatte. Was die auswärtigen Beziehungen anbetrifft, so ist es interessant, festzustellen, daß es gerade unter Mahmuds I. Regierung dem nach dem Frieden von Belgrad sehr einflußreichen Frankreich gelang, im Jahre 1740 die Kapitulation zu erlangen, die später zum wichtigsten Dokument für die Exterritorialität der Fremden in der Türkei werden sollte.

Sultan Osman III.

Anzeichen des Verfalls

Der neue Sultan war in demselben Jahre wie sein verstorbener Bruder geboren, nämlich 1699. Am 14. Dezember 1754 bestieg er den osmanischen Thron, von dem aus fortan keine ehrfurchtsvoll aufgenommenen Befehle mehr ergehen sollten.[1]

Er war jähzornig und launisch, geldgierig und leidenschaftlich und trug seine Liebe zu einer seiner Nichten öffentlich zur Schau; ein besonderes Vergnügen bereitete es ihm, sich als Ulema verkleidet und nur in Begleitung seines Silichdars und des Sekretärs unter die Menge zu mischen, um Kundschaften einzuziehen;[2] man sah ihn den christlichen Gesandten neugierig nachlaufen. Die Straßen seiner Hauptstadt wollte er breiter und schöner machen. Den Bruder haßte und kritisierte er; da er aber die frühere Verwaltung beibehielt, so konnte seine kurze Regierung keinen Einfluß auf die Entwicklung des Reiches ausüben. Und da bei seiner Thronbesteigung ein Konflikt mit Rußland durch rechtzeitiges Nachgeben seitens des russischen Hofes beigelegt worden war,[3] hatte Osman auch in der äußeren Politik keine Entscheidung zu treffen.

Die Friedensperiode, die im Jahre 1739 mit dem Frieden von Belgrad begonnen hatte, dauerte fort. Da eine einflußreiche Persönlichkeit fehlte, konnte der Sultan nach seinem Belieben regieren, aber seine Staatshandlungen beschränkten sich fast nur auf einen Wechsel der Großwesire.[4] Sein Günstling Silich-

1 Hammer. GOR IV, S. 481.
2 N. Jorga. GOR IV, S. 463.
3 Hurmuzaki. Fragmente V, S. 188 ff. Er war wegen der Kolonie Neu-Serbien zwischen dem Bug und Kiew und der Übersiedlung rumänischer Flüchtlinge in diese steuerfreie Provinz und besonders wegen eines schon begonnenen Festungsbaues entstanden.
4 Es kam insgesamt sechsmal dazu.

dar Ali Pascha, Großwesir vom 24. August bis 22. Oktober 1755, verlor sein Amt und seinen Kopf. Die Ernennung Raghib Paschas am 13. Dezember 1756 erscheint als die bedeutendste von allen; schließlich erwies sich dieser große Staatsmann unter Mustafa III. fünf Jahre lang als ausgezeichneter Verwalter des Reiches. Osman III. interessierte sich im übrigen am meisten für das Verbot der Wirtshäuser, für das freie Auftreten der Frauen in der Öffentlichkeit und für die Kleidung seiner nichtmoslemischen Untertanen. Sein Name ist mit der großen Moschee Nur-i 'Osmani verbunden, deren Bau von Mahmud begonnen worden war und die im Dezember 1755 feierlich eröffnet wurde.

Oft ging der Sultan verkleidet unter dem Volke umher und war sehr froh, daß die lauten Klagen gegen die Verwaltung sich nicht auch gegen ihn wandten, der immer bereit war, die mißliebigen Beamten durch andere zu ersetzen. Den Wesir Nischandschi Ali ließ er – seit langem war so etwas nicht mehr vorgekommen – zwischen zwei Türen des Serails erdrosseln.

Außerhalb des Serails war der größte Teil des Landes in einem bemitleidenswerten Zustand. Ein italienischer Reisender namens Bocaretto schrieb: »Wenn man es nicht selbst gesehen hätte, dann könnte man es kaum glauben, daß menschliche Wesen in solchem Schmutz leben können. Jeden Tag gibt es eine neue Tragödie. Eines Morgens sah ich eine Pyramide von Menschenköpfen auf der linken Seite des Haupteingangs zum Sultanspalast. An einem anderen Tage wurde eine Anzahl von Gefangenen bei den Sieben Türmen über das Geländer des Turmes geworfen, der an die Folterkammer grenzt und der an der Ecke des Platzes steht, auf dem gewöhnlich die politischen Hinrichtungen stattfanden. Unter ihnen befanden sich mehrere Christen. Von der Straße aus kann man nackte und noch lebende Männer sehen, die man auf lange Stangen aufgespießt hat, wo man sie so lange hängen läßt, bis der Tod sie erlöst.«[5]

5 Vgl. N. Barber. Die Sultane. S. 129/130.

Die Regierung dieses unbedeutenden Sultans ist ferner bekannt durch die großen Feuersbrünste in der Hauptstadt in den Jahren 1755 und 1756. Er starb am 30. Oktober 1757 und wurde wie Mahmud I. in der Türbe der Yeni Dschami beigesetzt.[6]

6 Vgl. J. H. Kramers. Osman III., in: Enzyklopädie des Islam. Leipzig 1936.

Sultan Mustafa III.

Der aufgeklärte Despot

Mustafa III., einer der jüngeren Söhne Ahmeds III., wurde am 28. Januar 1717 geboren.[1] Als er nach dem Tode Osmans III. am 30. Oktober 1757 auf den Thron kam, war sein weit volkstümlicherer Bruder und Thronerbe Mehmed noch nicht lange verstorben.[2] Die Türkei lebte in dieser Zeit seit dem Frieden von Belgrad[3] in Ruhe mit ihren Nachbarn. Seit Dezember 1756 war der fähige Raghib Pascha Großwesir und blieb auch der tatsächliche Verwalter des Reiches bis zu seinem Tode im Jahre 1763. Raghib hatte alle aus der Hauptstadt entfernt, die seinem Einfluß hätten zuwiderhandeln können, ergriff gleichzeitig weise Finanzmaßnahmen und suchte die militärische Macht zu erhalten. Der Sultan, der ein lebhaftes und aktives Temperament hatte, beschäftigte sich inzwischen wie seine Vorgänger mit Vorschriften, die die Kleider seiner nichtmoslemischen Untertanen und das öffentliche Erscheinen der mohammedanischen Frauen betrafen.

Um dieselbe Zeit wurde auch der niemals verwirklichte Plan wieder aufgegriffen, den Golf von Iznik mit dem Schwarzen Meere zu verbinden. Der Siebenjährige Krieg in Europa[4] war nicht ohne Einfluß auf die Politik der Pforte geblieben; nach langem Zögern ging die Türkei schließlich darauf ein, mit Preußen einen Freundschaftsvertrag zu schließen.[5] Raghib selbst war sogar zu einem Bündnis geneigt; der Sultan und mit ihm die einflußreichsten Ulema waren friedlich gesonnen.

1 Mehmed Thüreiya. Sidjill-i othmani. I, 80.
2 Dezember 1756.
3 1739.
4 1756–1763.
5 29. 3. 1761. Eine späte Folge davon mochte das Zusammengehen der Mittelmächte mit der Türkei im Ersten Weltkrieg sein.

Nach Raghibs Tod begann Mustafa selbst zu regieren, und verschiedene Großwesire folgten einander in kurzen Abständen. Von 1765 bis 1768 wurde das Großwesirat von Muhsin Zāde Mehmed Pascha verwaltet, unter dem der verhängnisvolle Krieg mit Rußland ausbrechen sollte. Schwierigkeiten mit Rußland hatten schon im Jahre 1762 begonnen, als Rußland den Herrscher von Georgien gegen den türkischen Pascha von Akhiskha unterstützte; hier sowohl wie in Montenegro arbeiteten russische Agenten im geheimen gegen die türkische Herrschaft. Ferner beklagte sich der Khan der Krim über russische Militärmaßnahmen an seiner Nordgrenze, während sich die Konföderationspartei in Polen stark für die Intervention der Pforte gegen die Angriffe der Regierung Katharinas auf die politische Freiheit einsetzte. In dieser Lage hatte die Pforte kein Interesse mehr daran, ein Bündnis mit Preußen zu suchen, wohin im Jahre 1764 Ahmed Resmi Effendi als Gesandter gegangen war. Der Sultan selbst war antirussisch, aber die Diplomatie des russischen Botschafters Obreskow und die Friedensliebe der Ulema verzögerte den Krieg, bis im August 1768 Mustafa von dem Mufti Wali al-Din einen Fetwa erhielt, der den Krieg mit Rußland billigte. Der Krieg wurde am 6. Oktober nach der Absetzung des Großwesirs Muhsin Zāde erklärt, der geraten hatte, bis zum Frühjahr zu warten. Obreskow wurde in Yedikule eingekerkert.

Im Januar 1769 begann der Krieg mit zerstörenden Raubzügen der Krimtataren im südlichen Rußland unter ihrem neuen Khan Kirim Giray; damals war de Tott als Augenzeuge bei der tatarischen Armee.[6] Im März 1769 verließ der damalige Großwesir Mehmed Emin Pascha Konstantinopel mit dem Heiligen Banner; dabei kam es zu einem Ausbruch des mohammedanischen Fanatismus gegen den österreichischen Geschäftsträger und seine Begleitung, die dem Auszug beiwohnen wollten. Während der Großwesir zur Dobrudscha zog, machten die Russen einen Angriff auf Chotin,[7] das sie aber erst im August

6 Baron Fr. de Tott. Mémoires sur les Turcs et les Tartares. Maastricht 1785.
7 Türkisch: Khočin.

einnehmen konnten. In der Zwischenzeit wurde der Großwesir abgesetzt und hingerichtet. Er wurde durch Moldowandschi Ali Pascha ersetzt, der mit den Russen an beiden Seiten des Dnjestr Gefechte hatte. Andere russische Armeen nahmen Yassy und Bukarest und rückten in Transkaukasien ein. Das Jahr 1770 war noch verhängnisvoller für die Türkei. Die Russen erreichten durch Rumänien die Donau, und im Herbst nahmen sie Kilia, Bender und Braila in unmittelbarer Nähe des türkischen Hauptquartiers in Baba Dahi. Im gleichen Jahr erschien eine russische Flotte im Mittelmeer; verschiedene Städte in der Morea wurden erobert und wieder geräumt, aber der schwerste Schlag war der Brand der türkischen Flotte in der Bai von Česchme im Juli 1770. Moldowandschi Ali – seines Großwesirats bereits entsetzt – wurde entsandt, um mit de Tott die Verteidigung der Dardanellen zu verstärken. Aber die russische Flotte bedeutete keine Gefahr mehr, und auch der Donaufeldzug des folgenden Frühlings war für die Türken günstiger. Anfang 1771 war die militärische Organisation verbessert worden. In diesem Jahre jedoch erstürmten die Russen den Isthmus von Perekop und eroberten die ganze Krim. Dies war ein endgültiger Verlust für die Türkei, und eine große Mehrheit der Tataren erklärten der russischen Kaiserin ihre Ergebenheit. Die Türken konnten sich jedoch in Otschakow und Kilburnu halten. Währenddessen begannen in Konstantinopel mühsame diplomatische Verhandlungen mit den Gesandten der europäischen Mächte, die ihre Vermittlung anboten, besonders Österreich und Preußen.

Mit Österreich schloß die Pforte im Juli 1771 einen Geheimvertrag,[8] während sie sich in den polnischen Angelegenheiten als völlig desinteressiert erklärte und sogar eine Teilung Polens vorschlug. Das Ergebnis war im Juni 1772 der Waffenstillstand von Giurgewo, dem der Friedenskongreß von Fočani folgte,[9] wo der führende türkische Vertreter der anmaßende

8 Den sogenannten Subsidienvertrag.
9 August 1772.

Nischandschi Osman Effendi war. Nach dem Fehlschlagen der Verhandlungen wurde der Waffenstillstand verlängert, und eine neue Konferenz begann im November in Bukarest. Diese Verhandlungen wurden im März 1773 ebenfalls abgebrochen, hauptsächlich mangels Verständigung über die türkischen Festungen am Schwarzen Meer. Hinsichtlich der Krim hatte die Türkei bereits einer Formulierung zugestimmt, wie sie später im Frieden von Kütschük Kainardschi angenommen wurde. In Konstantinopel widersetzten sich vor allem die Ulema den russischen Friedensbedingungen. Der Krieg des Jahres 1773 war nicht sehr ereignisreich. Das Hauptquartier wurde nach Schumna verlegt, nachdem Muhsin Zāde zum zweiten Male Großwesir geworden war.[10] Die Russen erfochten bei Karasi in der Dobrudscha einen Sieg, griffen aber Silistra und Warna vergeblich an. Beirut wurde durch russische Schiffe bombardiert; diese standen in Verbindung mit dem Aufstand des Mamelucken Ali Bei in Ägypten, der durch die Russen unterstützt wurde. Im Sommer 1773 wünschte Sultan Mustafa, die Armee gegen die Russen zu begleiten. Aber er wurde durch seine Umgebung und seine Krankheit, der er am 24. Dezember 1773 erlag, daran gehindert. Mustafa wurde in seiner eigenen Türbe bei der Laleli Dschami beigesetzt, deren Bau er im Jahre 1759 begonnen hatte.[11]

Mustafa III. wird in den türkischen Quellen als guter Herrscher gepriesen. Er hatte eine besondere Vorliebe für religiöse Disputationen in seiner Gegenwart und war besonders astrologischen Berechnungen zugetan. Er war an den nebensächlichsten Dingen interessiert, und dies hinderte ihn an einer wirklich staatsmännischen Einsicht, wie sie in den letzten Jahren seiner Regierung besonders fehlte. J. H. Kramers bezeichnet ihn als »aufgeklärten Despoten«,[12] aber sogar ein fähigerer Herrscher würde wahrscheinlich daran gescheitert sein, die Türken aus ihrer militärischen Unterlegenheit gegenüber den

10 Dezember 1771.
11 Vgl. Hadikat al-Djawami. I, 23.
12 J. H. Kramers. Mustafa III. In: Enzyklopädie des Islam. Leipzig, 1936.

russischen Armeen zu retten. Militärische Organisationsmaßnahmen wurden mit Hilfe von de Tott ergriffen; aber dies konnte nicht verhindern, daß zu gewissen Zeiten des Krieges die Fahnenflucht verhängnisvolle Ausdehnung annahm. Außer der Laleli Dschami baute Mustafa die Ayazma Dschami in Skutari für seine Mutter. Er ließ eine neue Vorstadt von Stambul außerhalb des Yeni Kapu bauen. Seine Regierungszeit ist weiter bemerkenswert durch das schwere Erdbeben, das große Teile der Hauptstadt im Jahre 1766 in Trümmer legte.

Sultan Abdul Hamid I.

Orient in Flammen

Abdul Hamid I. bestieg am 21. Januar 1774 den osmanischen Thron. Er setzte zwar mit Pomp den Krieg gegen Rußland fort; aber die neuen Siege der Zarin in Bulgarien zwangen ihn, die seinen Unterhändlern am 16. Juli 1774 zu Kütschük Kainardschi diktierten, für alle Zukunft entscheidenden Friedensbedingungen anzunehmen: Rußland gewann zu Asow noch die Seefestungen Kertsch, Yenikale und Kinburn und wurde dadurch zu einer ausschlaggebenden Seemacht am Schwarzen Meer. Außerdem erhielt es die kleine und die große Kabardei im Kaukasus, das Schutzrecht über Moldau, Walachei und über die Inseln des Archipels; die Tataren der Krim wurden unter einem von ihnen selbst frei gewählten Khan unabhängig.

Die nächste Aufgabe des neuen Herrschers war, die infolge des verhängnisvollen Krieges unbotmäßigen Provinzen niederzuwerfen. In Syrien und Palästina waren der fast neunzigjährige Scheik Omar al-Tahir und seine Söhne die eigentlichen Herren des Landes. Die ägyptischen Mamelucken-Beis erwiesen sich als unfähig, sie zu vernichten, aber dem energischen Kapudan-Pascha Hassan gelang es im Jahre 1775, den Scheik tot in seine Gewalt zu bringen und dank der Unterstützung durch den nachmals so berühmten Ahmed Bei al-Dschazzar 1776 den Aufstand bis auf den letzten Rest niederzukämpfen.

Kurze Zeit darauf sollten sich die türkischen Waffen mit den persischen messen. Karim Khan, der mächtigste der persischen Duodezfürsten, hatte osmanisches Gebiet an sich gerissen. Das Heer des Kalifen wurde von den Persern bei Kerkuk überfallen[1] und mit empfindlichen Verlusten auf Mossul

1 Dezember 1776.

zurückgeworfen. Auch Basra blieb in der Gewalt des kriegserfahrenen Karims.

Noch gefährlicher wurden dem Osmanischen Reiche die Pläne der europäischen Regierungen. Der Frieden mit Rußland war kaum geschlossen, so legte Österreich mit einem Schlage Hand auf die Bukowina. Die Pforte war ohnmächtig und entsagte schließlich der verlorenen Provinz durch Vertrag.[2]

Gegen den ratifizierten Frieden von Kütschük Kainardschi (südlich der Donau an der Westküste des Schwarzen Meeres) setzte die Pforte unklugerweise von Anfang an die Mächte in Bewegung, sie verlangte von Rußland sogar durchgreifende Milderungen. Die Zarin aber stützte den von Rußland auf den Schild gehobenen Tatarenkhan, einen Freund europäischer Kultur, mit allen Mitteln, und als der Großwesir sich fortwährend sträubte, rückte sie in Perekop ein, das den Schlüssel zur Krim darstellt.[3] Endlich beseitigte die Anerkennung des rußlandfreundlichen Khans durch die Pforte die Gefahr des Krieges.[4] Eine gegen ihren Schützling ausgebrochene Empörung bot dann im Frühjahr 1783 Katharina einen Vorwand, um die Küste des Schwarzen Meeres und das ganze Tatarenland ihrem Reiche einzuverleiben. Abdul Hamid fügte sich durch die Akte vom 8. Januar 1784 in das Geschehene.

Die Dinge schienen eine friedliche Wendung zu nehmen, da traten 1784 sämtliche Khane und Völkerschaften des Kaukasus, christlichen und mohammedanischen Glaubens, gegen den russenfreundlichen Heraklius, Fürst von Georgien, unter die Waffen. Diese an Ruhmestaten reichen Fehden wurden von beiden Seiten geschürt und bewirkten zuletzt, als Rußland sich darauf versteifte, die Händel daselbst allein zu schlichten, die Kriegserklärung der Pforte und den großen Streit, der den ganzen Orient in Flammen setzte. Der Angriff, mit dem die Osmanen sofort den Helden dieses Krieges, den in Kinburn –

2 Mai 1775.
3 Dezember 1776.
4 März 1779.

gegenüber Odessa – befehligenden General Suwarow, überraschten, wurde mit leichter Mühe abgeschlagen. Noch mißlicher wurde die Lage des Sultans, als Kaiser Josef II., nachdem er schon vorher in Serbien eingebrochen war, im Februar 1778 tatsächlich den Krieg erklärte. Selbst Hassan Pascha, der Löwe des Islams, wie man ihn nannte, sah seine ganze Flotte im Liman am Gestade der Krim vernichtet.[5] Ein Glück für die Türkei war es, daß wenigstens das kleine Schweden die Russen mit Krieg überzog und Österreich, wiewohl leidlich erfolgreich in Bessarabien, weder in Serbien noch in Siebenbürgen glänzend abschnitt. Das Ereignis des Kriegsjahres war die unvergleichliche Waffentat Suwarows, die Erstürmung Otschakows im Dezember 1788. 10 000 Türken und unermeßliche Beute bedeckten die Walstatt. Damit war Bessarabien für den Großherrn so gut wie verloren. 1789 war es noch zu keinem weiteren Zusammenstoß gekommen, als Abdul Hamid am 7. April infolge eines Schlaganfalles verschied.

Einige Jahre vor seinem Tode hatte der Sultan ein Geschenk erhalten, das ihm ausnehmend gut gefiel: nämlich eine goldhaarige Französin mit einer vorwitzigen Stupsnase unter großen blauen Augen. Sie stammte aus einem vornehmen normannischen Geschlecht und war von algerischen Seeräubern geraubt worden, als sie sich nach dem Besuch einer Klosterschule in Frankreich auf dem Heimweg nach Martinique befand, wo ihre Eltern lebten. Die Piraten hatten sie zum Bei von Algier mitgenommen, der sie dem Sultan zum Geschenk machte. Sie hieß Aimée Dubucq de Rivery.

»Naksch«, das heißt »die Schöne«, so wurde sie von den Odalisken im Harem genannt, schenkte dem alternden Abdul Hamid nach einem Jahr einen Sohn, Mahmud, was den Sultan außer sich vor Freude geraten ließ. Er veranstaltete ein großes Tulpenfest und ließ mitten im Serail einen Köschk errichten, der aus gesponnenem Zucker war und mit Palmen geschmückt wurde, dem traditionellen Symbol für Fruchtbar-

5 Juni und Juli 1788.

keit. Nachtigallenkäfige hingen in den Bäumen oder waren rund um die plätschernden Springbrunnen aufgestellt. Später fanden Ringkämpfe im Hippodrom statt, denen Aimée ungesehen von einem Gitterfenster aus zuschauen konnte. Fünfhundert Schafe wurden nach ritueller Vorschrift geschlachtet und an die Armen verteilt.

Das Porträt, das uns die Zeitgenossen von dem Sultan entwerfen, ist nicht gerade schmeichelhaft: körperlich unbeholfen, geistig ungebildet, habe er weder Einsicht noch Entschlossenheit besessen. Er vermochte weder die verheißungsvolle nationale und religiöse Bewegung im Kaukasus auszubeuten noch sich der Mittel, die ihm Flotte und Heer boten, erfolgreich zu bedienen.[6]

6 K. Süssheim. Abdul Hamid I. In: Enzyklopädie des Islam. Leipzig, 1936.

Sultan Selim III.

Reformen und Bündnisse

Selim III. folgte am 7. April 1789 seinem Onkel Abdul Hamid I. auf dem Thron. Seine Regierung wird gekennzeichnet durch verlustreiche Kriege gegen europäische Mächte und Aufstände im Inneren, die die Schwäche des Osmanischen Reiches schonungslos offenbarten, gleichzeitig aber durch die unaufhörlichen Anstrengungen des Sultans und einer Partei aufgeklärter Männer, die alten morschen Einrichtungen des Staates auf neuer Grundlage aufzubauen, Bestrebungen, die schließlich zu seiner Absetzung führen sollten.

Sogleich nach seiner Thronbesteigung setzte er mit großer Tatkraft den Kampf gegen Rußland und Österreich fort; doch wurden die Türken bei Fočani in der Moldau von den Österreichern[1] und besonders bei Martinesci am Flusse Buza in der Walachei von den verbündeten Österreichern und Russen[2] geschlagen. Am 10. November 1789 nahmen die Österreicher Bukarest ein, nachdem schon Belgrad in ihre Hände gefallen war. Zu gleicher Zeit setzten die Russen unter Potemkin ihre Eroberungen in Bessarabien fort und nahmen Bender. Der Vertrag mit Schweden vom 11. Juli, der diesem Lande Subsidien im Kampfe gegen Rußland sichern sollte, war nur von geringem Nutzen, und Selim, der durch die Tradition gehindert war, selbst zum Heere zu gehen, rief alle Moslems zum »Heiligen Kriege« auf. Im nächsten Jahre ließ die österreichische Gefahr nach, denn ein Bündnisvertrag mit Preußen[3] stärkte die türkische Position gegenüber Österreich; überdies war Josef II. am 20. Februar 1790 gestorben.

1 1. 8. 1789.
2 22. 9. 1789.
3 31. 1. 1790.

Nachdem Preußen am 27. Juli mit Österreich die Konvention von Reichenbach geschlossen hatte, durch die Österreich sich verpflichtete, mit der Türkei Frieden zu schließen, und in der beide Staaten die Unverletzlichkeit des Osmanischen Reiches garantierten, wurde ein Waffenstillstand in Giurgewo[4] vereinbart, dem nach sehr langwierigen Unterhandlungen der Frieden von Zistowa[5] folgte. Dieser Vertrag, der durch Vermittlung Preußens, Englands und Hollands zustande kam, gab der Pforte die Donaufürstentümer zurück; nur Alt-Orsowa mußte an Österreich abgetreten werden.

Der Krieg gegen Rußland war im Laufe des Jahres 1790 sehr verlustreich gewesen. Die Russen unter Repnin überschritten die Donau bei Galatz und brachten den Türken bei Matchin eine vollständige Niederlage bei.[6] Da die Stimmung in Konstantinopel, auch infolge einer großen Feuersbrunst, sehr gedrückt war, so beauftragte die Pforte den Großwesir, einen Waffenstillstand abzuschließen. Hierauf folgte der Friedensvertrag von Yassy.[7] In dreizehn Artikeln wurde der Vertrag von Kütschük Kainardschi erneuert; im Westen wurde der Dnjestr die Grenze zwischen den beiden Mächten, während im Osten die Pforte die Verpflichtung übernahm, die Tatarenstämme auf dem linken Ufer des Kuban in Schach zu halten; die Krim ging dem Osmanischen Reiche endgültig verloren.

Sogleich nach dem Kriege nahm der Sultan die Durchführung der Reformen in die Hand, die er für die Festigung seines Reiches als notwendig erkannt hatte. So achtete er schon zu Beginn seiner Regierung darauf, daß die Gesetze gegen den Luxus befolgt würden. Bald darauf beauftragte er eine Anzahl bekannter und aufgeklärter Männer aus dem Heere, der Verwaltung und den Ulema, ihm Pläne für Reformgesetze zu unterbreiten. Alle Vorschläge wurden in den Palast gesandt

4 17. 9. 1790.
5 Westlich von Rusčuk an der Donau am 4. 8. 1791.
6 9. 4. 1791.
7 Der Waffenstillstand wurde am 11. 8. 1791 in Galatz geschlossen; zu dem Friedensvertrag von Yassy kam es am 9. 1. 1792.

und, so scheint es, in einer Weise behandelt, die der Antireformpartei die Handhabe bot, sie ins Lächerliche zu ziehen und ihre unaufhörliche Propaganda gegen sie zu entfalten. Indessen schritt der Sultan auf dem eingeschlagenen Wege tatkräftig fort. Der Diwan wurde erweitert zu einer Körperschaft von etwa 40 Mitgliedern unter dem Vorsitz des Großwesirs oder des Muftis, je nach den zu behandelnden Angelegenheiten.

Eine der ersten Maßnahmen war die Gründung eines neuen Staatsschatzes zur Bestreitung der Kosten der neuen Einrichtungen. Er wurde aus allen irgend verfügbaren Einkünften gebildet, im besonderen aber durch die Einziehung einer großen Anzahl von Lehen, deren Inhaber ihren militärischen Verpflichtungen nicht nachgekommen waren. Es wurde eine Anordnung für die Untersuchung dieser Lehen getroffen. Durch diese und andere Einkünfte wurde die finanzielle Grundlage der Neuerungen gebessert. Im Jahre 1792 wurde das erste Korps neuer regulärer Truppen aus den Bostandschis gebildet. Sie waren für den Schutz der großen hauptstädtischen Wasserwerke in der Nähe des Schwarzen Meeres beim Dorfe Belgrad-Köy bestimmt, wo man zu jener Zeit einen russischen Einfall befürchtete. Ausgedehnte Baracken wurden für sie bei Lewend Čiftlik gebaut, wo sie einexerziert wurden.

Doch erwies es sich als schwierig, Freiwillige zu bekommen. Diesem ersten Versuch ließ man ein noch größeres Lager bei Skutari folgen. Dort entstand rings um die riesigen Selimije-Baracken fast eine neue Stadt mit Moscheen und Badehäusern für die neuen Truppen. Andere Maßnahmen betrafen die Versorgung der Armee, die Wiederherstellung der Disziplin unter den Janitscharen, die Reorganisation des Dschebedschi-Korps und der Artillerie. Bei der Reorganisation dieser Truppen wirkten die Franzosen in erheblichem Maße mit. Die Reformtätigkeit erstreckte sich ebenso auf die Verbesserung der Befestigungen am Bosporus, auf den Neubau von Kriegsschiffen unter der tatkräftigen Leitung von Kapudan-Pascha Kütschük Hussein, auf die Herstellung von Munition und die Unterweisung der Offiziere.

Das Volk nahm all diese Neuerungen willig hin, trotzdem gab es eine starke Gegenpartei, die wesentlich aus den Janitscharen und den Ulema bestand. Doch unterstützten die Aufgeklärteren unter diesen die Reformen.

Die Pforte richtete inzwischen ihre ganze Aufmerksamkeit auf ihre Beziehungen zu den fremden Mächten: neue Gesandte wurden an die europäischen Höfe gesandt, und in Konstantinopel entfaltete sich eine lebhafte diplomatische Tätigkeit. Die internationale Lage stand ganz im Zeichen der Französischen Revolution. Obgleich die Hinrichtung Ludwigs XVI. Selim erschütterte, der schon vor seiner Thronbesteigung mit ihm in Briefwechsel gestanden hatte, so gelang es doch den Abgesandten der Revolutionsregierung, im Diwan Sympathien zu gewinnen. Sie hatten einflußreiche Helfer in Konstantinopel, z. B. den wohlbekannten damaligen schwedischen Dragoman und späteren schwedischen Minister Mouradgea d'Ohsson,[8] und hätten beinahe die Türken zu einer Kriegserklärung gegen Rußland verleitet.

Durch die französische Expedition gegen Ägypten änderte sich sehr bald die profranzösische Stimmung im Diwan. Vergebens gab der französische Vertreter in Konstantinopel, Ruffin, beruhigende Erklärungen über die friedlichen Absichten seiner Regierung ab. Am 4. September 1798 erklärte die Türkei Frankreich den Krieg. Ruffin und mit ihm die französischen Konsuln und Kaufleute wurden ins Gefängnis gesteckt.

Am 5. Januar 1799 schloß die Pforte ein Bündnis mit England. Die ersten türkischen Truppen landeten erst am 25. Juli in Abukir; aber Napoleon zwang sie mit seiner Armee, die gerade von der Belagerung von St. Jean d'Acre zurückkehrte, wo Dschazzar Pascha bei der Verteidigung der Stadt als treuer Vasall des Sultans geglänzt hatte, auf die Schiffe zurückzugehen. Gegen Schluß des Jahres hatte eine türkische Armee von 80 000 Mann – darunter 4 000 Mann neue reguläre Truppen – Syrien erreicht, wo Dschazzars Truppen zu ihr stießen.

8 1796–1799.

Am 28. Januar 1800 schloß der Großwesir einen Waffenstillstand mit General Kleber, in dem die Franzosen die Räumung Ägyptens versprachen. Aber nach dem Bruch des Vertrages durch die Engländer griff Kleber den Großwesir an, der sich auf dem Vormarsch nach Kairo befand, und brachte den türkischen Truppen nahe bei den Ruinen von Heliopolis (20. März 1800) eine entscheidende Niederlage bei.

Die Türken zogen sich darauf in die Wüste zurück. Schon ein Jahr später, nämlich im März 1801, nahmen die Türken unter Kapudan-Pascha Kütschük Hussein wiederum an dem ägyptischen Feldzug teil. Diesmal hatte die Unternehmung die endgültige Räumung des Landes durch die Franzosen zur Folge, während britische Truppen in Ägypten zurückblieben. Der andere Verbündete der Türkei war Rußland. Nachdem eine russische Flotte bereits im September 1798 im Bosporus erschienen war, wurde am 23. Dezember ein Bündnisvertrag geschlossen. Die vereinigte türkisch-russische Flotte segelte darauf an die Westküste von Griechenland und vertrieb im März 1799 die Franzosen von den Ionischen Inseln.[9] Diese Inseln wurden damals als eine Republik unter dem Schutze der Türkei und Rußlands eingerichtet. Mittlerweile war es Ali Pascha von Janina gelungen, zeitweilig einige Seehäfen in Albanien zu besetzten. Trotz des russischen Bündnisses blieben die Beziehungen zu Rußland gespannt. Durch die Vermittlung Preußens kam am 9. Oktober 1801 in Paris ein Vorfrieden mit Frankreich zustande. Durch ihn wurden die volle Souveränität der Pforte über Ägypten und die neue Republik der sieben Ionischen Inseln anerkannt. Zur Unterzeichnung dieses Vorfriedens wurde der berühmte Sebastiani zum erstenmal in außerordentlicher Mission nach Konstantinopel gesandt. Im Frieden von Amiens, durch den eben diese Abmachung bestätigt wurde,[10] trat die Pforte nicht als Vertragspartner auf. Sie schloß im Juni einen Sonderfrieden mit

9 Diese ehemalige venezianische Besitzung war im Frieden von Campo Fornio am 17. 10. 1799 von Österreich Frankreich überlassen worden.
10 27. 3. 1802.

Frankreich. In der Zwischenzeit bemühten sich der Großwesir und Kapudan-Pascha durch Ausrottung der großen Mameluk-ken-Beis, die Ruhe in Ägypten wiederherzustellen. Da hinter diesen aber die Engländer standen, so war dieser Versuch ohne Erfolg, und im Dezember kehrten beide nach Konstantinopel zurück. Die Räumung durch die englischen Truppen erfolgte erst 1803, nachdem am 9. Januar des Jahres in Konstantinopel zwischen dem Botschafter Lord Elgin und dem Reis Effendi ein Abkommen geschlossen war, in dem die Pforte die Verpflichtung übernahm, die Mamelucken zu begnadigen.

Die Lage im Innern war während dieser ereignisreichen Jahre gleichfalls sehr wenig beständig gewesen. Gleich nach dem Friedensschluß von Yassy hatten Bandenführer (Osman Pascha und andere) die Bevölkerung Rumeliens in Schrecken gehalten. Hinter ihnen standen einflußreiche Leute in Konstantinopel, Gegner der Reformen, im besonderen Yussuf Aga, der erste Stallmeister der Sultanwalide. Im Jahre 1797 hatte Pazwan-Oghlu einen großen Teil Bulgariens erobert, und als eine Expedition gegen ihn unter dem Kapudan-Pascha Hussein fehlgeschlagen war, mußte sich die Pforte seinen Ansprüchen fügen und ihn als Pascha anerkennen. Aber schon 1801 fiel Pazwan-Oghlu, der sich von Österreich geschützt wußte, in die Walachei ein. Die Pforte (vgl. S. 153 Anm. 1) versuchte im Jahre 1803, durch Ernennung Ali Paschas von Janina zum Beilerbei von Rumelien die Ordnung wiederherzustellen, aber vergebens. Ali Pascha geriet in den Verdacht, mit Pazwan-Oghlu in geheimer Verbindung zu stehen, und wurde wiederum seines Postens enthoben.

Im Dezember 1803 betrieb er dann die Ausrottung des kleinen Volkes der Sulioten.[11] Bei der Bekämpfung der rumeli-

11 Griechisch-albanischer Volksstamm, ursprünglich im Süden von Janina (Epirus). Stammte von Familien ab, die im 17. Jahrhundert vor dem türkischen Druck in den Gebirgen von Suli in der Nähe der Stadt Parga Zuflucht suchten. Sie bekannten sich zur griechischen Kirche und waren Viehzüchter und Ackerbauern. 1790 bis 1802 kämpften sie gegen Ali Pascha von Janina, verloren 1803 und wandten sich nach Parga, dann nach den Ionischen Inseln. Ali Pascha, 1820 in Janina von den Türken einge-

schen Rebellen im Verlaufe dieses Jahres waren der Pforte die neuen Nisam-Truppen von weit größerem Nutzen. Pazwan-Oghlus Einfall in die Walachei bot Rußland die erwünschte Gelegenheit zur Intervention in den Donaufürstentümern. Unter russischem Druck mußte die Pforte in eine Revision der früheren Abmachungen einwilligen: die Autonomie der Fürstentümer wurde erweitert.

Veranlaßt durch die Streifzüge Pazwan-Oghlus und die Rückkehr der Janitscharenführer, die nach dem Kriege mit Österreich des Landes verwiesen worden waren, entstanden im Jahre 1803 Schwierigkeiten mit Serbien. Die Unruhen erreichten ihren Höhenpunkt im Aufstand der Kneze (serbische Großbauern) unter dem berühmten Kara Georg (auch: Djordje Petrovič oder Karadjordje, das heißt »Schwarzer Georg«) im Jahre 1804. Weder türkische Truppen noch diplomatische Verhandlungen der Pforte führten während der nächsten Jahre zu einer Unterwerfung der Serben. Diese hatten seit seit 1805 eine eigene Verfassung und waren seit dem 12. Dezember 1806 Herren der Zitadelle von Belgrad. Im gleichen Jahre, nämlich am 30. April 1803, fiel Mekka in die Gewalt der Wahhabiten, nachdem fast die ganze Arabische Halbinsel bereits die Oberhoheit ihres Führers Abdul-Aziz anerkannt hatte.[12]

Im gleichen Jahre erschien zum erstenmal Statthalter Mohammed Ali aus Ägypten auf der politischen Bühne. Er hatte den Widerstand des Mamelucken-Beis Bardisi niedergeschlagen und wurde daraufhin im Jahre 1804 zum Gouverneur von Ägypten ernannt.

Als im Mai 1803 der Krieg zwischen Frankreich und England von neuem aufgeflammt war, hatte die Pforte den festen Entschluß gefaßt, eine streng neutrale Haltung zu

schlossen, rief die Sulioten zurück und verbündete sich mit ihnen. Sie mußten nach der Niederlage ihre Festung Suli den Türken überlassen. Gegen 3000 Sulioten wurden auf englischen Schiffen nach Kephallenia gebracht, die übrigen kämpften ruhmvoll für die Griechen.

12 Vgl. R. Hartmann in ZDMG, N. F. III (1924), S. 195.

bewahren, doch geriet sie bald in eine schwierige Stellung durch Frankreichs wiederholtes Verlangen, Napoleon als Kaiser anzuerkennen, ein Schritt, von dem russische Drohungen sie jedoch zurückhielten. Auch ein persönlicher Brief Napoleons an Selim hatte keinen Erfolg. Erst nachdem 1805 das Bündnis mit Rußland erneuert worden war, folgte 1806 die Anerkennung. Am 27. Dezember wurde schließlich an Rußland erneut der Krieg erklärt. Im nächsten Monat trat England mit übertriebenen Forderungen auf, z. B. der Abreise Sebastianis, Forderungen, die durch die Anwesenheit der britischen Flotte bei Tenedos unterstrichen wurden. Als die Pforte sich weigerte, diese Zumutungen anzunehmen, fuhr Admiral Duckworth, ohne nennenswerten Widerstand zu finden, in die Dardanellen ein; am 10. Februar 1807 erschien er vor der Hauptstadt. Nach einer kurzen Zeit der Bestürzung, während der der Kapudan-Pascha hingerichtet wurde, wurde die Verteidigung Konstantinopels unter der Leitung Sebastianis und französischer Offiziere[13] organisiert. Die Engländer traten schließlich am 1. März nach ergebnislosen Verhandlungen den Rückzug an und erreichten Tenedos nur unter beträchtlichen Verlusten. Unmittelbar darauf erklärte die Türkei an England den Krieg. Ebenso erfolglos waren die Engländer in Ägypten. Obwohl eine englische Flotte Alexandria am 17. März besetzte, wurden sie überall von Mohammed Ali geschlagen und mußten im September das Land räumen.

Inzwischen war es innenpolitisch zu einer schweren Krise gekommen. Nach 1802 waren die Reformmaßnahmen wiederaufgenommen worden. Das führte schließlich zu offenem Aufruhr der Janitscharen, die sich in Adrianopel und Kirk Kilise sammelten. Sie schlugen die Nisam-Truppen (vgl. S. 246 Anm. 2), die die Regierung im August 1806 gegen sie schickte, vernichtend. Das Ergebnis war, daß die Reformbestrebungen für den Augenblick aufgegeben werden mußten. Es war nur dem Einfluß des Muftis zu verdanken, daß alles noch so

13 Juchereau de St. Denis.

glimpflich ablief. Der Großwesir wurde durch den Janitscharen-Aga ersetzt. Die Pforte konnte nicht einmal wagen, Nisam-Truppen gegen die Russen in Rumänien zu schicken.

Die Erfolge gegen England hatten die Autorität des Sultans keineswegs neu gefestigt. Im Gegenteil: die Gegenpartei war durch den Einfluß der Franzosen während der Befestigung von Konstantinopel nur noch mehr aufgebracht worden. Obgleich die Reformpartei ihre Arbeit nur ganz im stillen fortsetzte, wurde ein Komplott mit dem Ziele der Absetzung Selims geplant. Die Führer waren Musa Pascha, der Kaimakam des Großwesirs und der neue Mufti Ata-ullah Effendi. Sie verleiteten die halb barbarischen Hilfstruppen, die Yamaks, die am Bosporus standen, zum Aufruhr. Die Rebellion brach am 15. Mai 1807 aus, weil die Truppen sich weigerten, Nisam-Uniformen anzuziehen. Der Führer der Aufrührer, Kabakdschi-Oghlu,[14] schlug sein Hauptquartier in Büyük Dere auf. Während der folgenden Tage, als Musa Pascha[15] und der Mufti den beunruhigten Sultan noch in Sicherheit zu wiegen suchten, machte die Propaganda gegen ihn Riesenschritte, und zwei Wochen später kam Kabakdschi mit seinen Gefolgsleuten nach Konstantinopel. Er brachte eine Liste aller bekannten Anhänger der Reformpartei mit. Sie wurden fast sämtlich zum At-Meidan geschleppt und getötet. Über die Absetzung des Sultans war gleichfalls entschieden. Am nächsten Tage – dem 29. Mai 1807 – erklärte der Mufti mit geheucheltem Widerwillen einer Deputation der Yamaks, daß die Absetzung Selims gesetzmäßig sei. Nach dieser Komödie begab er sich selbst zu Selim, um ihn von der Entscheidung des Volkes in Kenntnis zu setzen.

Selim dankte ab, ohne Widerstand zu leisten, und da er kinderlos war, wurde Mustafa, der älteste der beiden Söhne des Sultans Abdul Hamid, als Mustafa IV. auf den Thron gehoben.

14 Oghlu (Oğhul, Oğul) bedeutet Sohn, Sprößling, Kind aus gutem Hause. Oghul findet sich häufig auch in Familiennamen, wo es die Stelle des arabischen Wortes »Ibn« oder des persischen »Zāde« vertritt.

15 So wird der Name von Dschewdet gegeben. Zinkeisen und andere schreiben Musta Pasha.

Ein Jahr später starb Selim auf tragische Weise, als Mustafa Bairaktar mit seinen eigenen Truppen und denen des Großwesirs Tschelebi Mustafa Pascha auf Konstantinopel marschierte, um die Reformen wieder einzuführen und Selim erneut auf den Thron zu setzen. Am 28. Juli 1808 drang Bairaktar mit seinen Truppen in den ersten Hof des Serails ein und verlangte nach dem Sultan Selim. Jetzt befahl Mustafa IV. die Hinrichtung Selims, die bis dahin aufgeschoben worden war. Bairaktar kam nur einen Augenblick zu spät, um den unglücklichen Sultan zu retten, der getötet worden war, als die Serailtore aufgebrochen wurden. So wurde der jüngere Bruder Mustafas IV. – Mahmud – aus seinem Gefängnis herausgeholt und auf den Thron gesetzt.

Selim III. wird als ein Herrscher von großen natürlichen Gaben geschildert. Er schrieb Gedichte und soll auch musikalisches Talent besessen haben. Sein Reformeifer zeigt seine hohe Intelligenz, doch wurde er durch seine Neigung, sich selbst mit den kleinsten Einzelheiten zu befassen, gehemmt. Er scheint auch nicht die Fähigkeit besessen zu haben, ausgeprägte Persönlichkeiten in seiner unmittelbaren Umgebung zu dulden. Während seiner achtzehn Jahre dauernden Regierungszeit hatte er nicht weniger als zehn Großwesire. Unter den frommen Werken, die er ausführen ließ, werden vor allem erwähnt ein silbernes Tor für die Grabkapelle des Abu Aiyub Ansari und die vollständige Wiederherstellung der Fatih-Moschee. Der größte Teil seiner Bauten umfaßt die Truppenlager und die Schulen für seine Reformpläne.[16]

16 Vgl. J. H. Kramers. Selim III. In: Enzyklopädie des Islam. Leipzig, 1936.

Sultan Mustafa IV.

Absetzung und Hinrichtung Mustafas IV.

Mustafa IV. wurde am 19. September 1778 geboren.[1] Als die Antireformpartei, von den Janitscharen und den Hilfstruppen der Yamaks unterstützt, am 29. Mai 1807 Selim III. entthront hatte, wurde Mustafa zum Sultan ausgerufen. Unmittelbar danach wurde das unpopuläre Nisamidschedid-Korps[2] aufgelöst und Kabakdschi-Oghlu, der Führer der Yamaks, zum Befehlshaber der Festungen am Bosporus ernannt. Zu dieser Zeit stand die Türkei im Kriege mit Rußland und England, aber Friedensverhandlungen hatten schon begonnen, und überdies wurden die auswärtigen Angelegenheiten des Reiches tatsächlich durch die allgemeine europäische Politik beherrscht. Einer der dem Friedensvertrag von Tilsit am 17. Juli 1807 angehängten Geheimartikel hatte – bereits zu dieser Zeit – eine bedingte Teilung der Türkei im Auge. Der Verbündete der Türkei, Frankreich, versuchte, auf einen Frieden mit Rußland zu drängen, und erlangte einen russisch-türkischen Waffenstillstand in Slobosia[3] unter den Bedingungen, daß die Donaufürstentümer geräumt werden sollten. Als schließlich Rußland die Waffenstillstandsbedingungen nicht in die Tat umsetzen wollte, wurden die Beziehungen mit Frankreich gespannt,[4] und neue Kriegsvorbereitungen folgten, während England Angebote gemacht wurden. Der englische

1 Mehmed Thüreiya. Sidjill-i othmani. I, 81.
2 Wörtlich: Neue Ordnung. Das Korps der Nisam war mit der Einrichtung von Finanzen und Uniformierung der Bostandschi, d. h. der Wachtruppen, befaßt. (Wegen des unerbittlichen Eintreibens der Kopfsteuern waren die Nisamtruppen sehr unbeliebt.)
3 Bei Giurgewo, südlich von Bukarest.
4 Abreise Sebastianis im April 1808.

Admiral Codrington war schon mit Ali Pascha von Janina in Verhandlungen eingetreten.

Währenddessen waren der Kaimakam und der Mufti die tatsächlichen Herrscher in Konstantinopel. Der Großwesir blieb mit der Armee in Adrianopel und hatte keinen Einfluß.[5] Die Janitscharen und die Yamaks rebellierten jedoch weiterhin. Maßnahmen mußten gegen sie ergriffen werden, und der Sultan selbst begünstigte sogar geheime Pläne, die Nisami dschedid unter anderem Namen wiedereinzuführen. Im Dezember 1807 wurde Musa Pascha wegen seiner Meinungsverschiedenheit mit dem Mufti als Kaimakam abgesetzt. Ihm folgte Taiyar Pascha. Auch dieser wurde wieder abgesetzt und floh zu Bairaktar Mustafa Pascha, einem bekannten Freunde der Reformpartei in Rusčuk. Von hier begann die Aktion gegen das Regime in der Hauptstadt.

Bairaktar ging zuerst nach Adrianopel und verband sich im Juni 1808 mit den Streitkräften des Großwesirs. Sie erreichten im Juli Dawud Pascha[6] vor den Toren Konstantinopels. Sultan Mustafa kam am 23. Juli dorthin, um ihre Forderungen anzunehmen, die für den Augenblick nur in der Vernichtung der herrschenden Partei und der Yamaks bestanden. Am 28. Juli begann Bairaktar für seinen eigenen Vorteil zu handeln, nachdem er das Siegel des Sultans vom Großwesir an sich gerissen hatte. Er zog mit seinen Truppen zum Palaste, wohin der Sultan in Eile zurückkehrte, da er ihn kurz vorher wegen eines Ausfluges verlassen hatte. Er hatte eben nur Zeit, die Hinrichtung Selims III. anzuordnen, und wurde sofort durch Bairaktars Männer abgesetzt, die seinen jüngeren Bruder Mahmud auf den Thron erhoben.

Nachdem er einige Monate in der Haft verbracht hatte, ließ ihn der neue Sultan Mahmud am 16. November 1808 hinrichten. Dies geschah in den Tagen der allgemeinen Revolte gegen Bairaktars Regime, als die Existenz des früheren Sultans eine

5 Gemeint ist Tschelebi Mustafa Pascha.
6 Auch: Daud Pascha.

Gefahr für die Stellung Mahmuds geworden war. Mustafa wurde in der Türbe seines Vaters Abdul Hamid I. bei der Yeni Dschami beigesetzt.[7]

7 Vgl. J. H. Kramers. Mustafa IV. In: Enzyklopädie des Islam. Leipzig, 1936.

Sultan Mahmud II.

Beinamen: »Der Reformer« – »Der christliche Sultan« und »Sohn der Französin«

Der Sohn der Französin

Mahmud II., der dreißigste Sultan des Osmanischen Reiches, regierte von 1808 bis 1839. Er war der Sohn Abdul Hamids I. und dessen französischer Gattin Aimée Dubucq de Rivery und wurde am 20. Juli 1784 geboren.[1] Er folgte auf Mustafa IV. am 28. Juli 1808, sofort nach den traurigen Ereignissen, die zur Ermordung Selims III. geführt hatten. Mahmud selbst entging nur mit knapper Not dem Schicksal Selims. Bis zu seiner Thronbesteigung hatte er in völliger Abgeschlossenheit gelebt; während des letzten Jahres hatte Mahmuds Verkehr mit dem entthronten Sultan unzweifelhaft großen Einfluß auf seinen Ideenkreis ausgeübt, so daß er späterhin als Selims Rächer erscheinen konnte.

Das Großwesirat Mustafa Bairaktar Paschas, die Folge seines Sieges, dauerte nur bis zum November 1808; eine Revolte machte seiner auf Reformen gerichteten Tyrannei und seinem Leben ein Ende. Die nächsten Jahre waren von dem Kriege gegen Rußland ausgefüllt, das seit Dezember 1806 die Donaufürstentümer besetzt hielt. Bei dem Versuch, ihre Eroberungen auf dem südlichen Ufer der Donau fortzusetzen, stießen die Russen auf stärkeren Widerstand von seiten der Türkei, als sie erwartet hatten. Die zunehmende Gefahr eines französisch-russischen Krieges führte zum Frieden von Bukarest, der am 28. Mai 1812 unterzeichnet und auf seiten der Türken von Ghalib Effendi abgeschlossen wurde. In diesem Frieden brauchten die Türken nur Bessarabien an Rußland abzutreten.

In der Zwischenzeit hatte der neue Sultan eine Politik der inneren Konsolidierung des Reiches eingeleitet, eine Politik,

1 Mehmed Thüreiya. Sidjill-i Othmani. I, 73.

die so lange dauerte, bis der griechische Aufstand im Jahre 1820 alle Kräfte des Staates in Anspruch zu nehmen begann.

Die Autorität des Sultans wurde in gleicher Weise im südlichen Mesopotamien wiederhergestellt, als dort Sulaiman Pascha von Bagdad im Jahre 1810 starb. Um die Macht der Wahhabiten in Arabien zurückzudrängen, mußte die Hilfe Mohammed Ali Paschas von Ägypten[2] in Anspruch genommen werden. Mekka und Medina wurden im Jahre 1813 von Tusun Pascha zurückerobert.

In Serbien konnte erst nach Jahren größter Schwierigkeiten eine Neuordnung der Verhältnisse erreicht werden, nach der Milosch oberster Knez dieses Fürstentums blieb. Die Unterwerfung Bosniens gelang jedoch erst nach dem Jahre 1821. Dagegen konnte Ali Pascha von Janina während dieser Periode seine machtvolle Stellung behaupten. Erst im Jahre 1820 gelang es den türkischen Truppen, Janina zu belagern. In Konstantinopel ergriff der Sultan strenge Maßnahmen, besonders gegen die Janitscharen, um die Ordnung aufrechtzuerhalten.

Während dieser Zeit dauerten die diplomatischen Schwierigkeiten über die Auslegung und Durchführung des Friedensvertrages mit Rußland fort, besonders in bezug auf das Regime in der Moldau und der Walachei. Diese Schwierigkeiten sollten eine ernste Gefahr werden in dem Augenblick, als der griechische Aufstand ausbrach.

Dieser Aufstand, der teilweise eine Folge des selbstherrlichen Regiments Alis von Janina in Epirus war und heimlich von den Russen begünstigt wurde, begann im Jahre 1820 mit dem Auftreten von Alexander Ipsilantis in Rumänien und mit einer schwachen Erhebung in Morea, die von Demetrius Ipsilantis geführt wurde. Die erste Gegenwirkung auf türkischer Seite waren zahlreiche Hinrichtungen in Konstantinopel, darunter die des griechischen Patriarchen. Dann drangen die türkischen Truppen in Rumänien ein, wo Ipsilantis mit Mühe

2 Auch: Mohammed Ali Pascha.

geschlagen wurde. Da diese militärische Aktion scharfe Proteste von seiten Rußlands zur Folge hatte, dessen Gesandter Strogonow Konstantinopel verließ, wurden alsbald die türkischen Truppen zum größeren Teil zurückgezogen.

Im Jahre 1822 breitete sich die Erhebung in der Morea mit großer Geschwindigkeit aus. Tripolitza und Korinth fielen in die Hände der Aufständischen. Im selben Jahre wurde Ali Pascha von Janina ermordet. Im Mai 1823 wurde die Akropolis von Athen von den Türken ausgeliefert. Im ganzen aber blieben diese den Griechen überlegen. Um allen Schwierigkeiten mit Rußland aus dem Wege zu gehen, hatte die Pforte 1823 ganz Rumänien geräumt, zugleich aber die Erklärung abgegeben, daß sie in Zukunft keine fremde Einmischung in ihre inneren Angelegenheiten mehr dulden würde. Aber Rußland kam ständig mit neuen Ansprüchen;[3] zu gleicher Zeit blieben die übrigen europäischen Mächte nicht länger uninteressiert an den griechischen Angelegenheiten. In diesen Jahren hatte die Türkei auch noch einen Krieg gegen Persien zu bestehen, der durch persische Einfälle in Kurdistan veranlaßt worden war. Dieser Krieg endete bereits 1823. Während der nächsten zwei Jahre, in denen die Türken und Griechen einen Kleinkrieg zu Wasser und zu Lande ausfochten – bei den Griechen herrschte völlige Anarchie –, geschah nichts Entscheidendes. Die Lage änderte sich erst durch den Tod Alexanders I. von Rußland – im Dezember 1825, dadurch gelangte Nikolaus I. auf den Thron, der viel eher geneigt war, mit den Türken kurzen Prozeß zu machen – und durch die gemeinsame Aktion der ägyptischen und türkischen Truppen unter dem Befehl Ibrahim Paschas, des Sohnes Mohammed Paschas, in der Morea. Diese Aktion war von vollem Erfolge gekrönt; denn die Morea wurde völlig unterworfen.

Die türkischen Erfolge ermutigten den Sultan in seinem Vorhaben, seinen lang gehegten Plan in die Wirklichkeit

3 Unter anderem verlangte Rußland die Einteilung Griechenlands in drei Fürstentümer nach dem Muster der Donaufürstentümer.

umzusetzen, nämlich ein neues Heer zu bilden, das nach europäischem Muster ausgebildet und ausgerüstet sein sollte. Diese neuen Truppen wurden aus den Reihen der Janitscharen gebildet. Ihre feierliche Übernahme fand am 4. Juni 1826 statt; zehn Tage später brach der Janitscharenaufstand aus, der mit der völligen blutigen Ausrottung dieser einst berühmten Truppe endete.

Den letzten Überlebenden war es gelungen, sich bis zur »Großen Zisterne der tausendundeins Säulen« durchzuschlagen. Sie liegt dicht bei der Hagia Sophia und bildet einen großen unterirdischen See, der seit den Zeiten von Byzanz genug Wasser enthielt, um im Falle einer Trockenheit die Bevölkerung zwei Wochen lang zu versorgen. Ungefähr hundert Janitscharen kämpften in dem trüben Wasser wie die Löwen um ihr Leben. Licht schien nur spärlich durch Löcher im Dach herunter, das Wasser reichte ihnen bis zur Schulter, sie glitten aus, sie ertranken; den meisten von ihnen dürfte es kaum möglich gewesen sein, Freund und Feind zu unterscheiden.

Insgesamt wurden an diesem Tage wenigstens zehntausend Menschen umgebracht. Die Leichen derer, die nicht in den Flammen umgekommen oder in der Zisterne ertrunken waren, wurden in den Bosporus geworfen, wo sie viele Monate umhertrieben. Die Beseitigung der Janitscharen ist ein Ereignis, das stets mit dem Namen Mahmuds II. verknüpft bleiben wird. Es machte einen ungeheuren Eindruck im ganzen Lande, und die Reformpartei betrachtete es als den Beginn einer neuen Ära der Blüte des Landes.

Die ersten Folgen waren jedoch vernichtend. Die Macht des Reiches wurde dermaßen geschwächt, daß sich von nun an die Beziehungen zu Rußland in verhängnisvoller Weise entwickelten.

Als bald darauf Rußland, England, Frankreich und Preußen in der griechischen Frage[4] ein Abkommen unterzeichneten, das der Türkei die Unterdrückung der Aufständischen

4 7. 7. 1827.

unmöglich machte, war die türkische Diplomatie[5] gegen diese neue Einmischung machtlos. Als eine der Folgen des Abkommens wurde die türkisch-ägyptische Flotte im Golf von Navarino am 10. Oktober 1827 ohne vorherige Kriegserklärung durch die englischen, französischen und russischen Streitkräfte zerstört. Infolgedessen wurden die diplomatischen Beziehungen zu diesen Mächten abgebrochen. Doch als es endlich zum Kriege kam, ging es nur gegen Rußland.

Dieser russische Krieg, der durch die russische Kriegserklärung vom 7. Mai 1828 eingeleitet wurde, erwies sich für die Türkei als ganz besonders verhängnisvoll. Die Russen eroberten sogleich Rumänien und überschritten die Donau. Am 19. August des Jahres 1829 wurde der türkische Zusammenbruch durch die Einnahme Adrianopels von General Diebitsch vollendet. So war denn die Pforte im Friedensvertrag von Adrianopel am 14. September 1829 gezwungen, alle von Rußland geforderten Zugeständnisse zu bewilligen. Rußland gab zwar fast alle Eroberungen zurück, erlangte aber die Zahlung einer sehr hohen Kriegsentschädigung. Bezüglich Griechenlands mußte die Türkei sich der Entscheidung der Großmächte unterwerfen, und das bedeutete die völlige Unabhängigkeit Griechenlands. In den folgenden Jahren wurden die neuen Grenzen und die künftigen Beziehungen zwischen der Türkei und den neuen Staaten durch besondere Verträge geregelt.

Die wichtigsten politischen Ereignisse der neun letzten Regierungsjahre Mahmuds sind der Konflikt mit Mohammed Ali von Ägypten und die Einmischung Rußlands, die die Folge des ersten Ereignisses war und die Türkei in eine Abhängigkeit von Rußland brachte.

Andererseits bemühte sich Mahmud hartnäckig um die Festigung seiner Herrschaft im Innern des Landes. Der eigent-

5 Seit dem Anfang des Jahres 1827 wurde die türkische Diplomatie von dem fanatischen Pertew Effendi als Reis Effendi geführt.

liche Träger dieser Politik wurde der frühere Großwesir Kaschid Pascha, der nach seiner Rückkehr aus der ägyptischen Gefangenschaft zum Gouverneur von Siwas ernannt wurde. Seine Bemühungen um Wiederherstellung der Ordnung im östlichen Anatolien und in Armenien waren von Erfolg gekrönt, vor allem gelang ihm die Unterwerfung der kurdischen Stämme.

Während des gleichen Zeitraumes hatte der Sultan wiederholt gefährliche Revolten in Albanien und Bosnien zu unterdrücken. Die Lage in Serbien blieb ruhig. Im Jahre 1837 war die Situation im Innern so weit gefestigt, daß Mahmud eine Reise in seine europäischen Provinzen unternehmen konnte, eine Reise, die einen unerhörten Bruch mit den überkommenen Gewohnheiten der osmanischen Herrscher bedeutete. Es war eine seiner letzten öffentlichen Handlungen. Mahmud starb am 1. Juli 1839 in Konstantinopel in seinem Palast Tschanlidscha oberhalb Skutari.

Nach den zahlreichen Schilderungen, die wir von diesem Sultan besitzen, kann es keinen Zweifel daran geben, daß er eine starke Persönlichkeit war, der seine eigenen Ideen in der Regierung seines Reiches zur Geltung zu bringen verstand. In seiner unmittelbaren Umgebung gab es nur wenige Männer von bedeutendem Range. Aber die Aufgabe, die sich Mahmud gestellt hatte, nämlich sein Reich nach europäischem Muster zu reformieren, überstieg fast die Kraft eines Menschen in der äußerst ungünstigen politischen Lage, die fast während seiner ganzen Herrschaft andauerte. Dazu muß man gerechterweise die enormen Schwierigkeiten in Betracht ziehen, die in den überkommenen Einrichtungen und in den Ansichten aller Schichten des türkischen Volkes jener Zeit begründet waren. Mahmud ist als Reformer häufig mit Peter dem Großen verglichen worden, obwohl die Verhältnisse ganz verschiedenartig lagen. Von anderer Seite ist er getadelt worden, weil er seine Reformen da begonnen habe, wo er sie hätten enden lassen sollen, weil er bestehende Einrichtungen abschaffte, ohne imstande zu sein, etwas anderes an ihre Stelle zu setzen. Vor allem in der heutigen Türkei fällt das Urteil über Mahmud meist sehr hart aus.[6]

Es ist jedoch sehr wahrscheinlich, daß ohne die durchgreifenden Maßnahmen dieses Sultans die folgende Periode der Tanzimat (das sind Neuordnungen, Reformen) nicht möglich gewesen wäre.[7] Mahmud war der erste osmanische Sultan, der eine Ausbildungsanstalt für Ärzte einrichtete, in der französische Ärzte tätig waren. Er schickte Gruppen von Studenten zum Studium nach Paris, London und Wien. Er schuf ein Quarantänesystem, um die alljährlich wiederkehrenden Ausbrüche der Pest zu bekämpfen, die im Jahre 1812 hundertfünfzigtausend Menschen tötete und jahrhundertelang die Bevölkerung Konstantinopels dezimiert hatte. Er ließ die erste Volkszählung durchführen, bei der sechshundertdreißigtausend Einwohner in Konstantinopel gezählt wurden, und gründete eine Zeitung und einen offiziellen Staatsanzeiger. Er ließ Kleinmünzen prägen und baute die erste Brücke über das Goldene Horn. Zum Entsetzen der vielen an der Überlieferung hängenden Türken änderte er auch die Nationaltracht. Über Nacht wurden die bauschigen Pluderhosen abgeschafft, die mit Zobelfellen besetzten Kaftane und die Turbane verschwanden, um bei allen Beamten durch enge schwarze Hosen, den »Stambulin«, einen wenig kleidsamen schwarzen rockähnlichen Mantel, und den »Fes« ersetzt zu werden, eine rote Kopfbedeckung, die aus Marokko stammte. Natürlich gab es auch äußerst unsinnige Bestimmungen, wie zum Beispiel einen Erlaß, der die Länge von Schnurrbärten regelte.

Die wichtigste von Mahmuds Reformen erstreckte sich auf das Heer. Sie hatte, wie schon erzählt, die Ausrottung der Janitscharen zur Folge – doch gelang die Bildung einer Armee nach europäischem Muster erst viel später.

Im Regierungssystem entwickelte sich nach und nach ein Kabinett von Staatsministern nach europäischer Art. Weiter

6 Vgl. Halide Edib. Memoirs. London, 1926 (237 ff.).
7 Vgl. N. Barber. a. a. O. Außerdem: Rosen. I, 300 ff.

hatte Mahmud im Oktober 1826 den Weg gebahnt zu einer besseren und würdigeren Stellung der Staatsbeamten. Dadurch wurde das Recht des Sultans auf Einziehung der Vermögen verstorbener Staatsbeamten beseitigt. Es dauerte jedoch noch lange Zeit, ehe sich ein zuverlässiges und staatstreues Beamtentum herausgebildet hatte. Die Männer, deren Dienste Mahmud in Anspruch nehmen mußte, waren oft bestechlich; ein Umstand, den sich die anderen Mächte, vor allem Rußland, in ausgedehntem Maße zunutze machten.

Mahmud II. liegt in der Türbe (Grabkapelle), die seinen Namen trägt, begraben. Sie wurde von seinem Sohn und Nachfolger Abdul Medschid in Stambul auf dem Diwan Yolu errichtet.

Der Zusammenbruch

5. Periode (1839–1922)

In dieser Epoche zeichnet sich auf Grund des Einflusses westeuropäischer Ideen eine Wiederbelebung des Staates in kultureller und administrativer Hinsicht ab.

Die Tanzimatepoche, Osmanismus, Pantürkismus und Panislamismus bildeten meist nur vorübergehend die neuen politischen Ideale. Infolge des endgültigen Verlustes fast aller nichttürkischen Gebiete im Kriege wurde zuletzt der türkische Nationalismus geboren, die einfachste und gleichzeitig wirksamste Form des türkischen Patriotismus, die nicht von irgendwelchen religiösen Ideen und Rassenfragen gehemmt wurde.

Sultan Abdul Medschid

Auf dem Wege zum Krimkrieg

Abdul Medschid, geboren am 23. April 1823, kam mit erst sechzehn Jahren am 8. Juli 1839 auf den Thron der Osmanen. Seine Mutter Besma, die einst Dienerin im Bad gewesen war, war immer der Überzeugung, daß Trunksucht den Tod ihres Gatten beschleunigt habe. Deshalb warnte sie ihren Sohn vor dieser Gefahr – leider vergeblich. Sie suchte ihn dadurch zu schützen, daß sie die übriggebliebenen Vorräte Mahmuds an Champagner, Branntwein und Wein vernichtete. Wenigstens fünfzigtausend Flaschen wurden an der Stadtmauer zertrümmert und in den Bosporus geworfen, zusammen mit allen Karaffen und Gläsern, die Aimée gesammelt hatte.

Besma ermunterte schließlich ihren Sohn dazu, sich mit den Damen im Harem zu vergnügen – wann immer er wollte. Denn der gutmütige und freundliche Abdul Medschid, von dem des heißt, daß er schwächlich und schmalbrüstig war, einen trüben Blick hatte und kränklich aussah, soll stets dem Charme der Mädchen erlegen sein, die ihm seine Mutter zuführte. Dies brachte mit sich, daß Medschid schon früh durch übertriebene sexuelle Ausschweifungen geschwächt war, schließlich impotent wurde und zur Flasche griff.

Der neue Sultan war im Grunde weder liederlich noch lasterhaft. Aber die mit der Regierung verbundenen Mühen waren ihm zuwider, er wollte lieber sein großes Vermögen genießen. Als er erwachsen wurde, entschloß er sich daher, sein Privatleben vom Regierungssitz zu trennen und begann, für sich und seine Familie ein Haus am Bosporus zu bauen.

Das war der Palast von Dolma Bachtsche, der »wohlgefüllte Garten«, der auf einem Land lag, das von sechzehntausend christlichen Sklaven zu Zeiten Sulaimans dem Meer abgerungen worden war. Abdul Medschid vergab den Auftrag an einen armenischen Architekten namens Balian, ließ ihm völlig freie Hand und stellte ihm unbegrenzte Geldmittel zur Verfügung. Es wurde ein riesiger Palast, und über den Geschmack ließ sich streiten. Seine Terrasse aus Marmor erstreckte sich längs der Küste des Bosporus über eine halbe Meile. Zur Verzierung wurden mehr als vierzehn Tonnen Blattgold verwendet. Der Thronsaal war fünfundvierzig Meter lang, das Dach wurde von vergoldeten korinthischen Säulen getragen, von denen jeweils vier beieinanderstanden. Sie reflektierten den Glanz der größten Spiegel der Welt, während im Tanzsaal in der Mitte ein Kronleuchter hing, der mehr als vier Tonnen wog. Es war der größte Ballsaal der Welt. Unmittelbar in der Nähe der hohen Decke des Raumes spielten die Musikanten auf vier Galerien, und dort gab es auch fächerförmige vergitterte Fenster für die Damen des Harems, von denen aus man die Festlichkeiten unten beobachten konnte. An den Haustreppen, die sich wie zwei Schlangen nach oben wanden, waren Geländer, die von Hunderten von Balustern aus Kristall gestützt wurden. Medschids Bett war aus massivem Silber. Das Bad und die Becken in seinem mit marmornem Fußboden ausgelegten Badezimmer waren aus durchsichtigem Alabaster, in dem Blumen und Stalaktiten reliefartig eingeschnitten waren. Silberne Wasserhähne hatten die Form von Schwänen. Er vergaß auch Besma nicht, die ihren Namen in »Pertevalé« änderte, als sie Sultansmutter geworden war. Sie erhielt ein Schlafzimmer mit blattgoldverzierten Stühlen und Garderoben. Zu den dreihundert Zimmern gehörten fünfundzwanzig Prunksäle, und es gab auch eine Anzahl mönchszellenartiger Räume, in denen die Konkubinen jeweils zu dritt auf Matten schliefen, bis ihre Dienste in Anspruch genommen wurden.

Die riesige Höhe des Mittelteils brachte für die Maurer einige Schwierigkeiten mit sich. Aber statt Leitern zu benutzen, bauten sie schiefe Ebenen, die vom Fußboden aus bis zu Plattformen am Baugerüst emporführten. So konnten Maultiere auf ihnen hinaufsteigen.

Bald erreichten die Berichte von dem neuen Bauvorhaben Europa, und die europäischen Machthaber suchten sich gegenseitig dadurch auszustechen, daß sie Geschenke für die Einzugsfeier schickten. So bestand der größte Teil des Mobiliars bald aus einer verwirrenden Vielfalt der verschiedensten Stile. Uhren kamen von Victoria von England, Franz Josef schickte böhmisches Glas, Napoleon III. sandte Tische, die sein Bild auf der Tischplatte enthielten, und der Zar sandte Teppiche aus weißen Eisbärfellen.

Als der Palast fertig war, hatte Abdul Medschid ein Vermögen ausgegeben. Das Große Serail, einst Schauplatz so vieler Dramen, war nur noch Regierungssitz, und der dortige Harem wurde zu einem weiteren Ruhesitz der nicht mehr gebrauchten Odalisken, deren Sultan gestorben war.[1]

Nun ging Abdul Medschid daran, die Einstellung der Feindseligkeiten gegen Mohammed Ali, den Pascha von Ägypten, anzuordnen, der kurz vorher bei Nesib gesiegt hatte. Der Großadmiral weigerte sich freilich, diesem Befehl nachzukommen, und führte die Flotte in den Hafen von Alexandria.

Abdul Medschid erließ den Khatt-i sharif von Gülhane, ein kaiserliches Sendschreiben, welches das Werk der Reformen[2] bestätigte, fortsetzte und ausdehnte. Dank seiner Bemühungen trat die Pforte in den Vierbund ein, der Mohammed Ali seine ganzen Eroberungen wegnahm.[3] Ernste Wirren im Libanon und die Erhebung der Walachei und Moldau, die mit der gemeinschaftlichen Besetzung der beiden Provinzen durch Russen und Türken endete,[4] waren die Hauptereignisse während seiner Regierung, bevor es zum Krimkrieg kam.[5] Russische Truppen hatten nach Ablehnung eines Ultimatums des Zaren Nikolaus I. mit der Forderung nach Anerkennung des

1 Vgl. hierzu N. Barber, a. a. O.
2 Tanzimat.
3 15. 7. 1840. England, Rußland, Österreich-Ungarn und Preußen hatten sich in der 1. Londoner Konvention zum Vierbund zusammengeschlossen.
4 Konvention von Balta Liman im Jahre 1849.
5 1853–1856.

russischen Protektorats über die im Osmanenreich lebenden Christen die Grenzen der formell noch unter türkischer Oberhoheit stehenden Donaufürstentümer überschritten (2. Juli 1853). Die Türkei bat England und Frankreich – beide an der Fernhaltung Rußlands von den Meerengen und vom Mittelmeer interessiert – um Hilfe. Deren Aufforderung an Rußland, die besetzten Gebiete wieder zu räumen, blieb ergebnislos, und so traten England und Frankreich an der Seite der Türkei in den Krieg gegen Rußland ein. Die Kriegsschiffe der beiden Mächte landeten auf der Krim. Ein türkischer Gegenangriff, unterstützt von einer Landung ihrer Verbündeten bei Warna, zwang die Russen gleichzeitig zur Räumung der Donaufürstentümer, die von Truppen des nicht unmittelbar am Krieg beteiligten Österreich-Ungarns besetzt wurden. Nach langwierigen Kämpfen eroberten die Verbündeten, denen sich 1855 noch das Königreich Sardinien angeschlossen hatte, die Festung Sewastopol (9. September 1855), während die Russen im Osten der Türkei Kars nahmen (28. November 1856).

Am 30. März 1856 wurde in Paris endlich der Frieden unterzeichnet. Die Unverletzlichkeit der Türkei wurde anerkannt, die Meerengen für Kriegsschiffe gesperrt (Schwarzmeerklausel), die russische Schutzherrschaft über die Fürstentümer abgeschafft. Serbien, die Moldau und die Walachei waren nunmehr, unter dem Oberlehensrecht des Osmanischen Reiches, unabhängig. Außerdem trat durch dieses internationale Abkommen die Türkei endgültig in den Rat der europäischen Mächte ein.

Kurz vor dem Pariser Vertrag hatte Abdul Medschid den Khatt-i humayun erlassen,[6] worin er die bürgerliche Gleichheit aller seiner Untertanen anerkannte, eine neue Steuerveranlagung einführte und die Nichtmoslems zum Kriegsdienst zuließ. Unglücklicherweise stießen die freisinnigen Verfügungen des Herrschers auf Widerstand bei einer mächtigen Rückschrittspartei. Es kam zu Metzeleien in Dschidda und im Liba-

6 18. 2. 1856.

non.[7] Fuad Pascha wurde mit außerordenlichen Vollmachten in die letztere Provinz gesandt, wo soeben die französischen Truppen an Land gegangen waren, um die Ordnung wiederherzustellen.

Abdul Medschid war ein würdiger Nachfolger seines Vaters, ein menschenfreundlicher und wohlwollender Fürst, ermangelte aber der nötigen Kraft, um die Gegenströmungen zu brechen, während seine Verschwendung die Staatskasse in Schulden stürzte. Seine sieben legitimen Frauen vergeudeten im Monat etwa eine Million Golddukaten, und sein Haushalt, der etwa 5000 Personen umfaßte, und Familienfeste, Beschneidung der Söhne, Vermählungsfeierlichkeiten der Töchter und Enkelinnen verschlangen ungeheure Summen, wobei die kostbaren Paläste und Köschke (Pavillons) noch gar nicht mitgerechnet sind.[8]

Dabei ging der Sultan so weit, die unmittelbaren Bestellungen des Hofpersonals zu verbieten und Ordnung und Sparsamkeit in der Führung der von ihm völlig vernachlässigten Staatsangelegenheiten zu empfehlen. Manche gaben ihm, dem Sorglosen, die Schuld an der schlechten Wirtschaft des Reiches, und unter Hussein Pascha und dem Scheik Ahmed Effendi bildete sich noch im Laufe des Jahres 1859 eine Verschwörung, die den Zweck gehabt haben soll, den untauglichen Sultan, wenn nicht anders möglich, durch Mord zu entfernen und ein echt konstitutionelles Leben mit Parlament und verantwortlichen Ministern einzuführen: am energischsten gingen der Großwesir Riza Pascha und der Renegat Ferhat-Stein vor. Die Führer des Widerstandes verdankten ihr Leben nur dem Dazwischentreten des französischen Gesandten und wurden als einfache Staatsgefangene nach Asien überführt.

Da verstarb Abdul Medschid unerwartet am 25. Juni 1861. Er war nur achtunddreißig Jahre alt geworden.

7 Dschidda = Juli 1858. Libanon = Mai 1860.
8 Vgl. N. Jorga. GOR. V, S. 517.

Sultan Abdul Aziz

Beiname: Der Irre von Dolma Bachtsche

Der Irre von Dolma Bachtsche

Der neue Sultan Abdul Aziz, der stürmisch beglückwünscht wurde, während der verstorbene auf einer einfachen Strohmatte im Bethause liegen gelassen wurde, war am 9. Februar 1830 geboren und bestieg am 25. Juni 1861 den Thron. Er wurde auf dem Lande erzogen, hatte keine höhere Bildung genossen, verstand sich aber auf Viehzucht und fand kaum seinesgleichen als Reiter und Jäger. Jähzornig und mißtrauisch, von einer unbändigen Willenskraft, aber unfähig, eine eigene Richtung zu finden, war er vorläufig nur durch seine guten Eigenschaften, die die besten Hoffnungen erwecken konnten, der Bevölkerung bekannt, die nur selten bei großen Festlichkeiten im sorgfältig geschlossenen Zelte den schönen Jüngling mit den träumerischen Augen, in denen schon neben verwundetem Stolze der Wahnsinn blitzte, entdecken konnte.[1] Zum Schrecken des neuen Großwesirs Mehmed Kibrisli, dem nach einiger Zeit am 7. September Ali folgte, trat er als Reformator der schlechten Sitten, als sorgfältiger Verwalter der Einkünfte seines stark belasteten Reiches auf.

Er schaffte im Serail Ordnung und Sparsamkeit, opferte den dritten Teil seiner Zivilliste, begnadigte die Fedais und befahl, daß die untreuen Berater seines Bruders unter Anklage gestellt würden. Man sah mit Erstaunen, daß der neue Sultan seine Neffen Murad, Abdul Hamid und Reschid im Palaste behielt und sie auch auf der feierlichen Reise nach Ägypten mitnahm. Murad erschien sogar 1867 in Paris, um die große internationale Ausstellung zu besuchen.[2] Als ein väterlicher Beschützer

1 Vgl. N. Jorga. GOR. V, 532.
2 Vgl. Salaheddin-Bei. La Turquie à l'Exposition universelle de 1867. Paris, 1876.

seiner Untertanen ohne Glaubens- und Rassenunterschied[3] erwies sich der Wiederhersteller der moslemischen Vorherrschaft.[4]

An der Walide hatte er aber – jedoch nicht an seinen wenig anspruchsvollen Frauen, von denen er nur drei hielt, und zwei waren ihm eigentlich aufgedrängt worden – eine schlechte Beraterin. Schon nach wenigen Monaten entwickelte sich auch in ihm die verderbliche Verschwendungssucht, die das Verhängnis der Regierung Abdul Medschids gewesen war. Aus dem Tschirachan-Palast, der früher 2 000 Menschen beherbergen konnte, machte er ein üppiges Schloß und errichtete immer neue Bauten wie jene von Dolma Bachtsche. Er hatte bald nicht weniger als fünf Luxuspavillons mit jedem Komfort ausgestattet und war recht froh, als sich die Gelegenheit zu bieten schien, Napoleon III. zu empfangen. Als später Kaiserin Eugenie in Konstantinopel eintraf, kostete nur deren Schlafzimmer für zwei Tage ungeheure Summen. Um auch immer das nötige Geld für eine Hofhaltung von 900 Frauen und für etwa 500 tägliche Gäste zu haben, wurde das Reich rücksichtslos ausgebeutet.

Und doch hatte er mit der Reform der Wilajets (Provinzen) im Jahre 1864 begonnen. Nach Ali Pascha, der am 18. September 1871 starb, nach Newrez und nach Kiamil wurde Fuad Pascha, der sich aus der Ungnade durch Unterstützung Englands langsam erhoben hatte und seit dem 10. Mai 1862 als Wesir, Kriegsminister, Hofmarschall, Erster Adjutant und bevollmächtigter Vikar gewirkt hatte, allmächtiger Minister, und seiner Initiative entsprang auch diese Reform.

Seine Regierung blieb zwar von auswärtigen Kriegen verschont, wurde aber durch innere Gärungen in Atem gehalten.

3 Vgl. Erlaß an den Wesir, Caston a. a. O., S. 6 ff.: »Mes peuples de différentes religions ou races trouveront en moi la même justice, la même sollicitude et la même perévérance à assurer leur bonheur.«

4 Vgl. ebenda S. 12 u. die Auszüge aus dem Werke des Berbers Khaireddin Pascha, Ministers der Pforte: »Réformes nécessaires aux Etats musulmans« (S. 13 ff.).

Montenegro erhob sich zum Freiheitskampfe, unterlag jedoch und mußte sich auf Gnade und Ungnade unterwerfen.[5] Rumänien wählte entgegen dem Pariser Vertrag Karl von Hohenzollern-Sigmaringen (Carol I.) zum Fürsten[6] und trat wie ein selbständiger Staat auf.

In Serbien empörte sich das nationale Empfinden gegen die Anwesenheit türkischer Truppen. 1867 mußten daher die Türken nach langwierigen Verhandlungen die Zitadelle Belgrads und die übrigen Festungen räumen. Schon 1866 hatten die Kreter vom Sultan radikale Änderungen in der Verwaltung ihrer Insel verlangt und, als die nicht gewährt wurden, Anschluß an das Königreich Griechenland gefordert. Der nie ermüdende Großwesir Mehmed Emin Ali Pascha ging zur Einführung der liberalsten Reformen selbst nach Kreta. Aber trotz kläglicher Mißerfolge im offenen Felde wiesen die Empörer jede Übereinkunft zurück. Auch Griechenland rüstete zum Kriege. König Georg vermählte sich 1867 mit einer russischen Großfürstin. Nun verlangte der Zar von den europäischen Mächten kategorisch die Vereinigung der Kreter mit ihren Stammesbrüdern auf dem Festlande. Die Pforte überreichte jedoch unerschrocken dem Kabinett von Athen ein Ultimatum, wodurch Kreta für die Türkei gerettet wurde. Das war der einzige namhaftere Erfolg der türkischen Politik unter Abdul Aziz. Die Jahre 1867 und 1868 brachten, infolge der Geldnot der Pforte, die faktische, wenn auch nicht formelle Losreißung Ägyptens vom Osmanischen Reich, die direkte Erbfolge für die dortige Dynastie und die Erhebung des Statthalters zum Rang eines Khediven (Vizekönigs).

Im Oktober 1870 wurde durch die Erklärung Rußlands, daß es sich an das Verbot der Durchfahrt durch die Dardanellen fortan nicht gebunden erachte, die Orientalische Frage von neuem in ihrem vollen Umfange aufgerollt. Der russische Bot-

5 1862.
6 Nach vorangegangenem Plebiszit (Volksentscheid) am 22. 5. 1866. Carol I. regierte bis 1914.

schafter in Istanbul, Graf Ignatiew, war fortan die Zentrale für alle unzufriedenen Untertanen der Pforte: Slawen, Albanier und selbst Araber und Ägypter.

Inzwischen nahm die Verschwendungssucht des Sultans geradezu gigantische Dimensionen an. Die alljährlich zur Erhaltung des Palastes von Dolma Bachtsche erforderlichen Kosten stiegen bald auf zwei Millionen Pfund an, und dies war schon damals eine Menge Geld. Abdul Aziz verfügte über vierhundert Musikanten, zweihundert Wärter besorgten seine Menagerie, dreihundert Menschen arbeiteten in den Küchen, und vierhundert Stallknechte pflegten seine Pferde. Jeden Morgen, wenn er nach dem Aufstehen sein hellrotes Gewand anlegte und sich seine weiße Kappe aufsetzte – dies war bis zum Mittagessen seine übliche Kleidung –, achtete ein Schwarm von Dienern auf jeden Wink von ihm, angefangen von dem Sklaven, dessen Aufgabe es war, königliche Spiele an die dafür bestimmten Plätze zu stellen, bis zum Ternakdschi, dem Pagen, der die Nägel des Herrschers zu pflegen hatte.

Aus Paris ließ er sich ein massiv goldenes Tafelgeschirr kommen, in das Rubine und Smaragde eingearbeitet waren. Die Wände eines Palastes ließ er mit Perlmutter auskleiden. Aus England kaufte er Dutzende von Klavieren. Er hoffte, wenn er sie den Dienern auf den Rücken binden würde, die ihn durch die Palastgärten begleiteten, dann würde er auf allen seinen Spaziergängen Musik hören können. Er kaufte auch zum Beispiel Lokomotiven, obwohl es keine Eisenbahngleise gab, auf denen sie hätten fahren können, oder auch Panzerschiffe, obwohl er keine Seeleute hatte, mit denen er sie hätte bemannen können. Die Damen des Harems schwelgten im Geldausgeben wie nie zuvor. Pertevalé, die Sultansmutter, hielt es für eine Kleinigkeit, sich täglich fünfzig Kleider aus Brussaseide zu kaufen, von denen sie dann die meisten an Sklavinnen verschenkte. Sie nannte dies schlicht »Glück um mich verbreiten«.

Der Wahnsinn des Sultans nahm immer bedrohlichere Formen an. Er schrieb alle türkischen Schulbücher um, wobei er jede Niederlage der Türken ausstrich, ebenso wie das Kapitel über die Französische Revolution und jeden Hinweis auf das Christentum. Im Palast führte er sich wie ein verrückter Leuteschinder auf, und manchmal zwang er seine Hofbeamten dazu, auf Knien zu kriechen und seine Füße zu küssen, ehe sie das Wort an ihn richten durften. Als ein Regierungsbeamter niedrigeren Ranges mit Namen Aziz ihm einmal einen Brief brachte, war er darüber so wütend, daß es jemand wagen konnte, den gleichen Namen zu tragen wie er, daß sofort jedes Mitglied der Regierung, das Aziz hieß, seinen Namen ändern mußte. Während seiner Anfälle konnte es geschehen, daß er mit einer abwehrenden Handbewegung alle mit schwarzer Tinte geschriebenen Dokumente zurückwies. Die ganze türkische Regierung hätte nicht weiterarbeiten können, wenn man von da an nicht alle Schriftstücke mit roter Tinte abgeschrieben hätte.

An den Abenden hatte er zwei Lieblingsbeschäftigungen. Die eine bestand darin, daß er mit Soldaten spielte, und zwar mit echten Soldaten. Er sah von einem vergitterten Fenster aus zu, wie Truppenabteilungen in den Kellern Scheinkämpfe ausfochten, und diese Kämpfe dauerten die ganze Nacht hindurch an. Schmutzig und rußgeschwärzt kamen die »Überlebenden« beim Morgengrauen zum Vorschein. Ein anderes Mal spielte er mit Hühnern in den glanzvollen Empfangsräumen des Palastes. Die Beamten mußten stocksteif und still dastehen, wenn der Sultan die flatternden Vögel von einem Zimmer zum anderen jagte, bis er schließlich einen fassen konnte. Dann hängte er mit einem irren Lachen die höchste Verdienstmedaille des Osmanischen Reiches für Tapferkeit um den Hals des Tieres. Die Diener mußten dann dafür sorgen, daß später weder ein Hahn noch eine Henne ohne seinen ausdrücklichen Befehl wieder vor ihm erschien.

Manchmal überfielen ihn düstere Ahnungen. Wenn er glaubte, daß sein Hof ihn vergiften wollte, lebte er tagelang von hartgekochten Eiern, die nur die Sultanwalide kochen durfte. Sie wurden ihm in einem Päckchen aus schwarzem

Krepp serviert, der ihr eigenes Siegel tragen mußte. Zu anderen Zeiten fürchtete er sich vor Feuer, und dann durfte sich kein hölzerner Gegenstand in dem Raum befinden, in dem er sich aufhielt. Nachts las er bei einer Kerze, die in einen Eimer mit Wasser gestellt werden mußte.

Abdul Aziz hatte nur einen Trost, und das war seine tscherkessische Lieblingssklavin, ein sechzehnjähriges Mädchen von seltener Schönheit namens Mihri Hanoum. Er hatte sie näher kennengelernt, als sie eines Abends in den Palastgärten sang. Bald brachte er jeden Abend und oft auch den ganzen Tag in ihren Armen zu. Immerhin ließ er sich Mihris Launen die Summe von einer Million Pfund kosten.

Dadurch geriet die Regierung in immer größere Verlegenheit, so daß sie im Oktober 1875 den Staatsbankrott erklären mußte.

Unter der Einwirkung Rußlands war es schon vorher, seit Juli 1875, in der Herzegowina und in Bosnien zu blutigen Unruhen gekommen. Reformen, welche die Pforte hier ernstlich in Angriff nahm, scheiterten an dem religiösen Haß zwischen Christen und Mohammedanern. 1876 traten auch die Bulgaren in die Schranken, forderten ein halbsouveränes Königreich und erhoben sich im Mai im ganzen Lande zu offenem Aufstande.

Unter dem Eindruck dieser Ereignisse kam es am 10. Mai 1876 in Istanbul zu einer Massenbewegung der Theologen, welche einen sofortigen Ministerwechsel herbeiführte. Kurz danach rief die Mißwirtschaft des Sultans eine Verschwörung ins Leben, an deren Spitze Midhat Pascha, die Seele der Reformen, und an zweiter Stelle der tatkräftige Kriegsminister Hussein Avni Pascha standen. Am 30. Mai wurde der Sultan gewaltsam entthront.

Fünf Tage danach wurde er tot aufgefunden, Blut tropfte aus Wunden an seinen Handgelenken. Er hatte mit der Walide Pertevalé und der schwangeren Mihri im Harem seiner neuen Unterkunft gesessen. Er bat sie, ihn allein zu lassen, da er schlafen gehen wollte, und es sah fast wie ein nachträglicher

Einfall aus, als er um eine persische Schere bat, um sich seinen Bart zu schneiden. Nach einigen Stunden fand ihn Mihri tot auf; er hatte sich die Pulsadern aufgeschnitten.

Nie wird man ganz sicher wissen, ob Aziz ermordet worden war, wie es die Gerüchte wissen wollten, oder nicht. Für Midhat, der verzweifelt darum bemüht war, das Ansehen des neuen Sultans – Murad V. – zu heben, war es sehr wichtig, seine Unschuld zu beweisen. Neunzehn Ärzte wurden zu Rate gezogen, es waren die hervorragendsten Mediziner in der Stadt, und viele von ihnen hatte man aus ausländischen Gesandtschaften kommen lassen. Sie sollten die wahre Todesursache feststellen. Alle waren sich darin einig, daß es Selbstmord war.[7]

Wenige Tage später starb auch die tscherkessische Sklavin des Sultans im Wochenbett. Bei Mihris Bestattung waren die Straßen der Hauptstadt voller Menschen. Aber die Gewalttaten waren noch nicht zu Ende. Mihri hatte einen Bruder namens Hassan. Er war ein junger Offizier und als ausgezeichneter Pistolenschütze bekannt. Wie seine Schwester, so war auch er Aziz treu ergeben gewesen, und er beschloß, das Leben dieser beiden Menschen zu rächen.

Um sich selbst Mut zu machen, versetzte er sich in einen Rauschzustand, steckte sich zwei Pistolen in die Stiefelschäfte, zwei weitere in die Taschen und drang in eine Kabinettssitzung ein. Mit seinen ersten beiden Schüssen tötete er den Kriegsminister und den Außenminister. Als Soldaten und Polizisten ihn festnehmen wollten, wurden sie von ihm niedergeschossen. Insgesamt wurden während des zwanzig Minuten dauernden Blutbades sieben Menschen getötet und acht verwundet, bis er überwältigt werden konnte. Am nächsten Morgen wurde er vor einer großen Menschenmenge öffentlich gehängt. Bis zu seinem Ende bestand er darauf, daß sein einziges Motiv war, sich an dem Mann zu rächen, der Abdul Aziz abgesetzt hatte.

7 Vgl. N. Barber. a. a. O.

Sultan Murad V.

Der Gefangene auf dem Thron

Murad V. wurde am 21. September 1840 als Sohn Sultan Abdul Medschids geboren und hatte keinerlei Einfluß auf das öffentliche Leben, solange sein älterer Bruder Abdul Aziz regierte, der den Plan hatte, die Thronfolge zugunsten seiner eigenen Nachkommen zu ändern und seinem Bruder alle Rechte zu nehmen.

Murad gelangte auf den Thron durch den Staatsstreich des neugebildeten Kabinetts, in dem Midhat Pascha, Mehmed Ruschdi und Hussein Avni die führenden Persönlichkeiten waren. Dadurch, daß sie den Sultan Abdul Aziz absetzten, hofften sie die reaktionären Elemente, die ihren Reformplänen entgegenstanden, auszuschalten und vertrauten darauf, in Murad einen Bundesgenossen zu finden. Der Prinz hatte jedoch nicht mehr viel von dem lebenslustigen jungen Mann, der bei seinem Besuch in Westeuropa die Schlagworte der Demokratie nachgeplappert hatte. Das beengte Leben, zu dem er zwischenzeitlich gezwungen gewesen war, hatte sich schädlich auf seine Gesundheit ausgewirkt: was eine Schwäche gewesen war, hatte sich zu einem Laster entwickelt, und der übermäßige Genuß von Champagner mit Kognak hatte ihn körperlich und geistig zu einem Wrack gemacht, das in ständiger Angst vor Meuchelmördern lebte. Zuweilen war er derart betrunken, daß er kaum die Noten auf dem Klavier fand, das sein einziger Trost geblieben war. Infolge der Zurückgezogenheit, in der er lebte, wußten nur wenige von Murads Zustand, und selbst wenn Midhat ihn für schwach und genußsüchtig hielt, so war dies vermutlich in den Augen des ehrgeizigen Mannes, der sich den künftigen Sultan als eine Marionette in seiner Hand wünschte, nur noch ein zusätzlicher Vorteil.[1]

1 Vgl. J. Haslip. Der Sultan. München 1968.

In der Nacht vom 30. zum 31. Mai 1876 wurde Murad mit einiger Schwierigkeit dazu gebracht, sich zum Seraskerat in Istanbul zu begeben, wo er die Huldigung der Truppen und der hohen Beamten entgegennahm. Er bestätigte das Kabinett.

Bald danach ereigneten sich der angebliche Selbstmord des abgesetzten Sultans und die Ermordung der Minister Hussein Avni und Rudschdi Pascha während einer Kabinettssitzung in Midhats Haus.[2]

Diese Ereignisse scheinen für das seelische Gleichgewicht des neuen Sultans verhängnisvoll gewesen zu sein, denn schon in der Nacht seiner Thronbesteigung war seine abnorme Nervosität in Erscheinung getreten. Er war nicht in der Lage, beim Selamik (Freitagsgebet) vor dem Volke zu erscheinen, noch konnte die Zeremonie der Schwertumgürtung vorgenommen werden. Midhat Pascha und seine Freunde mußten nun zum zweitenmal einen Sultan absetzen, obwohl sie fürchteten, ein erneuter Herrscherwechsel könnte ihre Pläne in Gefahr bringen.

Sie ließen den Sultan von einer Anzahl Ärzte auf seinen Gesundheitszustand untersuchen[3] und erhielten auf deren Gutachten vom Scheik ul-Islam Hassan Khair Allah Effendi einen Fetwa, der sie zur Absetzung Murads ermächtigte.[4]

Sein jüngerer Bruder Abdul Hamid II. wurde Sultan, und Murad lebte fortan im Tschirachan-Palast, wo er am 29. August 1904 starb.

Seine Gefangenschaft während Abdul Hamids Regierungszeit beschäftigt noch immer die Geister als ein dunkles Geheimnis und wurde dann und wann auch als eins der Verbrechen des hamidischen Regimes hingestellt.[5]

2 5. 6. 1876 und 15. 6. 1876.
3 Sowohl der kaiserliche Leibarzt wie der Direktor der Irrenanstalt von Konstantinopel hatten den Sultan für unheilbar geisteskrank erklärt. Dr. Leidersdorff aus Wien diagnostizierte Murads Leiden als chronischen Alkoholismus, verschlimmert durch eine Reihe von Schocks, und erklärte, es bestehe noch Hoffnung – vorausgesetzt, der Patient habe drei Monate lang völlige Ruhe, und jegliche Aufregung werde von ihm ferngehalten.
4 1. 9. 1876.
5 Vgl. J. H. Kramers. Murad V. In: Enzyklopädie des Islam. Leipzig, 1936.

Sultan Abdul Hamid II.

Beinamen: »Der rote Sultan« – »Der Verdammte«

Der rote Sultan

Abdul Hamid II. wurde 1876, mit vierunddreißig Jahren, Sultan und letzter unabhängiger Despot des Osmanischen Reiches, der die höchste Macht ausübte. Er war der zweite Sohn von Abdul Medschid. Seine Mutter war eine armenische Berufstänzerin, ehe sie in den Harem kam. Sie starb, als Abdul Hamid erst sieben Jahre alt war.

Er war schmal und häßlich, in seinem gelblichen Gesicht hatte er stets mißtrauisch blickende Augen über einer riesigen Hakennase. Sein Mund hatte einen grausamen Zug, und er besaß einen schütteren schwarzen Bart. Sein bis zu den Knien hinabreichender Stambulimantel verhüllte seine schmächtige Gestalt, ohne daß sie dadurch elegant gewirkt hätte. Sein Fes über seinem blassen Gesicht wirkte übermäßig groß.

Vielleicht war es die größte Tragödie Abdul Hamids, daß er unfähig zu sein schien, sich der veränderten Haltung Europas gegenüber einem Reich anzupassen, das es einst gefürchtet hatte. Vielleicht aber war er auch nicht fähig, die Größe der Umwälzungen zu erfassen, die innerhalb seines eigenen Landes vor sich gingen.

Auch Istanbul machte einen Prozeß der Veränderung durch. Die ersten Telegraphenlinien wurden in Betrieb genommen. Das erste Benzin und das erste Erdöl waren eingeführt worden. Die erste Dampflokomotive fuhr bereits in der Hauptstadt. In Galata war das französische Lyzeum eröffnet worden und brachte Türken und Ausländer miteinander in Berührung. Die wallenden orientalischen Gewänder in ihren leuchtenden Farben waren längst verschwunden, und viel von der Pracht des Lebens im Orient war dahingegangen, wie es so oft geschieht, wenn sich der Fortschritt Bahn bricht.

Abdul Hamid erschien dem Volke zunächst, als ob er ein ernsthafter und vielversprechender Herrscher sei. Am Morgen der Schwertumgürtung nahm der Sultan das traditionelle Milchbad, das zur Einleitung vieler religiöser Handlungen vorgeschrieben war. Zehntausend Männer, Frauen und Kinder drängten sich unterdessen an den Ufern des Bosporus und des Goldenen Hornes, um den Sultan sehen zu können, wenn er feierlich auf dem Meer von Dolma Bachtsche nach Eyüp fuhr, zu der am höchsten verehrten Moschee.

Als der Sultan die Mehmed dem Eroberer erbaute Moschee erreichte, verwandelte sich das normalerweise eintönige Istanbul in einen Schauplatz größten Glanzes. Soldaten und Seeleute – die Albanier in ihren hohen und mit Federn verzierten Hüten, die Tscherkessen, die Spahis in Gold und Blau, die Bostandschis als Stolzeste von allen mit goldgeränderten Uniformen und scharlachroten Mänteln – standen in Reihen im sonnendurchfluteten Hofraum, dessen mit Ziegeln gedeckte Mauern in kühnen Farben leuchteten und immer noch fest und unerschütterlich dastanden. Im Schatten einer riesigen Platane stieg der Sultan unmittelbar neben einem Springbrunnen vom Pferd. Die Fahnenträger trugen das grüne Banner des Propheten in das kühle Innere der Moschee; sie brachten es zwischen den nur wenig verzierten steinernen Wänden bis unter die weiße Marmorkuppel, die auf einfachen Säulen ruhte. Der Scheik ul-Islam folgte der Fahne in seinem Gewand aus feiner weißer und goldener Kaschmirwolle. Dann trat Abdul Hamid ein. Mit ruhiger Würde, wie es dem schon aus alten Zeiten stammenden Protokoll entsprach, legte er langsam die vorgeschriebenen sieben Schritte bis zum Anführer der Heulenden Derwische zurück, der seit Osmans Zeiten das Vorrecht der Schwertumgürtung besaß. Der Derwisch küßte seine linke Schulter. In seiner neuen Würde machte der Sultan drei Schritte in Richtung auf den Großwesir, der im Namen des Volkes den Saum seines Gewandes küßte.

In der Mitte der Moschee stand ein Grabmal aus weißem Marmor, das mit einer dünnen Silberschicht überzogen war. Es war so fein gearbeitet, daß es dünn wie feinste Spitze aussah. Darin befand sich die Asche des Bannerträgers des Propheten. Davor lag in einer von wertvollen Edelsteinen fast verdeckten blauen Scheide das Schwert selbst auf einem mit rotem Samt bedeckten Tisch. Der goldene Schwertgriff war mit Türkisen und Rubinen besetzt.

Genau siebzehn Minuten lang hallte das Innere der Moschee von gedämpften Gebeten wider. Dann verkündete der Muezzin von der Spitze des Minaretts aus dem Volke von Istanbul, daß sich der Herrscher der Gläubigen im Gotteshaus befand. Während weniger Sekunden wurde dem Sultan der Gürtel überreicht, dann das Schwert selbst, damit fand die Zeremonie ihren Abschluß.

Als der Sultan mit seiner schmalen braunen Hand den Schwertknauf einhakte, lag die Moschee in unheimlichem Schweigen, das nur vom Geflatter der im Hofe nistenden Tauben unterbrochen wurde. Dann stieg vom dicht mit knienden Gestalten besetzten Boden das Geräusch gemurmelter Gebete auf, die an der hohen Kuppel widerhallten. Sodann kehrte der ganze Schwarm von Leuten in das grelle Sonnenlicht des Hofraumes zurück. Abdul Hamid bestieg sein weißes Pferd und ritt langsam die Straßen zurück. Die aufgeregte Menge begrüßte ihn mit großem Beifall als Gottes Stellvertreter auf Erden.[1]

Abdul Hamid setzte zunächst das Werk der Reformen fort: unter seiner Regierung ist die Rechtspflege vervollständigt worden durch Vollendung der Medschelle, einer Art bürgerliches Gesetzbuch, durch Einsetzung der kaiserlichen Anwälte, die im Namen des Staates Vergehen und Verbrechen zu verfolgen haben, und durch Verkündigung zahlreicher Gesetze. Auch lag seit 1876 eine erste Verfassung vor. Gleichzeitig hob er den Kredit seines Reiches durch Einsetzung einer internationalen Verwaltung, welche die Interessen der Aktionäre der auswärtigen Schuld vertrat und beauftragt war, die ihr verlie-

1 Vgl. J. Haslip, a. a. O. München, 1968. N. Barber, a. a. O.

henen Staatseinkünfte einzuziehen. Die Einrichtung vieler moslemischer Volksschulen, die Schaffung eines Straßennetzes, der Bau von Brücken, Konzessionen, wie die Erlaubnis zum Bau und zur Ausbeutung mehrerer Eisenbahnlinien durch ausländische Gesellschaften[2] und die gleiche Erlaubnis für Häfen, all das bewies den Wunsch und festen Entschluß des Herrschers, trotz vieler Schwierigkeiten die Errungenschaften seiner Vorgänger zu behaupten und ihr Werk fortzuführen.

Für sich selbst beschloß er, einen eigenen Palast bauen zu lassen, der auf dem Gelände zweier großer Friedhöfe angelegt wurde. Sie lagen jenseits von Pera auf der Nordseite des Goldenen Hornes, eine Meile hinter Dolma Bachtsche, wo die baufälligen Holzhäuser allmählich immer seltener wurden. Dort wand sich der Weg durch unebenes Gelände bis zu einem anspruchslosen Kiosk (oder Köschk, das ist ein Pavillon) empor, der »Yildiz« (das heißt Stern-Pavillon) hieß. Sein Onkel Abdul Aziz hatte ihn nach dem Namen einer seiner Lieblingsodalisken benannt.

Zu dieser Zeit besaß Abdul Hamid eine Geliebte, die nicht im Harem wohnte. Etwa im ersten Jahr seiner Regierung fand er Trost und Entspannung in ihren Armen: Flora Cordier, ein blondes Mädchen mit lustigen Augen, war Belgierin. Sie besaß in der Grand Rue in Pera, im vornehmen Westen von Istanbul, an der Nordküste des Goldenen Horns, ein Handschuhgeschäft. Er lernte sie schon zwei Jahre, bevor er Sultan wurde, kennen und verliebte sich sofort leidenschaftlich in sie. Er war ihr nicht nur verfallen, sondern er hing auch an ihr, weil sie ihn mit dem neuesten Stadtklatsch versorgte, den sie von den jungen Leuten aufgeschnappt hatte, die regelmäßig ihren Laden besuchten.

Dies war wahrscheinlich die einzige Zeit im Leben Abdul Hamids, in der er wirklich glücklich war. Es sieht nicht so aus, daß die beiden wirklich geheiratet haben. Flora betrat niemals

2 Deutschland baute die Bagdad-Bahn und die Anatolische Bahn.

den Harem, sondern sie wurde etwas abseits in einem kleinen Haus untergebracht, wo sie auf gelegentliche Aufforderungen wartete, nach Yildiz zu kommen. Schließlich wurde ihr Geschäft geschlossen, und es hieß, daß sie nach Belgien zurückgeschickt worden war.

Nach einer Atempause von etwa fünfundzwanzig Jahren strebte Rußland erneut danach, die Türkei zu schlagen. Die militärischen Klauseln des Pariser Vertrages hatte es längst dadurch umgangen, daß es im Schwarzen Meere eine zivile Dampfschiffahrtsgesellschaft gegründet hatte, deren Personal militärisch ausgebildet war und deren Einheiten im Kriegsfalle verwendet werden konnten.

Die von russischer Seite aufgeworfene »Orientalische Frage« bestand darin, ob die Türkei als solche weiterbestehen oder aufgelöst werden solle. Die russische Politik, die nach Auflösung der Türkei strebte, gewann für diese Ziele immerhin Preußen und Österreich, die gemeinsam die Reformnote des Grafen Andrassy ausarbeiteten.

Schließlich wurde mit formeller Zustimmung Englands und Italiens diese Note am 31. Januar 1876 in Istanbul überreicht, der die Pforte im wesentlichen zustimme, aber die Note war dadurch überholt, daß plötzlich die Serben auf Betreiben Rußlands die vollständige Unabhängigkeit verlangten. Am 2. Juli 1876 erklärten Serbien und Montenegro den Krieg an die Türkei. Damit war die Lunte am Pulverfaß entzündet. Die Türkei glaubte, in England einen zuverlässigen Bundesgenossen zu haben, aber es war nur ein Freund. 400 russische »Chirurgen« passierten Budapest auf der Reise nach Belgrad, um in Wirklichkeit als Offiziere am serbischen Kriege gegen die Türkei teilzunehmen. Und Rußland selbst rüstete und traf militärische Vorbereitungen, um so mehr, als sich das Kriegsglück gegen die Serben wandte. Sogar gegen den Willen Englands lehnte die Hohe Pforte unter Abdul Hamid II. alle europäischen Vermittlungsversuche im serbischen Kriege ab, auch auf die Gefahr hin, dadurch unter Umständen die englische Freundschaft zu verlieren. Rußland verlangte schließlich die

Absetzung Abdul Hamids II., und wenn kein Thronwechsel erfolgen sollte, drohte es mit einer Kriegserklärung. In England herrschte ungeheure Erregung, da man einen neuen Krieg für unvermeidlich hielt. Rußland beteuerte dagegen, es erstrebe nicht Istanbul, sondern wolle »nur« die Reformen schützen. England konnte nicht allein handeln.

In dieser Situation kam es zu einer internationalen Konferenz in Istanbul im Januar 1877, an der sich alle Garantiemächte des Pariser Vertrages zur Vermittlung versammelten, um den drohenden großen Krieg zu verhindern. England schlug vor, die Souveränität und Integrität der Türkei zu respektieren, Rußland blieb bei seiner Behauptung, die Durchführung der Reformen könne nicht der Türkei allein überlassen werden, und es verlangte eine ausländische, insbesondere russische Kontrolle. Der englische Vorschlag schloß materielle Garantien aus und gab sich mit den Versprechungen der Hohen Pforte zufrieden. Die Russen beharrten auf der Notwendigkeit eines Einmarsches fremder Truppen zur Durchführung der Kontrolle über die Reformen. Die Türken, die sich von England gestärkt fühlten, blieben sehr fest und wiesen die russische Forderung auf militärische Besetzung türkischer Gebiete zurück. Auch ein Kompromißvorschlag über die Einsetzung gemischter europäischer Kommissionen wurde abgelehnt.

Die Konferenz scheiterte, und am 24. April 1877 erfolgte die russische Kriegserklärung an die Türkei. Ähnlich wie der Krimkrieg wurde der Krieg an vielen Fronten geführt, an der Donau und im Balkan, im Schwarzen Meer, bei Kars an der Kaukasusgrenze. Auf den Rat Englands wurde Istanbul in Verteidigungszustand versetzt. Europa beantwortete die russischen Erklärungen mit absolutem Schweigen. Rußland konnte den Krieg zwar militärisch gewinnen, aber es hatte ihn moralisch bereits verloren, noch bevor es ihn entfesselt hatte.[3] Der Krieg, während dessen Verlauf auf dem Balkan unerhörte

3 Vgl. R. Peters. Geschichte der Türken. Stuttgart, 1961.

Greueltaten auf allen Seiten geschahen, endete mit einem russischen Vormarsch bis Adrianopel, ja bis vor die Mauern von Istanbul, bis San Stefano, dem heutigen Yeschilköy. Rußland wollte den Frieden in Istanbul diktieren, aber in diesem Augenblick sandte England die Flotte in den Bosporus. Am 31. Januar 1878 wurde der Waffenstillstand geschlossen, in dem Rußland sich vor allem Rechte in den Meerengen sicherte.

Den Frieden von San Stefano am 3. März 1878 diktierte Rußland allein: die Meerengen wurden für Rußland geöffnet; die Türkei verlor fast ihren gesamten europäischen Besitz, jedoch behielt sie Thrakien bis Adrianopel, die Stadt Istanbul und die Meerengen.

Da die Bedingungen für die Türken so schwer und drükkend waren, kam es auf Betreiben Englands auf dem Berliner Kongreß im Juni 1878 zu einer nochmaligen Überprüfung. Bismarck trat dabei als ehrenhafter Vermittler auf. Bei dieser seit dem Wiener Kongreß von 1815 wichtigsten Zusammenkunft dieser Art waren alle politischen Führer Europas anwesend.

Die Balkanstaaten waren mit den Ergebnissen zutiefst unzufrieden. Die Bulgaren waren wütend, weil England aus Sicherheitsgründen darauf bestand, daß das Land in drei kleinere Staaten aufgeteilt wurde. Die Rumänen mußten Bessarabien abgeben, die Serben bekamen ein kleines Gebiet dazu. Bosnien und die Herzegowina waren entsetzt, als sie unter österreichische Verwaltung gestellt wurden, doch England war der Ansicht, daß eine Besetzung durch Österreich der einfachste Weg sei, der Bildung einer gefährlichen Gruppe kleinerer Staaten auf der Balkanhalbinsel vorzubeugen. Doch diese Maßnahme führte dann auf geradem Wege zu Serajewo und zum Ersten Weltkrieg. Die Türken verloren praktisch nur wenig von ihrem Gebiet, und Abdul Hamids Reich war immer noch größer als Deutschland, Frankreich und Österreich zusammen. Die Russen hatten eine große Schlappe erlitten, der Balkan war ihnen durch die Finger geglitten, wenn sie auch Bessarabien zurückerhalten hatten und ihren Herrschaftsbereich in Asien ausweiten konnten. Aber vor allem war Rußland ein Zugang zum Mittelmeer verweigert worden, den es auf dem Wege durch die bulgarische Hintertür hatte erhalten wollen. »Und dies«, so schrieb Disraeli an die Königin Victoria, »war der eigentliche Zweck des soeben beendeten Krieges.« Doch Bismarcks Eingreifen konnte den Zusammenbruch des Osmanischen Reiches nur verzögern, nicht verhindern.

Abdul Hamid II. verfiel schließlich in Despotie und Tyrannis. Er veranstaltete Massaker unter den Armeniern. Er regierte mit Schrecken und Terror und gründete seine Macht auf ein System von Spitzeln und Spionen. Die mächtigsten Leute im Staate waren diejenigen, die »direkte Beziehungen« zum Sultan hatten. Er beschäftigte sich schließlich überhaupt nur noch damit, täglich seine Geheimberichte, die »Journale«, zu lesen.

In den Straßen der Hauptstadt konnte es keiner mehr wagen, mit Ausländern zu sprechen. Es genügte, »suspekt« zu sein, um, wie es hieß, »aus der Zirkulation gezogen« zu werden. Unter seiner Herrschaft begann die Politik des Wilhelminischen Kaiserreiches, einen entscheidenden Einfluß in der Türkei zu gewinnen.

Den freiheitsliebenden Türken wurde klar, daß der ganze »Hamidismus« verschwinden müsse. Die Armee, besonders die in Saloniki stationierten Verbände, entschloß sich endlich zum Handeln. 1906 wurde in Saloniki das Komitee »Union und Progreß« gebildet, das die Wiederherstellung der Verfassung von 1876 verlangte. Abdul Hamid II. hoffte sich durch einen unerwarteten Schachzug zu retten, mit dem er aber niemand mehr täuschen konnte: Am 23. Juli 1908 proklamierte er von neuem die Verfassung und ließ das Parlament in seiner Anwesenheit und in Gegenwart der Diplomaten in der Nähe der Hagia Sophia zusammentreten. Die Opposition proklamierte sich öffentlich in der politischen Partei der Jungtürken. Das führte zu einer Gegenrevolution mit Massakern. Die Jungtürken flohen aus Istanbul, aber in Saloniki wurde dadurch eine offene Revolution ausgelöst. Nun marschierte die Freiheitsarmee in drei Tagen nach Istanbul, bombardierte die Vororte und eroberte schließlich die Stadt.

Der Sultan, der in seinem Palast von Yildiz belagert wurde, versuchte, sich mit Bestechungen zu retten. Er irrte angsterfüllt eine ganze Nacht hindurch in seinen Gemächern umher und dachte nur noch daran, sein eigenes Leben zu retten. Schließlich kapitulierte er und ließ sich als Gefangener abführen. Das geschah am 24. August 1908. Sein ganzer Hofstaat wurde verhaftet, seine Haremsfrauen in ihre Heimatdörfer entlassen, seine Henker gehenkt. Abdul Hamid selbst wurde in einem Luxuszug von Istanbul nach Saloniki gebracht, wobei man ihm kein Haar krümmte. Er starb in aller Stille im Jahre 1918 im Palais des Beilerbei am Bosporus, wo er immer noch als Gefangener lebte.

Sultan Mehmed V.

Endgültiger Sieg der Jungtürken

Mehmed V., der eigentlich Reschid hieß, wurde am 2. November 1844 als Sohn des Sultans Abdul Medschid geboren. Während der Regierungszeit seines Bruders Abdul Hamid II. lebte er in Abgeschiedenheit. Sein Dasein allein versetzte Abdul Hamid in solche Furcht, daß sogar die Erwähnung von Personen mit dem Namen Reschid in seiner Gegenwart vermieden werden mußte.[1]

Er war ein Mann von mildem Charakter, der seine Thronbesteigung am 27. April 1909 nur dem Siege der Jungtürken[2] verdankte. Mehmed V. war der erste konstitutionelle Herrscher der Türkei; aber er war unfähig, die einander entgegengesetzten politischen Tendenzen, die sich in den Jahren nach der Revolution inner- und außerhalb des Parlamentes zeigten, in bestimmte Bahnen zu lenken, und nach dem endgültigen Siege der Jungtürken im Januar 1913 mußte sich Mehmed V. ganz gegen seinen Willen ihrer Leitung unterwerfen.

Zu Beginn seiner Regierung verlor die Türkei ihre letzten Hoheitsrechte über Bosnien und die Herzegowina durch die österreichisch-ungarische Annexion und über Bulgarien durch dessen Unabhängigkeitserklärung.[3] Die Kabinette unter Hussein Hilmi Pascha[4] und Ismail Hakki Pascha[5] waren nicht fähig, eine friedliche Lage im Innern herzustellen.[6] Hakki Pascha mußte wegen der Kriegserklärung Italiens abdanken. Unter dem Großwesirat Said Paschas führte der italienische

1 Snouck Hurgronje. Verspreide Geschriften. III, 232.
2 Opposition, die ein zentralistisches konstitutionelles Regime anstrebte.
3 5. 10. 1909.
4 Bis zum 18. 1. 1910.
5 Bis zum 29. 9. 1911.
6 Es kam zu Revolten in Albanien.

Krieg zum Verlust von Tripolis, was durch den Friedensvertrag von Ouchy am 15. Oktober 1912 anerkannt wurde. Der Frieden wurde von dem Kabinett Ahmed Mukhtar Pascha unterzeichnet, aber in demselben Monat begann der sogenannte Balkankrieg gegen die verbündeten Balkanstaaten. Das reaktionäre Kabinett Kiamil Pascha zeigte bald Neigung, einen unglücklichen Frieden durch Vermittlung der europäischen Mächte abzuschließen.[7] Da brachte der Staatsstreich der Jungtürken am 23. Januar 1913 eine Regierung unter Mahmud Schewket Pascha. Die Feindseligkeiten wurden eröffnet, und nach dem Versagen Bulgariens wurde Adrianopel zurückerobert.[8] In der Zwischenzeit war Mahmud Schewket durch Anhänger der liberalen Opposition ermordet worden, aber dies brachte im politischen Kurs keine Änderung. Seinen Platz nahm Said Halim Pascha ein, dessen Regierung die Friedensverträge mit Bulgarien,[9] Griechenland[10] und Serbien[11] unterzeichnete. Von da an wurde das Komitee für »Einheit und Fortschritt«, das von Anfang der Regierung Mehmed Reschids an ständig hinter den Kulissen von »Union und Progreß« gearbeitet hatte, allmächtig. Seine Führer Talaat Pascha und Enver Bei traten mehr und mehr in den Vordergrund.

Nachdem die osmanische Regierung sich zu Beginn des Ersten Weltkrieges dafür entschieden hatte, neutral zu bleiben, brachten die Sympathien der Jungtürken für Deutschland eine allmähliche Entfremdung zwischen der Türkei und den Alliierten zustande,[12] die in dem Kriegseintritt der Türkei auf Seiten der Zentralmächte gipfelte.[13] Talaat Pascha selbst wurde im Februar 1917 Großwesir. Das Bestreben der Alliierten, die Durchfahrt durch die Dardanellen zu erzwingen, wurde im Januar 1916 endültig aufgegeben. Inzwischen kämpften türki-

7 Konferenz von London.
8 22. 7. 1913.
9 29. 9. 1913.
10 14. 11. 1913.
11 14. 3. 1914.
12 Die »Goeben«- und »Breslau«-Affäre.
13 Die türkische Flotte im Schwarzen Meer am 29. u. 30. 10. 1914.

sche Truppen an der ägyptischen Front, im Irak und an der russischen und persischen Grenze. Vor dem Ende des Krieges starb Mehmed V. unerwartet am 2. Juli 1918.

Sultan Mehmed VI.

Das Ende des Osmanischen Reiches

Auch Mehmed VI., der eigentlich Wahid al-Din hieß, war ein Sohn des Sultans Abdul Medschid. Der letzte Sultan des Osmanischen Reiches war am 14. Januar 1861 geboren und kam am 3. Juli 1918 an die Regierung. Der eigentliche Thronerbe Yussuf Izz-al-Din, Sohn des Abdul Aziz, war bereits 1916 gestorben.

Als am 30. Oktober 1918, rund vier Monate nach der Thronbesteigung, der Waffenstillstand von Mudros unterzeichnet wurde, war er der Herrscher eines Reiches, das von der Gnade seiner früheren Feinde abhängig war, denn fremde Truppen hatten die Hauptstadt und andere bisher noch nicht eroberte Teile der Türkei besetzt. Da sich seine Regierung bedingungslos den Wünschen der Entente fügte, beherrschte sie bald kaum mehr als das Gebiet um die Hauptstadt. General Mustafa Kemal, seit April 1919 Inspekteur der aus sechs Divisionen bestehenden 9. Armee in Erzurum (auch Erzerum, Erzorum), versuchte den Widerstand gegen die Besetzung und Aufteilung der Türkei zu organisieren. Schließlich wurde er zum Vorsitzenden des Repräsentativkomitees der „Vereinigung für die Verteidigung der Rechte von Anatolien und Rumelien«, eines ersten regierungsähnlichen Organs der nationalen Bewegung, gewählt. Nach Abberufung aus seinem militärischen Amt durch die Sultansregierung schied er auch aus der Armee aus und gewann rasch so viel Einfluß, daß es zur Abhaltung von Parlamentswahlen kam, die den Nationalisten die Mehrheit brachten. Als das Parlament am 28. Januar 1920 der Resolution von Erzurum (»Nationalpakt«) zustimmte, besetzten die Alliierten Istanbul und deportierten die meisten nationalen Abgeordneten nach Malta.

Da ließ der Sultan das Parlament auflösen, durch ein Fetwa (vgl. hierzu S. 201 Anm. 7) des Scheiks ul-Islam die Nationalisten für vogelfrei erklären und Mustafa Kemal sowie andere führende Nationalisten zum Tode verurteilen. Nun konstituierten sich die Flüchtlinge mit den gewählten Volksvertretern in Ankara zur »Türkischen Großen Nationalversammlung«[1] als höchstes politisches Organ, das ein Exekutivkomitee und einen Ministerrat, beides unter Mustafa Kemals Vorsitz, wählte.

Als die Sultansregierung den Vertrag von Sèvres[2] unterzeichnen mußte, durch den große Teile des übriggebliebenen osmanischen Gebietes einschließlich Istanbul und Izmir (das frühere Smyrna) unter die Kontrolle einer oder mehrerer fremder Mächte kam, versuchte das Kabinett Tewfik Pascha[3] das Parlament zur Ratifikation zusammenzurufen. Aber Tewfik Pascha mußte erkennen, daß seine machtlose Regierung die Türkei nicht vertreten konnte. Der endliche Erfolg der Nationalisten gegen die Griechen[4] brachte den Waffenstillstand von Mudania,[5] bei dessen Abschluß die Regierung des Sultans schon nicht mehr vertreten war. Sie wurde zwar noch eingeladen, um die Türkei in Lausanne zusammen mit der künftigen neuen Regierung unter Mustafa Kemal zu vertreten. Dies wurde aber von der »Großen Nationalversammlung« nicht angenommen, die schließlich am 1. November 1922 das osmanische Sultanat rückwirkend seit dem 16. März 1920[6] für abgesetzt erklärte. Da trat Tewfik Paschas Kabinett zurück; Mehmed VI. blieb noch in Istanbul, wo er am 10. November zu einem letzten Selamik (Freitagsgebet) erschien.

Als jedoch die Nationalversammlung einige Tage später beschloß, Mehmed unter Anklage des Hochverrats zu stellen,

1 Am 23. 4. 1920.
2 10. 8. 1920.
3 Seit dem 21. 10. 1920 (auch Taufik Pascha).
4 Einnahme von Smyrna am 9. 9. 1922.
5 11. 10. 1922.
6 Besetzung von Istanbul.

verließ der letzte osmanische Sultan Istanbul als Flüchtling auf einem britischen Schiff.[7]

Der Exsultan, der zuerst nach Malta gegangen war, reiste als Gast des Königs Hussain nach Mekka. Von hier erließ er eine Proklamation an die islamische Welt, in welcher er behauptete, daß die Trennung von Kalifat und Sultanat nicht rechtmäßig sei. Dieser Aufruf fand jedoch in der islamischen Welt kaum Widerhall.

Mehmed VI. verließ Mekka wieder und ging nach San Remo, wo er sich in einem versteckten Landhaus niederließ. Am 16. Mai 1926 starb der letzte Sultan des Hauses Osman, nachdem er im Jahre 1924 sogar noch den Anspruch König Hussains auf das Kalifat anerkannt hatte.

Die große Dynastie war nun endgültig erloschen ...

Der am 24. Juli 1923 in Lausanne unterzeichnete Friedensvertrag gab der Türkei Ostthrakien mit Adrianopel, Karagatsch, die Inseln Ibros und Tenedos, Izmir und Westarmenien zurück. Die entmilitarisierten Meerengen wurden für Kriegsschiffe gesperrt und der von Griechenland und der Türkei am 30. Januar 1923 vereinbarte Bevölkerungsaustausch bestätigt.

Die im Juni/Juli 1923 neugewählte Nationalversammlung proklamierte am 29. Oktober 1923 die Republik, wählte Mustafa Kemal zum Staatspräsidenten (wobei Ankara zur neuen Hauptstadt ausersehen wurde) und General Ismet Inönü zum Regierungschef. Mit Hilfe der Volkspartei[8] nahm Mustafa Kemal ein alle Bereiche von Staat und Gesellschaft umfassendes Reformprogramm in Angriff, das die Türkei in kürzester Frist zu einem modernen europäischen Staat machen sollte.

7 Am 17. 11. 1922.

8 Die CHP wurde im August 1923 gegründet und war die Nachfolgerin der »Vereinigung zur Verteidigung der Rechte Anatoliens«.

IX. 6. Periode (ab 1922)

Die Türkei wird Nationalstaat. Ghazi Mustafa Kemal Pascha – Atatürk, das heißt der »Vater der Türken« – wird der erste Präsident der Republik. Mustafa Kemal hat von Anfang an nur zwei Ziele verfolgt: einmal die Wiederherstellung eines souveränen türkischen Staates auf nationaltürkischem Boden und eine Modernisierung dieses neuen Staates. Mit der Wiedergewinnung der Stadt Istanbul und der Meerengen hat diese neue Türkei unter den Großmächten wieder an Einfluß gewonnen, der allerdings mit der osmanisch-byzantinischen Position nur sehr wenig gemein haben sollte.

X. Anhang

Zur Schreibweise der Namen

Ein Wort zur Schreibweise der Namen ist unentbehrlich. Durch die Übertragung der arabischen, türkischen und persischen Wörter in die wichtigsten europäischen Sprachen ist es meistens zu Veränderungen der Originale gekommen, und so finden sich in den Quellen häufig die verschiedensten Formen.

Ich möchte hier die augenfälligsten Synonyma anführen, weise jedoch ausdrücklich darauf hin, daß diese Liste keinen Anspruch auf Vollständigkeit erhebt (sie bezieht sich ohnehin nur auf die Sultansnamen):

Abdul Aziz	= Abdal Aziz, Abd ul-Aziz, Abdülaziz
Abdul Hamid	= Abdal Hamid, Abdul Hamit, Abdülhamid
Abdul Medschid	= Abdul Madjid, Abdul Mejid, Abdülmecid
Ahmed	= Ahmet, Ahmad, Achmed
Bayazid	= Bayezid, Bajesid, Beyezit
Mehmed	= Mehmet, Mahomet, Mohammed, Muhammad, Muhammed
Orkhan	= Orhan, Urchan, Urkhan, Ur-Khan
Osman	= Othman
Sulaiman	= Suleiman, Sulejman, Süleyman, Soliman, Soleiman

Zur Namensgebung von Konstantinopel/Istanbul:

Zu seinen vielen anderen Namen bekam das alte Byzanz unter den Osmanen den Ehrentitel Der-es-Saadet (Sitz der Glückseligkeit). Im allgemeinen Gebrauch aber bildete sich die bei den Türken schon vor der Eroberung verbreitete, aus dem Griechischen »istin polin« (in der Stadt) abgeleitete Bezeichnung Istanbul. Die in Europa verbreitete Version Stambul wurde meist nur für den alten Stadtteil auf der Landzunge verwendet. Daneben blieb aber bis zum Ende des Sultanats auch der Name Konstantinopel in Gebrauch, weshalb ich ihn in meiner Darstellung auch bis hin zum Beginn der 5. Periode (1839) verwendet habe (wo ich den Beginn der neueren Zeit ansetzen möchte).

Die Dynastie der Osmanen

		Regierungszeit
1.	Osman I.	1299 – 1323
2.	Orkhan	1326 – 1359
3.	Murad I.	1359 – 1389 (ermordet)
4.	Bayazid I.	1389 – 1402
5.	Mehmed I.	1413 – 1421
6.	Murad II.	1421 – 1451
7.	Mehmed II.	1451 – 1481
8.	Bayazid II.	1481 – 1512
9.	Selim I.	1512 – 1520
10.	Sulaiman I.	1520 – 1566
11.	Selim II.	1566 – 1574
12.	Murad III.	1574 – 1595
13.	Mehmed III.	1595 – 1603
14.	Ahmed I.	1603 – 1617
15.	Mustafa I.	1617 – 1618 (abgesetzt)
16.	Osman II.	1618 – 1622 (ermordet)
	Mustafa I. (zweite Thronbesteigung)	1622 – 1623 (ermordet)
17.	Murad IV.	1623 – 1640
18.	Ibrahim	1640 – 1648 (abgesetzt)
19.	Mehmed IV.	1648 – 1687 (abgesetzt)
20.	Sulaiman II.	1687 – 1691
21.	Ahmed II.	1691 – 1695
22.	Mustafa II.	1695 – 1703 (abgesetzt)
23.	Ahmed III.	1703 – 1730 (abgesetzt)
24.	Mahmud I.	1730 – 1754
25.	Osman III.	1754 – 1757
26.	Mustafa III.	1757 – 1774
27.	Abdul Hamid I.	1774 – 1789
28.	Selim III.	1789 – 1807 (abgesetzt)
29.	Mustafa IV.	1807 – 1808 (abgesetzt)
30.	Mahmud II.	1808 – 1839
31.	Abdul Medschid	1839 – 1861 (abgesetzt)
32.	Abdul Aziz	1861 – 1876 (abgesetzt)

33.	Murad V.	1876 (abgesetzt)
34.	Abdul Hamid II.	1876 – 1909 (abgesetzt)
35.	Mehmed V.	1909 – 1918 (abgesetzt)
36.	Mehmed VI.	1918 – 1922 (abgesetzt)

Osmanische Berufsbezeichnungen und Ämter

(aussprachegemäß angegeben)

Adschemoghlan = Janitscharenrekruten
Agajani birun = die äußeren Aga
Agajani enderun = die inneren Aga
Ajak Naibi = Stellvertreter des Richters von Konstantinopel als Marktrichter
Ajan = Primaten, Gutsbesitzer
Akindschi = Renner oder Streifer
Akkiam = Zeltaufschlager
Akkiambaschi = Oberzeltaufschlager
Alaibaschi = Oberst
Alaitschauschi = Tschausche des Aufzuges
Alil = Dienstuntaugliche
Anachtar agasi = Schlüsselbewahrer
Anachtaroghlan = Schlüsselknabe, Schlüsselbewahrer
Arabadschi = Kutscher
Arpa Emini = Aufseher der Gerste
Asas = Scharwache
Asasbaschi = Polizeileutnant, Scharwachenvogt
Aschdschi = Koch
Aschdschibaschi = Oberkoch der Janitscharen
Atalik = Wesir des Tatarenkhans
Atmadschi = Sperberjäger
Atmadschibaschi = Obersperberjäger
Awdschibaschi = Oberjägermeister
Azaben = Streifer zu Fuß

Bachdschewan kuli = Gärtnersklave
Bachdschi = Weingärtner
Bairaktar = Fähnrich
Bakirdschi = Metallarbeiter
Balik Emini = Vorsteher der Fischpachten
Baltadschi = Holzhauer
Barutchanei nasiri = Aufseher der Pulverstampfer
Baschaga = erster Verschnittener

Baschbakikuli = Kanzleidiener des öffentlichen Schatzes
Basch chasseki = Erster Gefreiter
Baschkapuliaga = Haupt der Häscherwache
Basch kara kullukdschi = Oberküchenjunge
Basch muezzin = Obergebetsausrufer
Baschmukabeledschi = Hauptgegenschreiber
Basch silachschor = Oberbereiter
Baschtschausch = Oberster der Staatsboten, der erste der Tschausche
Baschtschokadar = Oberstkammerdiener
Beilikdschi = Staatsreferendar
Beilik kalemi kesedari = Säckelmeister der ersten Sektion der Staatskanzlei
Berberbaschi = Oberbarbier
Beschli = berittene Leibwache des Großwesirs
Bidschakdschiler = Messerschmiede
Binar Emini = Bauaufseher
Binbaschi = Oberst über Tausend
Binischpeschgiraga = zweiter Tischtuchbewahrer
Bostandschi = Gartenwache
Bostandschibascha = Vorsteher der kaiserlichen Gartenwachen
Buchurdandschi = Rauchfaßhalter
Bülbüldschi = Nachtigallbewahrer
Büyük Imrochor = der Erste Stallmeister des Marstalls
Bulukbaschi = Rottenmeister, Oberst, Rittmeister

Charbenddschibaschi = Obermaultiertreiber
Charmandebaschi = Obermauleseltreiber
Chasinedar = Schatzmeister
Chasinedarbaschi = Schatzmeister der Serails
Chasseki = Gefreiter der Janitscharen und der Bostandschi
Chassodabaschi = Vorsteher der innersten Kammer
Chatib (Khatib) = Kanzelredner
Chumbarachana nasiri = Aufseher des Bombardierwesens

Dajol-duat = Werber der Werbenden
Defterdar = Buchführer, Kammerpräsident
Defter Emini = Kammervorsteher
Defterlü = von Kriegsdiensten Befreiter
Delibaschi = Anführer der berittenen Leibwache des Großwesirs
Delileragasi = Aga der Tollkühnen (Volontäre)
Dewedschi = Kameltreiber
Diwan Effendi = Botschaftssekretär
Diwani Humajun terdschimani = Pfortendolmetscher

Diwan tschauschi = Tschausch des Diwans
Dschebechanedschibaschi = Aufseher der Rüstkammer
Dschebechane nasiri = Aufseher des Zeugschmiedes
Dschebedschi = Zeugschmied
Dschebedschibaschi = Befehlshaber des Munitionswesens
Dscherach = Wundarzt
Dschindschibaschi = Vorsteher von achtzig Pagen
Dschisiedar = Kopfsteuereinnehmer
Dülbendaga = Turbanbewahrer
Dülbenddar = Turbanträger
Dülbend ghulami = Turbanhalter

Ebnijei chassa nasiri = Aufseher der Hofgebäude
Emia Silach = Oberwaffenträger
Emini Fetwa = Direktor der Kanzlei des Mufti
Enderun agaleri = Kammerdiener
Eschkindschi = wirklich diensttuende Truppen
Etmekdschibaschi = Oberbäckermeister
Ewskaf nasiri = Aufseher der frommen Stiftungen

Faliedschi = Zündlochbohrer
Faris = Reiter
Fellach = Bauer
Fes nasiri =Aufseher der Häubchen
Fitildschi = Luntenmacher

Gedikli Saim = belehnte Pfortenbeamte
Gedikli suama = Pfortendiener
Gögumbaschi = Flaschenträger
Gumruk Emini = Intendant der Maut

Hadidi = Schmied
Hadschi = Wallfahrer, Mekkapilger
Halwadschi = Konditor, Zuckerbäcker
Harir nasiri = Aufseher der Seide
Hekim = Arzt
Hekimbaschi = Leibarzt des Sultans und des Serails
Hodscha = Lehrer, Sultanslehrer, Regimentslehrer

Ibrikdar = Gießkannenhalter
Ibrik ghulami = Kammerwärter
Ihramdschibaschi = Oberhandtuchbewahrer
Ihtisabaga = Marktvogt

Ilamdschi = Berichterstatter
Imam = Feldbeter, Pater, Vorbeter in der Moschee
Itsch mechterbaschi = Kammertapezierer
Itsch tschokadar = innerster Kammerdiener

Jajabaschi = Hauptleute der Fußgänger
Jakkapan naibi = Stellvertreter der Magazine für Öl und Butter
Jemischdschibaschi = Fruchtaufseher

Kadi = Richter
Kadiasker = Oberlandrichter, Heeresrichter
Kaftanagasi = Kaftanmeister
Kaftandschibaschi = Oberkaftananzieher
Kahwedschi = Kaffeekoch
Kanundschi = Bewahrer der Reichsgrundgesetze
Kapanidschadschi = Staatspelzebewahrer
Kapidschi = Torwärter
Kapidschibaschi = Vorsteher der Torwärter, Vorsteher der Kämmerer
Kapidschiler kjajasi = Oberkämmerer
Kapuaga = Oberhofmeister des Serails
Kapudan-Pascha = Admiral
Kapu kuli = Pfortensklave
Kapuli aga = Häscherwache
Kapuoghlan = Verschnittene, Torwärter des Harems
Kaputschauschleri = Pfortentschausch
Kaputschokadar = Pfortenkammerdiener
Karakulukdschi = Scharwache
Kassabbaschi = Oberfleischhauer
Kawasbaschi = Scharwachenvogt
Keraste nasiri = Holzaufseher
Kesedar = Säckelmeister der Staatskanzlei
Kiatib = Schreiber des Schatzes
Kilardschibaschi = Oberkellermeister, Oberkonditor
Kislar-Aga = Oberster Vorsteher des Harems
Kitabdschi = Bibliothekar
Kitabdschibaschi = Oberbibliothekar
Kjaja = Stellvertreter, Sachwalter, Verwalter
Kjaja Bei = Reichsmarschall, Innenminister
Kjaja chatun = Verwalterin des Harems
Konakdschi = Quartiermacher
Köpridschi = Brückenwächter
Kösebaschi = Aufseher der Pagenkammer
Kulagus = Wegweiser

Kulkjaja = Sklavensachwalter, erster Generalleutnant der Janitscharen
Kundakdschi = Feuerwerker
Kurekdschi = Schaufler
Kürischdschi = Bogensehnenmacher
Kürkdschi = Kürschner

Lala = Hofmeister
Lüledschibaschi = Oberpfeifenbewahrer

Maadendschi = Minengräber
Machramadschi = Schnupftuchwärter
Mariol = Rekrutenbursche, auch Spitzname für Possenreißer
Mataradschibaschi = Wasserflaschenträger
Matlabdschi = Rollenführer der Richterstellen
Mechter = Zeltaufschlager, Musiker
Meschaaladschi = Fackelträger
Mewkufati = Kanzleivorsteher
Michmandar = Fremdeneinführer, Gastgeber
Miftachaga = Schlüsselbewahrer
Mimaraga = Architekt
Mirachor = Oberstallmeister
Mirulalem = Fahnenträger
Mochassil (Muhassil) = Steuereintreiber
Molla = Gesetzesgelehrter
Mubaschir = Kommissar
Muchasebedschi = Vorsteher der Hauptrechnungskanzlei
Muchimmat nasiri = Aufseher des Munitionswesens
Muchtesib = Marktvogt
Müchürdar = Siegelbewahrer
Muderris = Professor
Mudschtechid = Gesetzausleger
Muezzin = Gebetsausrufer
Mufti = entscheidender Rechtsgelehrter
Muid = Korrepetitor
Mülasim = Anwärter auf eine Richterstelle
Mültesim = Pächter
Mumdschi = Gefreiter
Munedschimbaschi = Hofastronom
Müschdedschi = Freudekundebringer
Müteselllim = Verwalter, Kommissar, Stellvertreter eines Sandschak-Beis

Naalbend = Fahnenschmied
Naalbendbaschi = Oberfahnenschmied
Naib = stellvertretender Richter
Nischandschi = Namenszugschreiber
Nischandschibaschi = Sekretär für den Namenszug des Sultans, Staatssekretär

Odabaschi = Hauptmann, Kammervorsteher
Ortakdschi = Zeltaufschlager
Otakdschibaschi = Generalquartiermeister

Peik = Leibwache, Lanzenträger
Peschgiraga = Tischtuchbewahrer
Peschkeschdschiaga = Geschenkmeister

Rachtwanaga = Senftenbewahrer
Reis = Staatskanzler
Reis Effendi = Außenminister
Reisul kutab = Staatssekretär für das Äußere
Reisul muderrisin = Ehrentitel des Vorstehers an der Selimije
Ridschal = Minister
Rikiabdar = Steigbügelhalter

Sachid = Einsiedler
Sagardschi = Spürhundwärter
Sagardschibaschi = Oberspürhundwärter
Saka = Wasserträger
Sakabaschi = Oberwasserträger
Sakirbaschi = Vorbeter der Derwische
Sandschak-Bei = Fahnenfürst
Sandschakdar = Fähnrich
Sarabchane Emini = Vorsteher des kaiserlichen Münzwesens
Sarbanbaschi = Oberkameltreiber
Sarradschbaschi = Torwärter des Serails
Schagird = Kanzleilehrling
Schahbender = Herr des Stapelplatzes und des Warenpasses, Generalkonsul
Schehir Emini = Stadthauptmann
Schemaadandschi = Leuchterwärter
Scherab Emini = Weinlagervorsteher
Scherbetdschi = Sorbetverkäufer
Schinekdschi = Hausknecht
Schukufedschibaschi = Blumenmeister

Sedschadedschi = Verwahrer des Gebetsteppichs
Segban = Hundewärter, Landjäger
Seis = Stallknecht
Seisbaschi = Oberstallknecht
Selamagasi = Grußmeister
Serasker = Heerführer
Serchengan = Staatsbote
Serradsch = Sattelknecht
Sertrasch = Barbier
Silichdar = Waffenträger, Schwertträger
Silichdar-Aga = Hauptmann oder Waffenträger
Sirr kiatib = Sekretär des Sultans
Sofradschi (Sufradschi) = Tafeldecker
Sofradschibaschi = Obertafeldecker
Spahi (Sipahi) = Reiter, Söhne der Vornehmen, Kameraden
Ssachdidsch = Brautführer
Ssamssundschi = Doggenwärter
Ssanduk Emini = Heereskassenvorsteher
Ssarikdschibaschi = Turbanbewahrer
Ssujoldschi = Wasserbaumeister
Ssu nasiri = Wasseraufseher
Subaschi = Stadtvogt, Polizeileutnant
Süridschi = Heerestreiber

Tabak Eskisi = Porzellanbewahrer
Tatbikdschi = Bewahrer der Siegel aller Richter
Telchissdschi = Vortragsmeister
Ternakdschi = Nagelpfleger des Sultans
Teschrifatdschi = Zeremonienmeister
Thalib (auch: Sochta) = Student
Tochundschi = Falkner
Toparabadschibaschi = Befehlshaber des Fuhrwesens
Topdschibaschi = Befehlshaber der Artillerie
Tophane nasiri = Aufseher der Stuckgießerei
Tschadir Mechterbaschi = Oberzeltaufschlager
Tschakirdschi = Sperberjäger
Tschakirdschibaschi = Obersperberjäger
Tschamadschirdschi = Wäschebewahrer
Tschantadschi = Geldsäckelträger
Tschaschnegir = Truchseß
Tschausch = Staatsbote, Feldwebel
Tschauschbaschi = Reichsmarschall, Hofmarschall
Tschauschler Emini = Aufseher der Tschausche

Tscheltukdschi = Reisbauer
Tschokadar = Kammerdiener, Leiblakai, Mantelsackträger
Tschorbadschi = Suppenmacher, Oberst der Janitscharen
Tufenkchane nasiri = Aufseher der Flintenfabrik
Turnakdschi = Kranichwärter
Tus nasiri = Salzaufseher
Tutudschi = Papageienbewahrer
Tutundschibaschi = Oberrauchtabakbewahrer

Ulak = Kurier
Ulema = Gesetzesgelehrte (Singularform: Alem)
Ulufedschi = berittene Söldlinge
Ulufeli = besoldete Beamte
Usta = Offizier der Bostandschi

Waif = Prediger
Wali = Statthalter
Walide = Sultanmutter
Wesir = Pascha von drei Roßschweifen, Pfortenvorsteher, Staatsminister
Wojniklar = Bulgarische oder christliche Stalleute oder Schafhirten

Yeniçeri oğasi = Janitscharenaga (Hauptmann, Offizier)

Zeittafel

v. Chr.	
Um 1650–1620	Erstes Hethiterreich in Anatolien.
Nach 1370	Zweites Hethiterreich in Kleinasien.
Um 1200	Zerfall des Hethiterreiches durch den Einfall der Seevölker. Entstehung eines phrygischen Reiches in Anatolien.
Um 700	Niedergang des phrygischen Reiches und Aufkommen der Macht der Lyder. Vollendung der griechischen Kolonisation an der kleinasiatischen Mittelmeerküste.
546	Persien erobert das lydische Reich. Kleinasien in vier Satrapien aufgeteilt.
494	Besiegung der aufständischen kleinasiatischen Griechen durch die Perser.
387	Im Antalkidasfrieden kommen alle kleinasiatischen Griechenstädte an Persien.
333	Alexander der Große gewinnt Kleinasien durch den Sieg bei Issos.
323	Kleinasien gerät nach Alexanders Tod in den Strudel der Diadochenkämpfe.
281	Kleinasien kommt zum Seleukidenreich. Entstehung von Teilreichen in Kappadokien, Pontus, Bithynien und Pergamon.
133	König Attalos von Pergamon vermacht sein Reich den Römern, denen auch Bithynien zufällt. Asien wird römische Provinz.
n. Chr.	
324	Beginn des Baues von Byzanz.
330	Konstantinopel wird zweite Hauptstadt des Römischen Reiches.
395	Reichsteilung durch Kaiser Theodosius I.
425	Gründung der Universität Konstantinopel.
529	Veröffentlichung des Codex Justinianus.
532	Nika-Aufstand in Konstantinopel und Baubeginn der Hagia Sophia.

611	Beginn der Eroberung Vorderasiens durch die Perser.
626	Belagerung Konstaninopels durch Awaren und Perser. Besiegung der Awaren.
627	Herakleios I. besiegt die Perser bei Ninive und erhält alle byzantinischen Gebiete zurück.
636	Niederlage der Byzantiner durch die Araber am Jarmuk.
678	Fehlschlag des ersten arabischen Seeangriffs gegen Konstantinopel.
718	Erneuter arabischer Angriff gescheitert.
730	Beginn des byzantinischen Bilderstreites.
827	Verlust des byzantinischen Siziliens durch die Araber.
843	Endgültige Beendigung des Bilderstreites.
961	Wiedereroberung Kretas durch Byzanz.
968	Byzanz erobert Syrien und Palästina.
1014	Vernichtung des Bulgarenreiches durch Byzanz.
1054	Endgültiges kirchliches Schisma zwischen Ost- und Westreich Roms.
1071	Sieg der seldschukischen Türken über die Byzantiner bei Mantzikert. Der byzantinische Kaiser Romanus Diogenes wird gefangengenommen.
1080	Gründung des türkischen Sultanats Rum mit der Hauptstadt Ikonion (Konya).
1204	Gründung des lateinischen Kaisertums in Byzanz nach der Einnahme durch die Kreuzfahrer des Vierten Kreuzzuges.
1261	Ende des lateinischen Kaiserreiches.
1326	Die Osmanen-Türken entreißen Byzanz Brussa (Bursa) und machen es zu ihrer ersten Hauptstadt.
1354	Erstes Übergreifen der Osmanen nach Europa (Gallipoli).
1365	Adrianopel (Edirne) wird neue Hauptstadt der Osmanen.
1389	Sieg der Osmanen über die Serben auf dem Amselfeld.
1393	Osmanische Unterwerfung Bulgariens.
1396	Osmanischer Sieg bei Nikopolis über christliche Heere.
1402	Schlacht von Angora (Ankara): Niederlage der Osmanen durch die Mongolen Timurs.
1448	Sieg über Johann Hunyádi.

1453	Eroberung Konstantinopels durch die Türken. Istanbul wird zur neuen Hauptstadt.
1460	Türkische Besetzung des Peloponnes.
1461	Türkische Besetzung des griechischen Kaiserreiches Trapezunt am Schwarzen Meer.
1475	Die Krim wird den Türken tributpflichtig.
1514	Türkischer Sieg bei Tschaldyran über die Perser. Eroberung des größten Teils von Armenien.
1517	Besetzung Syriens, Arabiens und Ägyptens. Übernahme des Kalifentitels durch den Osmanensultan.
1521	Besetzung Belgrads durch die Türken.
1526	Türkischer Sieg bei Mohács über Ungarn.
1529	Erste türkische Belagerung Wiens.
1534/36	Türkische Einnahme Bagdads, Aserbeidschans, Algeriens und Seeherrschaft im Mittelmeer.
1570	Frieden mit Persien. Georgische Fürstentümer, türkische Vasallen.
1571	Verlust der türkischen Seeherrschaft im Mittelmeer infolge der Niederlage bei Lepanto durch die Venezianer.
1663	Niederlage der Türken gegen die Ungarn bei St. Gotthard an der Raab.
1669	Türkische Besetzung Kretas.
1683	Die zweite türkische Belagerung Wiens muß erfolglos abgebrochen werden.
1686	Verlust von Ofen. Beginnender Rückzug der Türken aus Südosteuropa.
1696	Die Russen entreißen Asow den Türken.
1699	Dalmatien preisgegeben.
1711	Türkischer Sieg am Pruth über die Russen. Asow wiedergewonnen.
1717	Sieg des Prinzen Eugen bei Belgrad über die Türken.
1718	Verlust Belgrads im Frieden von Passarowicz.
1739	Belgrad von den Türken zurückerobert, Asow wieder russisch.
1740	Anerkennung des französischen Protektorats über die Christen im Orient.
1768	Neuer russisch-türkischer Krieg.
1770	Seeniederlage der Türken bei Tschesme durch die russische Flotte.
1774	Frieden von Kütschük-Kainardschi mit den Russen. Rußland erhält Zugang zum Schwarzen Meer und

	freie Handelsschiffahrt auf den türkischen Gewässern.
1787/1792	Krieg gegen Österreich (Frieden von Sistowa 1791) und Rußland (Frieden von Yassy 1792).
1798/1802	Konflikt mit Frankreich in Ägypten und Syrien.
1804	Aufstand in Serbien.
1806/1812	Türkisch-russischer Krieg. Frieden von Bukarest (1812).
1821/1829	Freiheitskampf der Griechen.
1826	Auflösung des Janitscharenkorps.
1827	Vernichtung der türkischen Flotte in der Bucht von Navarino.
1828/1829	Türkisch-russischer Krieg.
1830	Londoner Protokoll über die Unabhängigkeit Griechenlands.
1839	Reformdekret von Gülhane. Beginn der Tanzimatreformen unter Mahmud II.
1853/1856	Teilnahme am Krimkrieg.
1856	Dekret über die Gleichberechtigung der Minderheiten.
1870	Rußland kündigt die Meerengenklauseln des Pariser Friedens.
1875	Staatsbankrott.
1875/1877	Aufstände in Bosnien, Herzegowina und Bulgarien, Krieg gegen Serbien und Montenegro.
1876	Erste Verfassung.
1877/1879	Türkisch-russischer Krieg. Berliner Kongreß.
1879	Friedensvertrag mit Rußland auf der Grundlage der Ergebnisse des Berliner Kongresses.
1881	Griechenland erhält Teile von Thessalien und Epirus.
1882	Britisches Protektorat über Ägypten.
1885	Bulgarien annektiert Ostrumelien.
1889/1891	Gründung des »Komitees Einheit und Fortschritt«.
1896	Erster Höhepunkt der Armenierverfolgungen.
1897	Autonomie Kretas.
1902/1903	Aufstände in Makedonien, russisch-österreichische Punktation von Mürzsteg (1903).
1906	Verzicht auf Sinai und Akaba.
1909	Abdul Hamid II. wird nach einem erfolglosen Gegenputsch abgesetzt.
1911/1912	Türkisch-italienischer Krieg.
1913	Balkankriege. Verlust aller europäischen Gebiete bis Adrianopel (Edirne).

1914/1918	Teilnahme am Ersten Weltkrieg an der Seite der Mittelmächte.
1918	Rückzug aus Palästina und Syrien.
1919	Intervention britischer, französischer, italienischer, griechischer und armenischer Truppen. Nationalkongresse in Erzurum und Siwas.
1920	In Ankara konstituiert sich die »Türkische Große Nationalversammlung«, Regierungsbildung unter Führung von Mustafa Kemal. Die Regierung in Istanbul unterzeichnet den Frieden von Sèvres.
1921	Provisorische Verfassung. Abwehr griechischer Offensiven bei In-Önü und am Sakarya.
1922	Niederlage und Rückzug der Griechen aus Anatolien. Abzug der französischen und italienischen Truppen. Abschaffung des Sultanats.
1923	Friedensvertrag von Lausanne. Gründung der Volkspartei. Proklamation der Republik. Mustafa Kemal wird Präsident.
1924	Abschaffung des Kalifats und Maßnahmen zur Beschränkung der politischen Macht der Geistlichkeit. Neue Verfassung. Freundschaftsvertrag mit dem Deutschen Reich.

Literaturverzeichnis

1. Zur Dynastie der osmanischen Sultane

Abdul Aziz

Castov, A. de: *Musulmans et Chrétiens de Mohamed le Prophéte au Sultan Abdul Aziz Khan.* Istanbul 1874.

Collas, M. B. C.: *La Turquie en 1864.* Paris 1864.

Engelhardt, E.: *La Turquie et le Tanzimat.* Paris 1882/84.

Milliger, F.: *La Turquie sous le régne d'Abdul Aziz.* Paris 1868.

Mordtmann, A. D.: *Stambul und das moderne Türkentum.* Leipzig 1877/78.

Nur-ed-din, Tevfîk: *Sultan 'Azizin hal'î ve isti hârî.* Istanbul 1906.

Osman Bey: *La Turquie sous Abdul Aziz.* Paris 1868.

The Memoirs of Ismail Kemal Bey. Edit. Sommerville Story. London 1920.

Ubicini, A.: *Etat présent de l'Empire ottoman.* Paris 1876.

Abdul Hamid I.

Arnold, T. W.: *The Caliphate.* Oxford 1924.

Brosset: *Histoire de la Géorgie.* Petersburg 1850/59.

Longrigg, S. H.: *Four centuries of modern Iraq.* Oxford 1925.

Sorel, A.: *La question d'Orient.* Paris 1878.

Abdul Hamid II.

Alderson, A. D.: *The Structure of the Ottoman Dynasty.* Oxford 1956.

Baker, V.: *The War in Bulgaria.* London 1879.

Barckhausen, J.: *Männer und Mächte am Bosporus – Abdul Hamid und seine Zeit.* Berlin 1938.

Bareilles, B.: *Les Turcs.* Paris 1917.

Bérard, V.: *La politique du Sultan.* Paris 1897.

ders.: *La révolution turque.* Paris 1909.

ders.: *Le Sultan. L'Islam et les puissances.* Paris 1907.

Borotra, H.: *Lettres orientales.* Paris 1893.

Bresnitz: *Christenverfolgung in der Türkei.* Berlin/Leipzig 1897.

Buxton, C.: *Turkey in Revolution.* London 1909.

Dodd, Anna Bownan (Blacke): *In the Palace of the Sultan*. New York 1903.
Dorys, G.: *Abdul Hamids Privatleben*. München 1902.
Driault, E.: *La Question d'Orient*. Paris 1917.
Earle, Meade: *Turkey, the Great Powers and the Baghdad Railway*. New York 1923.
Esher, Lord Benson (Hrsg.): *Letters of Queen Victoria*. 3 Bde. London 1907.
Gaulis, G.: *La Ruine d'un Empire*. Paris 1913.
Gilles, Roy: *Der rote Sultan*. Breslau 1937.
Grand-Carteret, J.: *Une Turquie nouvelle pour les Turcs. La Turquie en images*. Paris 1908.
Haslip, Joan: *Der Sultan*. München 1968.
Hecquard, C.: *La Turquie sous Abdul Hamid II*. Brüssel 1901.
Hidayette: *Abdul Hamid révolutionnaire*. Zürich 1896.
Imbert, P.: *La renovation de l'Empire ottoman*. Paris 1909.
Kinglake: *The Invasion of the Crimea*. London 1863.
Knight, E.: *The Awakening of Turkey*. London 1909.
Küntzer, K.: Abdul Hamid II. und die Reformen in der Türkei. Dresden/Leipzig 1897.
Loti, P.: La Turquie agonissante. Paris 1913.
Lusignan, Prinzessin Annie de: *The twelve years reign of H.M. Abdul Hamid II*. London 1887.
McCullagh, F.: *The fall of Abdul Hamid*. London 1910.
Miller, W.: *Behind the Sublime Porte*. Cambridge 1931.
ders.: *History of the Ottoman Empire*. Cambridge 1917.
Morgenthau, Henry: *Secrets of the Bosphourus*. London 1918.
Nuri, Ali: *Unter dem Szepter des Sultans Abdul Hamid II*. Berlin 1905.
Patrick, M. Mills: *Under five Sultans*. New York 1929.
Pears, E.: *Forty Years in Constantinople*. London 1916.
ders.: *Life of Abdul Hamid*. London 1917.
Refik, Mustafa: *Ein kleines Sündenregister Abdul Hamids. Dem jungtürkischen Komitee in Genf zugeeignet*. Genf 1899.
Rizas, P.: *Abdul Hamid*. Konstantinopel 1909.
Stern, B.: *Abdul Hamid II*. Budapest 1901.
Ubicini, A.: *Lettres de la Turquie*. Paris 1856.
Vambéry, A.: *Personal Recollections of Abdul Hamid and His Court*. Nineteenth Century 1909.
Waugh, T.: *Turkey yesterday, to-day and to-morrow*. London 1930.
Wittlin, Alma: *Abdul Hamid, the Shadow of God*. London 1940.
Yeats-Brown, F.: *Golden Horn*. London 1932.

Abdul Medschid
Destrilhes: *Confidences sur la Turquie*. 1855.
Enault, E.: *Constantinople et la Turquie*. 1855.
Fossati, G.: *Aya Sofia as recently restored*. London/Paris 1852.
Ganem, Halil: *Les sultans ottomans*. 1902.
Hollander, E.: *La Turquie devant l'opinion publique*. 1858.
Thouvenel, Ed.: Constantinople sous Abdul Medjid. Revue des Deux Mondes 1. 1. 1840.

Ahmed I.
Mustafa Pascha: *Nata'idj al-Wuku'at*. II, S. 22/41.

Ahmed II.
Rashid, M.: *Ta'rikh*. Konstantinopel 1872. II, S. 159/292.
Romanin, S.: *Storia di Venezia*. L. XVI, ch. 6.

Ahmed III.
Kraelitz, Fr. v.: *Bericht über den Zug des Groß-Botschafters Ibrahim Pascha nach Wien im Jahre 1719*. SBAk Wien 1908.
Nouradoungian, G.: *Recueil d'actes internationaux de l'empire ottoman*. Paris 1897.
Pavlović, D. M.: *Pozerevacki mir (1718)*. In: Letopis matice srpske. Novi Sad 1901. No. 207, S. 26/47; No. 208, S. 45/80.
Shay, M. L.: *The Ottoman Empire from 1720–1734*. Urbana 1944.
Sumner, B. H.: *Peter the Great and the Ottoman Empire*. Oxford 1949.
Vandal, A.: *Une Ambassade Française en Orient sous Louis XV*. Paris 1887.
Wortley-Montagu, Lady Mary: *Letters*. London 1837.

Bayazid I.
Alexandrescu-Dersca, M. M.: *La campagne de Timur en Anatolie*. Bukarest 1942.
Atiya, A. S.: *The Crusade of Nicopolis*. London 1938.
Jouannin u. Van Gaver: *Tourquie*. Paris 1839.
Schiltberger, J.: *The Bondage and Travels*. trans. Telfer. London 1879.
Stanojević, S.: *Die Biographie Stefan Lazarevics von Konstantin*. In: Archiv f. Slav. Phil. XVIII, S. 409/28.
Wittek, P.: *Das Fürstentum Mentesche*. Istanbul 1934.

Bayazid II.
Babinger, Franz: *Die Geschichtsschreiber der Osmanen und ihre Werke*. Leipzig 1927.

ders.: *Vier Bauvorschläge Leonardo da Vincis an Sultan Bajezid II. (1502–1503).* In: Nachr. Akad. Wiss. Göttingen, Phil.hist.Kl. 1952, S. 1/20.
Burski, H. A. von: *Kemal Reis, ein Beitrag zur Geschichte der türkischen Flotte.* Bonn 1928.
Corović, V.: *Der Friedensvertrag zwischen dem Sultan Bayazid II. und dem König Ladislaus II.* in: ZDMG, XC (= Neue Folge XV). Leipzig 1936, S. 52/59.
Fisher, S. N.: *Civil Strife in the Ottoman Empire 1481–1503.* In: The Journal of Modern History, XIII. Chikago 1941. S. 448/66.
ders.: *The Foreign Relations of Turkey 1481–1512.* Illinois Studies in the Social Sciences. Vol. XXX, No. 1. Urbana/Ill. 1948.
Górka, O.: *Nieznany Zywot Bajezida II . . .* (Une biographie inconnue de Bayazid II. comme source historique pour l'expédition vers la Mer Noire et pour les invasions turques aux temps de Jean Albert.) In: Kwartalnik Historyczny. III/3. Lwów 1938. S. 375/427.
Historiae Musulmanae Turcorum. Frankfurt (Main) 1591.
Kraelitz, F.: *Osmanische Urkunden in türkischer Sprache aus der zweiten Hälfte des 15. Jahrhunderts.* In: SBAk Wien, Phil.hist.Kl., Bd. 197, Abh. 3. Wien 1921.
Lemerle, P., u. Wittek, P.: *Recherches sur l'histoire et le statut des monastères athonites sous la domination turque.* In: Archives d'Histoire du Droit Oriental. III. Wetteren 1948. S. 420/32.
Leunclavius, J.: *Annales Sultanorum Othmanidarum.* Frankfurt (Main) 1588 u. 1596.
Meier, F. (Hrsg.): *Zwei diplomatische Zwischenspiele im deutsch-osmanischen Staatsverkehr unter Bajezid II. (1497 und 1504).* In: Westöstliche Abhandlungen. Wiesbaden 1954. S. 315/30.
Selâhattin, Tansel: *Sultan II. Bâyezit.* Istanbul 1966.
Thuasne, Louis: *Djem Sultan.* Paris 1892.
Vajda, G.: *Un bulletin de victoire de Bajazet II.* In: JA, CCXXXVI. Paris 1948. S. 87/102.

Ibrahim

Ranke, Leopold von: *Die Osmanen und die Spanische Monarchie im XVI. und XVII. Jahrhundert.* 4. A., S. 64/71.
Ricaut, P.: *The History of the Turkish Empire.* London 1680.

Mahmud I.

Hanway: *A Journal of Travels from London through Russia into Persia.* 1753.

Mahmud II.
Ellert, G.: *Mahmud II.* Berlin 1963.
Moltke, H. v.: *Briefe über Zustände und Begebenheiten in der Türkei.* Berlin 1883.
Rosen, G.: *Geschichte der Türkei.* Bd. I. Leipzig 1866.

Mehmed I.
D'Ohsson Mouradja: *Tableau de l'Empire Ottoman.* 3 Bde. Paris 1787/1820.

Mehmed II.
Babinger, Franz: *Mehmed, der Eroberer.* München 1959.
Thuasne, L.: *Gentile Bellini et Sultan Mohammed II.* Paris 1888.

Mehmed III.
Saranzo, Laz.: *Ottomanus sive de rebus turcicis liber confinens descriptionem potentiae Mahometis III.* 1600.

Mehmed IV.
Bremundan, Francisco Fabro: *Floro histórico de la guerra movida por el sultan de los turcos Mehmet IV. contra el angustisimo Leopoldo Primero, emperador de romanos.* Madrid 1684.
Die Türken vor Wien in Augenzeugenberichten. Düsseldorf 1968.
Ricaut, P.: *Histoire des trois derniers empereurs des Turcs depuis 1624 jusqu'à 1677.* Paris 1683.
ders.: *Istoria dello stato presente dell'imperio ottomano.* Venedig 1672.

Mehmed V.
Emin, Ahmad: *Turkey in the World War.* New Haven 1930.
Jonquière, De la: *Histoire de l'Empire Ottoman.* 2 Bde. Paris 1914. Bd. II.

Mehmed VI.
Jäschke u. Pritsch: *Die Türkei seit dem Weltkriege.* In: W I, X (1927/29) u. XII (1930).

Murad I.
Gibbons, H. A.: *The Foundation of the Ottoman Empire.* Oxford 1916. S. 110 ff.
Jirecek, C.: *Geschichte der Serben.* Gotha 1918.

Murad II.
Foy, K.: *Tractatus de moribus conditionibus et nequitia Turcorum.* In: M S O S As., IV, V.

Murad III.
Gibb, E. J. W.: *History of Ottoman Poetry.* London 1907.

Murad IV.
Korrespondenz von Sir Thomas Roe und Cornelius Haga. (Rijks Geschiedkundige Publicatien. X: Bronnen tot die Geschiedenis van den Levantschen Handel 1590–1660.) 's Gravenhage 1910.

Murad V.
Djemaleddin Bey: *Sultan Murad V., the Turkish Dynasty Mystery 1876–1895.* London 1895.
Hifzî, Husein: *Sultan Murad Hâmis ve sebeb hal'y.* Istanbul 1908.
Keratry, Comte E. de: *Mourad V., prince, sultan, prisonnier d'état 1840/76.* Paris 1878.
Midhat, Ali Haydar: *Life of Midhat Pasha.* London 1903.

Mustafa I.
Berichte in den Memoiren des englischen Gesandten Sir Thomas Roe.
Türkische Quellen bei den Historikern Na'ima, Hadjdji Khalifa, Pečewi, Hassan Bey Zāde und Tughi.

Mustafa II.
Rashid, M.: *Ta'rikh.* Konstantinopel 1872.

Mustafa III.
de Tott, Baron Fr.: *Mémoires sur les Turcs et les Tartares.* Maastricht 1785.

Mustafa IV.
Juchereau de St. Denis, A. de: *Révolutions de Constantinople de 1807 et 1808.* Paris 1823.

Orkhan
Draeseke, J.: *Der Übergang der Osmanen nach Europa im XIV. Jahrhundert.* In: Neues Jahrbuch für das Klassische Altertum. Bd. XXXI, S. 7. ff.
Gibbons, H. A.: a. a. O., S. 54/109.

Osman I.
Anonymus Giese. Breslau 1922.
Gibbons, H. A.: a. a. O., S. 11/53.

Osman II.
Tughi: *Wak'a-i Sultan 'Othman Khan* (Übers. A. Galland).

Osman III.
Ta'rikh-i Wasif. Konstantiopel 1809.

Selim I.
Forrer, L.: *Die Osmanische Chronik des Rustem Pascha.* Leipzig 1923.
Heyd: *Histoire du commerce en Levant au Moyen-âge.* Leipzig 1886.
Hurgronje, C. Snouck: *Mekka.* Haag 1888. I, S. 102/03.
Weil: *Geschichte des Abbasidenchalifats in Egypten.* Mannheim 1862. II, S. 410/36.
Wüstenfeld: *Die Chroniken der Stadt Mekka.* Leipzig 1861. IV, S. 300 ff.

Selim II.
Gibb, E. J. W.: a. a. O.

Selim III.
Hurgronje, C. Snouck: a. a. O.
Thornton: *Etat actuel de la Turquie.* Paris 1812.

Sulaiman I.
Babinger, Franz: *Suleiman.* In: Meister der Politik. Stuttgart 1923. II, S. 39/64.
Behrnauer, F. A.: *Suleiman des Gesetzgebers Tagebuch auf seinem Feldzuge nach Wien.* Wien 1858.
Digeon: *Canoun-name ou édits de Sultan Soliman concernant la police de l'Egypte.* In: Nouveaux contes turcs et arabes. Paris 1781.
Jakob, G.: *Sultan Soliman des Großen Divan in einer Auswahl* . . . Berlin 1903.
Kupelwieser: *Die Kämpfe Österreichs mit den Osmanen vom Jahre 1526–37.* Wien 1899.
Lamb, H.: *Suleiman der Prächtige.* München 1952.
Lybyer, A. H.: *The Government of the Ottoman Empire in the Time of Suleiman the Magnificent.* Cambridge/Mass. 1913.
Merriman, R. B.: *Solimán el magnífico.* Buenos Aires 1946.
Petis de la Croix, A. L. M: *Canon du Sultan Soleiman II., représenté à Sultan Murad IV. pour son instruction, ou état politique et militaire tiré des archives les plus secrettes des princes ottomans et qui servent pour bien gouverner leur empire.* Paris 1735.

Sulaiman II
Rashid, M.: a. a. O.

2. *Zur Geschichte der Sultane im allgemeinen*

Anafarta, Nigâr: *Portraits of the Sultans.* Istanbul 1967.
Anon.: *Les acts des premiers sultans.* Paris/La Haye 1960.
Arnold, T. W.: *The Caliphate.* London 1924.
Barber, Noel: *Die Sultane.* Berlin 1975. Originalausg. New York 1973.
Barthold: *Turkestan v epokhu mongolskago nashestviya.* St. Petersburg 1900.
Boyssard, J. J.: *Leben der türkischen und persischen Sultane.*
Kremer, A. v.: *Geschichte der herrschenden Ideen des Islams.* Leipzig 1868.
Mez, A.: *Die Renaissance des Islams.* Heidelberg 1922.
Sauveur de Chenier, Louis: *Révolutions de l'Empire Ottoman.* Paris 1789.
Weil: *Geschichte der Chalifen,* II. Mannheim 1848.
Wittek, P.: *Islam und Kalifat.* In: Archiv für Sozialwissenschaft und Sozialpolitik, LIII, 1925. S. 414 ff.

3. *Historische Abhandlungen zur Geschichte der Türkei*

Hammer-Purgstall, Josef Freiherr von: *Geschichte des Osmanischen Reiches.* 10 Bde. Pest 1827/35. Nachdruck der Originalausgabe Graz 1963. – Das Werk stützt sich größtenteils auf sehr seltene morgenländische Quellen und endet mit dem Frieden von Kütschük-Kainardschi im Jahre 1774. Bd. 10 enthält eine umfangreiche Liste von Werken über osmanische Geschichte, die in Europa bis zum Jahre 1774 erschienen sind.
Jorga, N.: *Geschichte des Osmanischen Reiches.* 5 Bde. Gotha 1908/13. Das Werk schließt mit dem Jahre 1912 ab.
Zinkeisen, J. W.: *Geschichte des Osmanischen Reiches in Europa.* 7 Bde. Hamburg/Gotha 1840/63. – Zinkeisen benutzte vor allem europäische Quellen. Das Werk endet mit den Ereignissen des Jahres 1812.

Außerdem:
Brockelmann, Karl: Geschichte der islamischen Völker und Staaten. München/Berlin 1939.

Cahen, C.: *Der Islam I. Vom Ursprung bis zu den Anfängen des Osmanenreiches.* In: Fischer Weltgeschichte, Bd. 14, 1968.
Grunebaum, G. E. von (Hrsg.): *Der Islam II. Die islamischen Reiche nach dem Fall von Konstantinopel.* In: Fischer Weltgeschichte, Bd. 15, 1971.
Inalcik, Halil: *The Ottoman Empire.* London 1973.
Jonquière, De la: *Histoire de l'Empire Ottoman.* 2 Bde. Paris 1914.
Ostrogorsky, G.: *Byzanz und die Welt der Slawen. Beiträge zur Geschichte der byzantinisch-slawischen Beziehungen.* Darmstadt 1974.
ders.: *Geschichte des byzantinischen Staates.* München 1963. Sonderausgabe München 1965.
ders.: *Zur byzantinischen Geschichte.* Darmstadt 1973.
Peters, Richard: *Geschichte der Türken.* Stuttgart 1961.
Price, Morgan Philips: *Die Türkei in Vergangenheit und Gegenwart.* Nürnberg 1958.
Rosen, G.: *Geschichte der Türkei (1826–1856).* Leipzig 1866.
Rummel, F. v.: *Die Türkei auf dem Weg nach Europa.* München 1952.
Spuler, Bertold: *Der Vordere Orient in islamischer Zeit.* Bern 1954.
ders.: *Geschichte der islamischen Länder.* In: Handbuch der Orientalistik. Bd. 1, VI, 3. Leiden/Köln 1959, zuletzt 1970.
Tschudi, R.: *Vom alten Osmanischen Reich.* Tübingen 1930.

4. Enzyklopädien

Encyclopaedia of Islam. Derzeit 4 Bde. A bis K. Leiden 1960–...
Encyclopédie de l'Islam. 3 Bde.
Enzyklopädie des Islam. 5 Bde. Leipzig 1936.

5. Morgenländische Quellen

Auf die Angabe dieser Werke wird – von ein paar wichtigen Ausnahmen abgesehen – bewußt verzichtet, da sich in den Enzyklopädien sowie in den Abhandlungen Hammer-Purgstalls zahlreiche entsprechende Literaturhinweise finden. Die meisten derselben sind jedoch nur sehr schwer zugänglich.

6. Sonstige Quellenwerke

Die letzten Tage von Konstantinopel. (Phrantzes) Byzantinische Geschichtsschreiber, I, Graz [4]1973.

Europa im 15. Jh. von Byzantinern gesehen. (Chalkokondylas) Byzantin. Geschichtsschreiber, II, Graz [2]1973

Die Kreuzfahrer erobern Konstantinopel. (Dukas, Choniates) Byzantin. Geschichtsschreiber, IX, Graz 1958.

Kara Mustafa vor Wien. Osmanische Geschichtsschreiber, I, Graz[4] 1976

Im Reiche des goldenen Apfels. (Evliya) Osman. Geschichtsschreiber, II, Graz [2]1963.

Vom Hirtenzelt zur Hohen Pforte. (Derwisch Ahmed) Osman. Geschichtsschreiber, III, Graz 1959.

Leben und Taten der türkischen Kaiser. Osman. Geschichtsschreiber, VI, Graz 1970.

Memoiren eines Janitscharen oder Türkische Chronik. Slawische Geschichtsschreiber, VIII, Graz 1974.

Abkürzungen

Archiv f. Slaw.Phil. = Archiv für Slawische Philologie.
J A = Journal Asiatique.
M S O S = Mitteilungen des Seminars für Orientalische Sprachen.
Nachr. Akad. Wiss. Göttingen, Phil.hist.Kl. = Nachrichten der Akademie für Wissenschaften Göttingen, Philosophisch-historische Klasse.
SBAk Wien, Phil.hist.Kl. = Sitzungsberichte der Akademie Wien, Philosophisch-historische Klasse.
W I = Die Welt des Islam.
Z D M G = Zeitschrift der Deutsch-Morgenländischen Gesellschaft.

Autorenverzeichnis

der benutzten Literatur

Albèri
Alderson, A. D. (Abdul Hamid II.)
Alexandrescu-Dersca, M. M. (Bayazid I.)
Anafarta, Nigâr (Sultane)
Anonymus Giese (Osman I.)
Arnold, T. W. (Sultane, Abdul Hamid I.)
Atiya, A. S. (Bayazid I.)

Babinger, Franz (Bayazid II., Mehmed II., Sulaiman I.)
Baker, V. (Abdul Hamid II.)
Barber, Noel (Sultane)
Barckhausen, J. (Abdul Hamid II.)
Bareilles, B. (Abdul Hamid II.)
Barozzi
Barthold (Sultane)
Behrnauer, F. A. (Sulaiman I.)
Bérard, V. (Abdul Hamid II.)
Berchet
Borotra, H. (Abdul Hamid II.)
Boyssard, J. J. (Sultane)
Braun/Schneider
Bremundan, Francisco Fabro (Mehmed IV.)
Bresnitz (Abdul Hamid II.)
Brockelmann, Karl (Geschichte)
Brosset (Abdul Hamid I.)
Brown
Burski, H. A. von (Bayazid II.)
Buxton, C. (Abdul Hamid II.)

Cahen, C. (Geschichte)
Cahun
Castov, A. de (Abdul Aziz)
Chalkokondylas
Collas, M. B. C. (Abdul Aziz)
Corović, V. (Bayazid II.)

Hassan Bey Zade (Mustafa I.)
Heberstein
Hecquard, C. (Abdul Hamid II.)
Heyd (Selim I.)
Hidayette (Abdul Hamid II.)
Hifzî, Husein (Murad V.)
Hollander, E. (Abdul Medschid)
Huart
Hurgronje, C. Snouck (Selim I., Selim III.)
Hurmuzaki

Imbert, P. (Abdul Hamid II.)
Inalcik, Halil (Geschichte)

Jakob, G. (Sulaiman I.)
Jäschke/Pritsch (Mehmed VI.)
Jirecek, C. (Murad I.)
Jonquière, De la (Geschichte, Mehmed V.)
Jorga, N. (Geschichte)
Jouannin/Van Gaver (Bayazid I.)
Juchereau de St. Denis, A. de (Mustafa IV.)

Keratry, Comte E. de (Murad V.)
Khaireddin Pascha
Khalifa (Mustafa I.)
Kinglake (Abdul Hamid II.)
Knight, E. (Abdul Hamid II.)
Kraelitz, F. (Bayazid II.)
Kraelitz, Fr. v. (Ahmed III.)
Kramers
Kremer, A. v. (Sultane)
Küntzer, K. (Abdul Hamid II.)
Kupelwieser (Sulaiman I.)

Lamb, H. (Sulaiman I.)
Larpent/Porter
Lemerle, P./Wittek, P. (Bayazid II.)
Leunclavius, J. (Bayazid II.)
Longrigg, S. H. (Abdul Hamid I.)
Loti, P. (Abdul Hamid II.)
Lusignan, Prinzessin Annie de (Abdul Hamid II.)
Lybyer, A. H. (Sulaiman I.)

Personenregister

Sachregister

Ortsregister